TransLatin 트랜스라틴 총서 03

라틴아메리카, 만들어진 대륙

식민적 상처와 탈식민적 전환

The Idea of Latin America
by Walter D. Mignolo

© 2005 by Walter D. Mignolo
All Rights Reserved. Authorised translation from the English language edition published by John Wiley & Sons Limited. Responsibility for the accuracy of the translation rests solely with Greenbee Publishing Company and is not the responsibility of John Wiley & Sons Limited. No part of this book may be reproduced in any form without the written permission of the original copyright holder, John Wiley & Sons Limited.

라틴아메리카, 만들어진 대륙
식민적 상처와 탈식민적 전환

초판1쇄 펴냄 2010년 5월 20일
초판8쇄 펴냄 2022년 10월 13일

지은이 월터 D. 미뇰로
옮긴이 김은중
펴낸이 유재건
펴낸곳 (주)그린비출판사
주소 서울시 마포구 와우산로 180, 4층
대표전화 02-702-2717 | **팩스** 02-703-0272
홈페이지 www.greenbee.co.kr
원고투고 및 문의 editor@greenbee.co.kr

편집 신효섭, 구세주, 송예진 | **디자인** 권희원, 이은솔
마케팅 육소연 | **물류유통** 유재영, 유연식 | **경영관리** 유수진

이 책의 한국어판 저작권은 신원 에이전시를 통한 John Wiley & Sons Limited와의 독점계약으로 (주)그린비출판사에 있습니다.
저작권법에 의하여 한국 내에서 보호를 받는 저작물이므로 무단전재와 무단복제를 금합니다.
책값은 뒤표지에 있습니다. 잘못 만들어진 책은 구입처에서 바꿔 드립니다.
ISBN 978-89-7682-737-1 93300

學問思辨行: 배우고 묻고 생각하고 판단하고 행동하고
독자의 학문사변행을 돕는 든든한 가이드 _그린비 출판그룹

그린비 철학, 예술, 고전, 인문교양 브랜드
엑스북스 책읽기, 글쓰기에 대한 거의 모든 것
곰세마리 책으로 크는 아이들, 온 가족이 함께 읽는 책

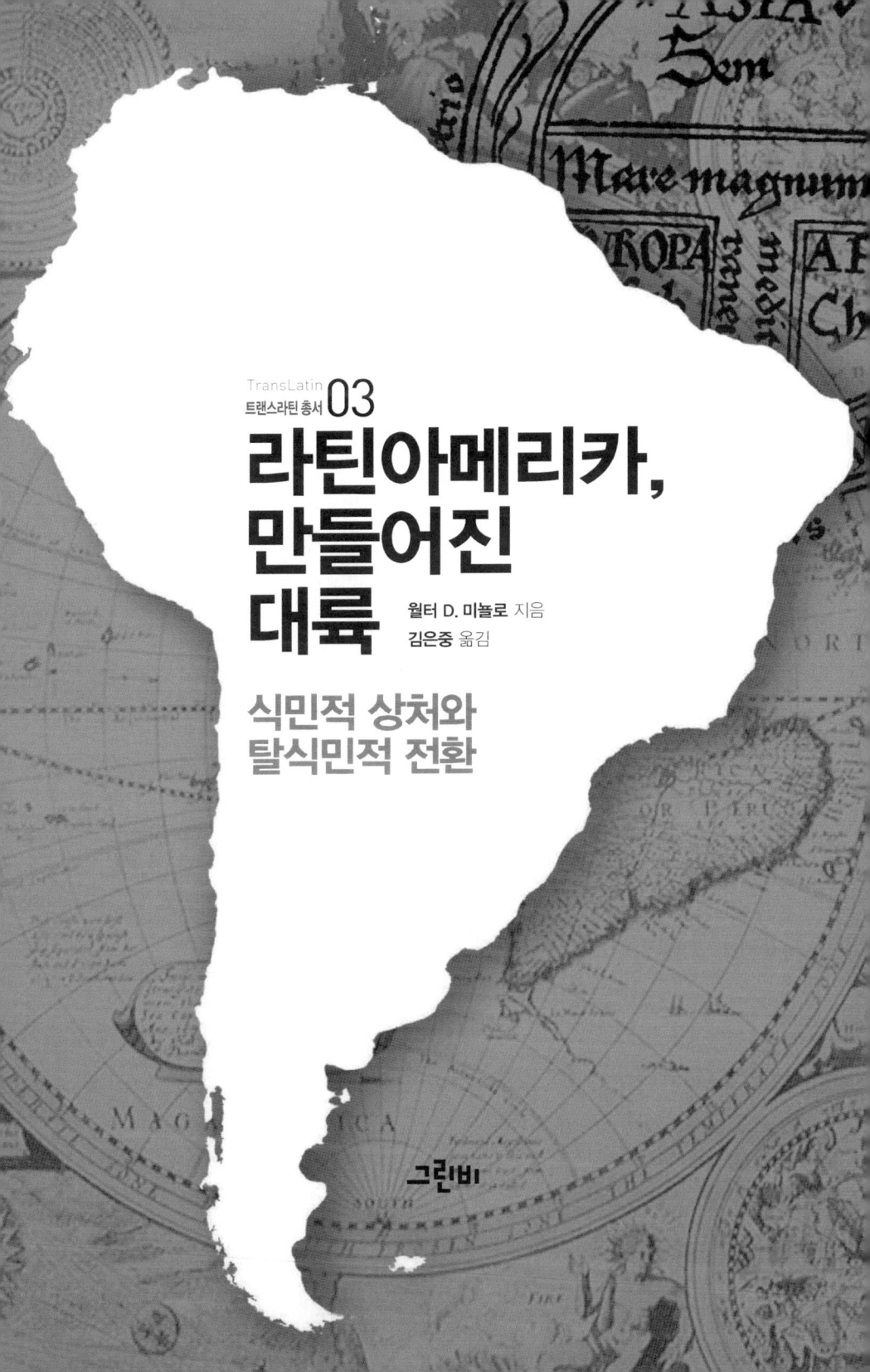

TransLatin 트랜스라틴 총서 03

라틴아메리카, 만들어진 대륙

월터 D. 미뇰로 지음
김은중 옮김

식민적 상처와 탈식민적 전환

그린비

한국어판 서문

아니발 키하노(Anibal Quijano)가 (1980년대 말에서 1990년대 초에) 처음으로 **식민성(coloniality)** 개념을 소개한 이후 이 개념은 빠른 속도로 확산되었다. 그러나 미셸 푸코(Michel Foucault)가 제시한 **생명관리정치(biopolitics)** 개념의 확산 속도만큼은 아니었다. 학문을 업으로 삼는 사람들이 이 두 개념을 받아들이는 태도의 차이는 **지식의 식민성**을 뚜렷하게 보여 주는 예증이다. 모두가 알고 있는 것처럼 비록 푸코가 제국주의를 옹호한 지식인이나 활동가는 아니었지만, '생명관리정치'는 제국주의 서구의 내부에서 만들어진 개념이었으니까! 그렇지만 제국성이란 경제정책이나 국가정책에 한정되지 않고 모든 역량을 동원해 세계를 통제하는 것이다. 제국성은 좋은 것, 나쁜 것, 추한 것을 모두 포괄한다. 자본주의에 대한 근본적인 비판으로 등장한 맑스주의가 자본주의와 나란히 전 세계로 확장된 것도 제국성의 본산에서 만들어졌기 때문이다. 이와 반대로 **식민성**은 제국주의적 지배와 구상의 **외부**에서 만들어진 개념이었다.

외부는 근대성의 '바깥'에, 혹은 전 지구적으로 확장된 자본주의 경제의 '바깥'에 위치한 장소가 아니다. **외부**는 **내부**를 만들고 유지하기 위해 필요한 과정일 뿐이다. 여기서 내부는 서구 문명을 가리킨다. 휴머니즘과 야만이 서구에서 만들어진 두 개의 개념인 것처럼(다시 말해 서구적 상상력의 바깥 세계에는 야만이 존재하지 않는다. 그렇다고 비서구 문명들이 식민지의 권력·영토·주민들을 장악했던 엘리트들이 상상하고 만들어 냈던 세계와 차이점이 없다는 것을 뜻하는 것은 아니다), 외부는 담론과 지식을 통제하는 사람들이 내부를 만드는 과정에서 내부에서 만들어 낸 바깥이다. 르네상스를 기점으로 유럽은 자기 자신의 정체성과 서구 문명의 정체성을 만들어 왔을 뿐만 아니라(즉 고대 그리스와 로마 제국의 폐허로부터 만들어진 르네상스라는 개념 자체가 르네상스 이전에는 존재하지 않았던 서구 문명을 발명해 내려는 의도였다) 차이도 만들어 왔다. 여기서의 차이는 '식민적 차이'(colonial difference)를 뜻하는 것으로, 유럽 내부에서는 유대인에게 주어진 차이(내적 식민적 차이)이며, 유럽 바깥에서는 아메리카 원주민과 아프리카의 흑인에게 주어진 차이(외적 식민적 차이)이다. 또한 오스만터키와 오늘날의 동아시아와 동남아시아를 '제국적 차이'(imperial difference)로 구분하기 시작했다. 16~18세기까지(정확히 말하면 무굴 제국이 영국의 지배를 받기 시작한 18세기 말까지) 제국적 차이로 인식되었던 동남아시아(인도)는 급작스러운 변화를 경험하면서 식민적 차이로 전락했다. 이러한 전 지구적 차원의 차이의 논리가 적용되는 곳이 바로 서구 문명이 비서구적 지식을 통제하고 제멋대로 분류하며 등급을 매기는 **외부**다.

이러한 언급을 하는 이유는 『라틴아메리카, 만들어진 대륙』에서 주장하는 바가 무엇인지를 밝히는 데 적절하기 때문이다. 따라서 이 책에서 말하고자 하는 것은 '라틴아메리카란 무엇인가?'가 아니라 '어떻게 지금의 라틴아메리카가 되었는가?' 하는 것이다. 왜냐하면 콜럼버스가 카리브 해의 어떤 섬, 추정하건대 지금의 아이티와 산토도밍고에 도착했을 때 아메리카는 결코 존재하지 않았을 뿐만 아니라 훨씬 뒤에 라틴아메리카라고 불리게 될 실체 또한 존재하지 않았기 때문이다. 따라서 아메리카는 유럽인의 의식으로부터 만들어졌고 라틴아메리카는 프랑스인과 그들을 추종하는 남아메리카 크리올의 머릿속에서 만들어진 것이다. 다시 말해, 아메리카와 라틴아메리카의 등장은 1500년부터 시작된 근대적/식민적 사회조직과 세계질서의 관계에서 파악되어야 한다.

    16세기에 서구 제국(스페인과 포르투갈)의 지배를 받고 있던 아시아 지역은 사라고사 조약에 묶여 있었다. 1529년에 스페인과 포르투갈은 태평양의 점령 지역을 평화적으로 분할하기 위해 협정을 맺었는데, 이것이 사라고사 조약이었다. (1594년에 스페인과 포르투갈이 대서양에서 지배권을 분할하기 위해 토르데시야스 조약을 통해 경계선을 그었듯이) 태평양 지역에서 사라고사 조약을 맺어 경계선을 그은 것이다. 이 분할선은 북극부터 시작해서 오스트레일리아의 한복판을 가로질러 남극까지 이르렀다. 그 결과 몰루카 제도는 포르투갈이 차지했고 필리핀은 스페인의 소유가 되었다. 그러나 16세기부터 유럽은 또 다른 방식으로 아시아를 점령하기 시작했다. 17세기 초 무렵에 테오도르 드 브리(Theodor de Bry)가 그린 동판화와 석판화에 나타난 동인도(서인도는 '아메리카'라는 이름으로 부르기 이전의 이름이었으며 동인도는 서인도와 짝을 맞춰 붙인 이름이다)의 모습은 유럽이 아시아를 인식적으로 어떻게 전유했는지를 보여 주는 믿을 만한 증거물이다.[1] 나는 이 책의 1장에서 또 다른 증거물로 드 브리보다 더 앞서 서구 기독교인들이 그린 T/O 지도(O 안의 T 지도)를 언급했다. 그런데 여기서 중요한 것은 1582년경에 이탈리아 예수회 선교사인 마테오 리치(Matteo Ricci)가 명나라의 지식인들에게 보여 주었던 아브라

---

1) 드 브리가 그린 동인도의 모습은 다음 웹페이지에서 참조할 수 있다. http://www.brunias.com/theodore-asia.html.

함 오르텔리우스(Abraham Ortelius)의 세계지도의 기본 구조가 O 안의 T 지도와 같다는 사실이다. 오르텔리우스의 지도에서 중국이 세계의 중심이 아니라 오른쪽 끝 위쪽에 위치한 것을 보고 놀라는 중국의 지식인들을 본 마테오 리치가 지도를 수정해서 [상대방 쪽으로 지도를 돌려 놓고] 태평양을 중앙에 놓고 아메리카를 왼쪽에, 아시아를 오른쪽에 배치했다. 오늘날까지 세계지도에서 유지되고 있는 이러한 배치는 지도의 중앙에 중국을 위치시키고 유럽을 오른쪽 끝에 위치시켰다.

알려진 바처럼, 무역선을 앞세운 네덜란드가 태평양의 섬들을, 그리고 영국이 지금의 남아시아를 침략하기 시작한 것은 16세기였다. 그러나 영국이 인도를 식민지로 만들기 시작한 것은 19세기 초반이었다. 그리고 아편전쟁을 빌미로 영국과 미국이 중국에 간섭하기 시작한 것은 1848년이었다. 왕국 그리고/혹은 국민국가의 제국주의적 이해의 각축장이었던 유럽의 역사와는 무관한 것처럼 서술되는 이러한 모든 사건들은 식민성과 연관되고 식민성을 구성하는 매듭이다. 스페인과 영국, 네덜란드와 영국의 분쟁은 식민성(약탈, 점유, 착취)을 지속시키기 위해서가 아니라 근대성(복음화, 악마로부터의 구원, 문명화, 야만으로부터의 구원)으로 치장한 식민성의 논리가 생산하는 과실을 분배하기 위한 것이다. 16세기에 시작된 이래로 모습을 바꾸며 현재까지 지속되고 있는 전 지구적 식민성의 논리에서 볼 때 한국과 남아메리카는 유사한 입장에 놓여 있다.

1868년 일본의 메이지 유신은 1500년에 시작된 세계질서에서 제국적 차이가 변화하는 두번째 계기가 되었다. 표트르 대제와 그 뒤를 이은 예카테리나 여제는 대략 1500년부터 형성되기 시작한 차르 지배 러시아를 제국으로 변화시켰다. 이러한 변화는 16세기부터 슬라브 민족의 지배자인 차르의 영토를 침략했던 유럽과 제국적 차이를 협상하기 위한 방법이었다. 러시아가 유럽의 식민지가 아니었음에도 불구하고 유럽의 주변부가 될 충분한 이유가 되었던 것은 종교, 언어, 민족의 차이였다. 사실상 러시아를 식민지로 만들려는 나폴레옹의 시도는 좋은 생각이 아니었다. 서양의 지배와 통제의 방식을 받아들이는 변화를 통해 제국적 차이를 협상했던 메이지 유신은 러시아의 시도보다 더 나은 결과를 가져왔다(일본은 기독교 서구의 식민지가 된 적이 한 번도 없었다). 사실상 러시아와 일본의 경우가 보여 주는 것은 (부분적으로는 그랬다고 하더라도) '서구화'가 아니라 식민적 권력 매트릭스(colonial matrix of power)[2]를 지배하기 위한 분쟁에 참여하려는 무의식적 욕망이었다. 오늘날의 협상은 그 당시보다 훨씬 불투명해졌지만, 그 당시의 상황에서 오늘날 진행되고 있는 탈서구화의 첫번째 행보를 발견할 수 있다는 것은 확실하다. 탈서구화 기획에는 러시아와 일본이 서로 다른 방식으로 참여하고 있고, 최근에는 중국·일본·한국의 3자 간 협정이 이루어지고 있다.

내가 이런 역사를 언급하는 것은 독자들이 모른다고 생각해서가 아니라 식민적 권력 매트릭스(혹은 간단하게 식민성)의 중요성을 부각시키기 위해서이다. 식민적 권력 매트릭스의 도식은 다음과 같다. 1500년부터 2000년까지(소련 붕괴와 세계무역센터 빌딩의 붕괴가 발생한 10년까지 포함해서) 식민적 권력 매트릭스(즉 경제, 국제관계, 지식과 주체성, 젠더와 성의 통제)가 구축되고 변화되었지만 여전히 서구 근대 제국주의 국가(스페인과 포르투갈, 네덜란드, 프랑스, 영국, 독일, 미국, 그리고 맨 뒤에 이탈리아)의 손아귀를 벗어나지 않았다. 그들은 처음에는 기독교 복음화를, 그 다음에는 세속적 문명화 임무를, 그리고 제2차 세계대전 이후에는 근대화와 신자유주의 세계화(즉 민영화, '자유무역'을 앞세운 민주주의의 이름으로 합법적으로 진행하는 국제적 약탈)를 연속적인 세계 경영 구상으로 내세웠다. 그러나 2000년부터 변화가 목격되었고, 9·11 사건을 분기점으로 식민적 권력 매트릭스의 통제력이 서구의 손아귀에서 벗어나기 시작했다.

키쇼 마부바니(Kishore Mahbubani)가 지적하는 것처럼 전 세계 인구의 거의 절반이 살고 있는 지역 — 중국, 일본, 싱가포르, 한국, 인도네시아, 말레이시아, 그리고 중동의 이슬람 주민들까지 포함되는 — 에서 진행되고 있는 탈서구화 기획은 식민적 권력 매트릭스를 둘러싸고 새로운 세계질서가 형성되고 있다는 확실한 신호다. 요약하자면 세계는 자유주의자들과 맑스주의자들이 '자본주의'(맑스의 유산이자 막스 베버의 유산)로 명명한 헤게모니 경제에 의해 어느 때보다도 더 밀접하게 연관되어 있다. 그럼에도 불구하고 분쟁의 해결은 권위를 통제하는 수준에 머물러 있다. 중국은 경제적 힘을 가지고 있을 뿐만 아니라 최근의 국제회의에서는 유럽연합의 지지를 등에 업고 워싱턴으로부터 하달된 지시를 따를 의향이 없음을 보여 주었다. 국제관계를 둘러싼 분쟁은 주체성과 지식의 통제를 둘러싼 분쟁으로 확산된다. 즉 탈서구화의 전제는 18세기부터 피부색에 의해 인종을 차별하고 유색인종을 열등한 인간으로 취급하는 서구 인종주의에 제동을 거는 것이다.[3] 그리고 여기에 '인권'이 무엇을 의

---

2) 매트릭스는 적당한 번역어가 없어 원어를 그대로 사용했다. '권력 매트릭스'란 '권력의 다양한 제도적 형태들이 중층적이고 복합적으로 얽혀 있는 구조'로 이해할 수 있다. ─ 옮긴이
3) Kishore Mahbubani, *The New Asian Hemisphere: The Irresistible Shift of Global Power to the East*, New York: Public Affairs, 2008. 월든 벨로(Walden Bello)는 중국과 아세안자유무역지역(CAFTA)을 목적으로 하는 중국의 신식민주의에 관한 글을 썼다. 이것은 놀랄 만한 일이 아닌데, 왜냐하면 중국의 의도는 탈서구화이기 때문이다. 다시 말해, 자본주의와 사회주의 간의 냉전이 아니라 자본주의 국가들 사이의 식민적 권력 매트릭스에 대한 논쟁이다. 중국과 동남아시아는 미국이 19세기 초에 서반구에 대한 권리를 주장했던 것처럼, 서반구의 경계를 다시 분할하려고 시도한다. 벨로의 글은 다음 웹페이지를 참조하라. http://other-news.info/noticias/index.php?p=3333.

미하는가에 대한 논쟁이 가세한다. 즉 탈서구화 기획에는 인권 옹호를 빙자한 미국과 유럽연합 국가들(독일, 영국, 프랑스)의 이중 플레이를 드러내는 논쟁도 포함되기 때문이다. 일본의 최근의 선택과 중국·일본·한국 간의 협정은 아메리카의 남미연합(Unión Sudamericana)과 동일한 상황이지만, 남미연합의 경우에 브라질과 베네수엘라가 워싱턴의 요구를 이행할 준비가 되어 있지 않다. 최근에 힐러리 클린턴이 남미를 방문한 것은 징후적이다. 한편으로 미국은 상실한 지반을 회복할 필요가 있지만, 다른 한편으로 아시아에서처럼 남미에서도 변화의 바람이 다른 방향으로 불고 있다. 이 책에서 언급하고 있는 것처럼 라틴아메리카의 탈서구화 경향은 탈식민적 기획과 병행한다. 이런 맥락에서 독자들은 『라틴아메리카, 만들어진 대륙』을 읽으면서 텍스트가 말하는 바가 아니라 이 책이 하고자 하는 것이 무엇인지를 염두를 두어야 한다.

나는 『라틴아메리카, 만들어진 대륙』에서 현재의 아메리카와 라틴아메리카를 만들었던 사유의 계보학에서 라틴아메리카의 '고립주의적' 전통과 단절하려고 노력했다. 또한 유럽과 미국에서 라틴아메리카를 '연구'(예컨대 지역연구)하고 라틴아메리카에 대한 지식을 생산하는 서구 중심적 사유의 계보학과도 단절하려고 노력했다. 그들이 연구를 통해 생산하는 지식은 남미에 살고 있는 사람들에게 유익한 것이 아니라 유럽과 미국의 내부에서 소비되는 지식일 뿐이다. 나는 이러한 상황이 동아시아와 동남아시아에서도 유사하다고 생각한다. 이러한 유사한 상황은 최근에 남미와 중미 그리고 카리브에서처럼 동아시아와 동남아시아에서도 한편으로는 탈서구화 기획이 출범하는 계기가 되고, 다른 한편으로는 16세기부터 카리브와 안데스, 그리고 메소아메리카 지역에서 형성되었던 지식의 탈식민성 기획이 활성화되는 계기가 되었다. 비록 시간과 장소는 달랐지만, 동아시아와 중남미와 카리브는 유럽과 미국의 침략을 경험했으며 그 결과로 자리 잡은 식민적 권력 매트릭스에 종속되어 있다는 공통점을 갖고 있다. 차이가 있다면 유럽과 미국의 (자유주의적이고 신자유주의적이며 맑스주의적인) 제국주의 모델을 추종하면서 중국과 일본이 가졌고 지금도 가지고 있는 역할이 다르다는 점이다. 두 지역이 공유하는 미래는 탈서구화이고 탈식민화이다. 주로 국가와 기업의 손에 달려 있는 탈서구화와는 달리, 탈식민적 기획은 권위·지식·주체성에 대한 논쟁일 뿐만 아니라 더 많은 것이 더 좋은 것이라는 믿음을 주장하는 경제의 생존 능력에 대한 논쟁이다. 더 많은 것이 더 좋은 것이라는 주장은 그러한 경제의 과실을 향유하는 소수에게는 옳지만, 문제는 대부분의 사람들이 가난에 시달리고 언젠가 더 많은 것을 가질 수 있다는 헛된 꿈에 시달린다는 것이며, 그러한 경제는 더 많이 가졌기 때문에 더 좋다고 믿는 사람들조차도 죽음으로 몰아가는 경제라는 사실이다.

결론적으로, 동아시아와 동남아시아의 독자들에게 이 책이 말하고자 하는 것은 마부바니의 책(*The New Asian Hemisphere*)이 탈서구적 사유와 기획의 선언이라면, (본래 블랙웰 출판사의 '선언' 시리즈로 출판된) 『라틴아메리카, 만들어진 대륙』은 탈식민적 사유와 선택에 대한 선언이라는 점이다.

2010년 2월 20일

월터 D. 미뇰로

차례

한국어판 서문 4
감사의 말 14

서문_이름과 대상의 분리 19

1장_두 개의 아메리카, 기독교의 팽창, 그리고 인종주의의
근대적/식민적 토대 35

　근대성의 식민적 지평 위로 솟아오른 '두 개의 아메리카' 37
　최초의 '야만인들'은 라틴아메리카 사람들이 아니었다: 근대/식민 세계에서의 인종주의의 발명 55
　옥시덴탈리즘과 아메리카의 '아메리카성' 65
　옥시덴탈리즘의 역사적 토대와 그것의 인식적·정치적·윤리적 결과 82
　아메리카의 '아메리카성' 97

2장_라틴아메리카와 근대/식민 세계의 첫번째 재편 105

　되돌아갈 수 없는 지점: 파차쿠티에서 혁명으로 107
　라틴성: '식민지 크리올 바로크 에토스'에서 '국민적 크리올 라틴아메리카 에토스'로 114
　종족-인종 오각형의 다섯번째 변: 남부 유럽의 라티노와 남아메리카·카리브 지역의 라티노 134
　식민주의, 은폐된 근대성 이데올로기, 그리고 라틴아메리카: 식민성 논리의 재구성 149
　라틴성의 여러 가지 얼굴들 159

3장_라틴아메리카 이후 : 식민적 상처와 인식론의
지정학적/몸 정치적 이동 **167**

> 위로부터 주어진 라틴아메리카: 편의점 **169**
> 아프로-안데스인과 아프로-카리브인은 반드시 '라틴' 인종은 아니다 **176**
> 원주민은 반드시 '라틴' 인종은 아니며 순전히 '아메리카' 인종도 아니다 **195**
> 라틴아메리카는 실체 없는 '문명'인가? **216**
> 볼리바르와 제퍼슨 사이: 라티노와 치카노는 라틴아메리카인인가? **225**
> 전 지구적 아메리카: 사파티스타, 세계사회포럼, 원주민회의, 아메리카사회포럼 **235**
> 맺으며 **241**

후기_'아메리카' 이후 **245**
스페인어판 후기_다시 한번 라틴아메리카 이후를 생각한다 **263**

옮긴이 해제 **286** | 찾아보기 **300**

감사의 말

앤드루 맥네일리(Andrew McNeillie)가 '선언'(Manifestos) 시리즈에 글을 쓰도록 배려해 주지 않았더라면 이 책은 결코 존재할 수 없었을 것이다. 그리고 근대성/식민성 프로젝트 작업이 지속적으로 이루어지지 않았더라면 이 책의 내용과 주장이 지금과는 달랐을 것이다. 지난 2년 동안 여러 번에 걸쳐 모임을 가졌던 근대성/식민성 프로젝트의 구성원들은 엔리케 두셀(Enrique Dussel, 아르헨티나 출신의 멕시코인), 아니발 키하노(Anibal Quijano, 페루), 보아벤투라 데 소자 산투스(Boaventura de Sousa Santos, 포르투갈), 캐서린 월시(Catherine Walsh, 에콰도르), 리비아 그루에소(Libia Grueso, 콜롬비아), 마르셀로 페르난데스 오스코(Marcelo Fernández Osco, 볼리비아 출신의 미국인), 술마 팔레르모(Zulma Palermo, 아르헨티나), 프레야 쉬비(Freya Schiwy, 미국), 에드가르도 란데르(Edgardo Lander, 베네수엘라), 페르난도 코로닐(Fernando Coronil, 베네수엘라 출신의 미국인), 하비에르 산히네스(Javier Sanjinés, 볼리비아 출신의 미국인), 호세 살디바르(José Saldívar, 미국), 라몬 그로스포겔(Ramón Grosfoguel, 푸에르토리코 출신의 미국인), 넬슨 말도나도-토레스(Nelson Maldonado-Torres, 푸에르토리코 출신의 미국인), 아구스틴 라오-몬테스(Agustín Lao-Montes, 푸에르토리코 출신의 미국인), 마리솔 데 라 카데나(Marisol de la Cadena, 페루 출신의 미국인), 아르투로 에스코바르(Arturo Escobar, 콜롬비아 출신의 미국인), 에두아르도 레스트레포(Eduardo Restrepo, 콜롬비아 출신의 미국인), 마르가리타 세르반테스-살라사르(Margarita Cervantes-Zalazar, 쿠바 출신의 미국인), 산티아고 카스트로-고메스(Santigo Castro-Gómez, 콜롬비아), 오스카르 과르디올라(Oscar Guardiola, 콜롬비아)이다.

특히 캐서린 월시는 내가 원주민과 아프리카계 에콰도르 주민들의 사회운동원들과 만나서 대화를 나눌 수 있도록 도와주었다. 그리고 하비에르 산히네스는 여러 차례에 걸쳐 볼리비아 사람들과의 만남을 주선해 주었다. 또한 넬슨 말도나도-토레스의 도움이 없었더라면 카리브철학협회 회원들과 대화와 서한을 통해서 선구적인 '파농의 사유'에 대해 의견을 교환하는 일이 쉽지 않았을 것이다. 외부 인사들을 만날 수 있도록 도와준 그들의 헌신적인 노력 이외에도, 몇 시간씩 지치지 않고 그들과 나누었던 토론은 후에 이 책의 뼈대를 형성하고 라틴아메리카라는 개념을 탈식민화하는 데 간접적으로 도움이 되었다. 내가 몸담고 있는 듀크 대학교에서는 아시아의 개념에 대해 레오칭(Leo Ching)과 랄프 레칭거(Ralph Letzinger)와 나눈 대화와 조언이 큰 도움이 되었으며, 로베르토 다이노토(Roberto Dainotto)는 이탈리아 남부의 관점에서 유럽을 다시 생각할 수 있도록 나를 가르쳐 주었다. 그 밖에 많은 친절하고 훌륭한 사람들과 나눈 대화는 이들 세 사람의 전문적인 조언이 질적으로 고양되고 보완될 수 있도록 만들어 주었고, 그 결과 지식의 지정학을 이동시키고 지역연구의 결과들을 (재고하기보다는) 원상태로 되돌릴 수 있게 되었다.

내가 아프리카라는 개념과 아프리카의 발명에 대해 무딤베(Valentin Mudimbe)의 통찰력 있는 연구로부터 많은 도움을 받은 것은 미시건 대학교에서 듀크 대학교로 옮겨 온 1993년부터였다. 듀크 대학교에서 언을 수 있었던 또 다른 혜택은 대학원생들과 함께 작업하면서 남아메리카의 공식적 역사나 유럽과 미국의 제국주의적 역사에서는 이해의 대상일 뿐이었던 사람들의 관점에서 그들을 이해할 수 있게 되었던 점이다. 문학 프로그램에 참여했던 마이클 엔니스(Michael Ennis)와 16~17세기에 제국주의 제도와 공존하면서 투쟁했던 나우아족을 연구했던 역사학과의 실버문(Silvermoon)은 토대가 되는 연구 성과를 거두었다. 문화인류학과의 곤살로 라마나(Gonzálo Lamana)는 스페인 사람들이 타완틴수유(Tawantinsuyu)에 머물렀던 처음 20년을 잉카 지배자들과 스페인 정복자들의 관점에서 연구했다. 세 사람이 수행한 프로젝트와 연구는 지식의 지정학을 이동시켜 주었고, 정복 시기와 식민지 기간에 쓰여진 스페인 문서를 아스테카인과 잉카인의 관점에서 읽는 방법을 가르쳐 주었다. 나는 듀크 대학교를 졸업한 아이마라 지식인인 마르셀로 페르난데스 오스코에게도 많은 것을 빚졌는데, 그에게서 볼리비아 역사와 사회를 바라보는 관점을 얻을 수 있었다. 그는 안데스 지역의 학계와 정치에 꾸준히 개입함으로써 통찰력 있는 방식으로 지정학적이고 몸 정치적인(body-political) 인식론의 전환을 가져왔다. 이러한 전환은 라틴아메리카라는 개념에 대한 나의 탈식민적 고고학에 많은 도움을 주었다. 늦었지만 훌륭한 편집 솜씨와 끝없는 인내심을 보여준 리아 아로(Lía Haro)에게도 감사한다. 그녀는 마지막 원고를 몇 번이고 읽고 또 읽으면서 끊임없이 질문을 던졌고, 생략될 부분과 첨가될 부분을 제안했으며, 문장을 매끄럽게 다듬어 주었다. 많은 분들에게 도움을 받았지만 이 책의 최종적인 주장들은 모두 내 책임임을 밝혀 둔다.

라틴아메리카, 만들어진 대륙
THE IDEA OF LATIN AMERICA

| 일러두기 |

1 이 책은 Walter D. Mignolo의 *The Idea of Latin America*, Blackwell Publishing Limited, 2005를 완역한 것이다. 경우에 따라 스페인어판인 *La idea de América Latina: la herida colonial y la opción decolonial*, Gedisa Editorial, 2007을 참조했다.
2 본문의 주석은 모두 각주로 표시되어 있다. 옮긴이 주는 끝에 '──옮긴이'라고 표시했으며, 표시가 없는 것은 모두 지은이 주이다.
3 본문과 각주의 대괄호([ ])는 옮긴이가 독자의 편의를 위해 부기한 것이다. 지은이가 원서에서 사용한 대괄호는 가랑이표(〈 〉)로 옮겼다.
4 단행본·정기간행물은 겹낫표(『 』)로, 논문은 낫표(「 」)로 표시했다.
5 외국 인명이나 지명, 작품명은 2002년에 국립국어원에서 펴낸 외래어 표기법을 따라 표기했다.

서문_ 이름과 대상의 분리

사람들은 지구상의 대륙이 태초부터 지금처럼 나뉘어져 있었다고 아무렇지도 않게 생각한다.[1] 지구상의 대륙이 네 개인지, 여섯 개인지, 아니면 일곱 개인지는 논쟁거리가 되겠지만, 기본적으로 아시아, 아프리카, 아메리카, 유럽이라는 네 개 대륙이 존재해 왔다는 것은 논쟁거리가 아니다. 네 개 대륙의 존재가 당연시되는 것처럼 동과 서, 남과 북, 제1세계, 제2세계, 제3세계, 그리고 (아메리카, 뉴질랜드, 오스트레일리아의 원주민을 포함하기 위해 고안된 용어인) 제4세계 같은 확연히 계서화된 범주도 당연하게 받아들여진다. 우리는 흔히 '오스트레일리아'로 가는 항공권 혹은 '북아프리카'의 반대 방향인 '사하라 이남 아프리카'로 가는 항공권을 산다. 대부분의 사람들이 지리적 명칭을 자연스럽게 받아들이지만, 대륙의 구분과 그러한 구분 위에 강요된 지정학적 구조가 지난 500년 동안의 제국주의적 소산이라는 사실은 감춰져 있다. 태초에 신은 지구를 창조하고 네 개의 대륙으로 나누지 않았다. 1장에서 보게 되겠지만, 네번째 대륙인 '아메리카'는 성 아우구스티누스의 『신국』(*The City of God*)에서 묘사된 것처럼 기독교 사상이 상상했던 3이라는 숫자의 부속물이다.

---

1) Martin W. Lewis and Karen E. Wiggen, *The Myth of Continents: A Critique of Metageography*, Berkeley: University of California Press, 1997.

이 책에서 내가 말하고자 하는 것은 '라틴아메리카'라고 불리는 실체(entity)에 대한 것이 아니라, 라틴아메리카라는 '개념'(idea)이 어떻게 만들어졌는지에 관한 것이다. 이 책의 중요한 목적 중의 하나는 우리가 가지고 있는 지도의 이미지로부터 라틴아메리카를 분리시키는 것이다. 즉 라틴아메리카라는 '개념' 밑에 감춰져 있는 제국적/식민적 토대를 발굴하는 것이며, 지금까지 근대성의 짝으로 역사에서 언급되지도 않았고 인정받지도 못했던 식민성의 관점에서 지식의 지정학(geo-politics of knowledge)을 해명하는 작업이다. 여기서 '식민성의 관점'이 의미하는 것은 관찰의 중심을 아메리카 대륙의 개념이 만들어졌던 식민의 역사에 두는 것이다. 나는 이러한 과정을 고고학(archeology)이라기보다는 발굴(excavation)이라고 부르는데, 왜냐하면 식민성이 근대성의 과정에서 근대성을 만들었고 또 근대성에 의해 만들어졌다는 점에서 단순히 식민성을 보여 준다는 것이 불가능하기 때문이다. 결국 오늘날 아메리카 대륙의 존재는 유럽의 식민지 확장의 결과이자 유럽의 관점, 즉 근대성의 관점에서 이러한 확장을 서술한 결과이다.

세계사는 근대성의 관점에서 여러 가지 방식으로 서술되지만 식민성의 관점에서는 결코 서술되지 않는다. 내가 여기서 언급하는 것은 단순한 해석의 '갈등'을 넘어서는 중요한 문제이다. 예를 들어 기독교와 맑스주의는 '아메리카의 발견'이라는 역사적 사건에 대해 서로 다른 해석을 제시하지만, **양자 모두 근대성의 맥락을 벗어나지 못한다**. 다시 말해, 기독교와 맑스주의는 '아메리카의 발견'을 **유럽의 관점**에서 바라본다. 그러나 '아메리카의 발견'에 대한 파농(Frantz Fanon)류의 시각은 비유럽적 관점, 즉 노예무역과 노예노동에 의한 착취의 기억과 그것이 미친 심리적·역사적·윤리적·이론적 결과에 근거를 둔 관점이다. 즉 유럽의 관점이 아니라 **식민성에 주안점을 둔 아프리카계 카리브인**[2]**의 관점**이다. 독자들은 파농주의보다는 기독교 사상과 맑스주의에 더 친숙할 것이다. (맑스주의와 수평적이고 상보적인 관계에 있지만 맑스주의로 환원되지는 않는) 파농주의는 비판적 사상이며, 마르티니크 섬에서 출생한 20세기 지식인이자 활동가인 프란츠 파농으로부터 영감을 받아 지식과 행동의 영역에서 탈식민적 전환에 기여했다. 물론 내가 남아메리카[3]에서 태어났고 교육받았다고 하더라도, 내 주장은 유럽적 관점에서 이루어질 수도 있었다. 약간의 해석의 갈등에도 불구하고 내가 전개하는 논지가 지리적이고 역사적으로 유럽에 토대를 둔 지식의 패러다임 안에 위치하는 철학적 논거에 의지하고 있는 것인지도 모르기 때문이다. 그러나 나는 일찍이 (3장에서 언급할) 과만 포마 데 아얄라(Guamán Poma de Ayala)에 의해 제기되었고, 인류학자 에릭 울프(Eric Wolf)가 '역사 없는 사람들'(People without history)이라고 평가한 사회의 지식인들에게 계승된 지식과 이해의 탈식민적 패러다임 안에서 나의 주장을 전개할 것이다.

16세기 스페인 선교사 바르톨로메 데 라스 카사스(Bartolomé de las Casas)로부터 19세기 헤겔에 이르기까지, 그리고 맑스로부터 20세기 영국 역사학자 아널드 토인비(Arnold Toynbee)에 이르기까지, 이들은 자신들의 관점을 보편적이라고 주장하며 세계질서를 서술했고, 아메리카는

---

2) '아프리카계 카리브인'은 'Afro-Caribbeans'를 옮긴 것이다. 접두어 'afro-'는 아프리카를 의미한다. 이 책에서는 '아프리카계', '아프리카 혈통의', '아프로-'를 혼용했으며, 때로는 문맥에 따라 직접적으로 '흑인'이라는 용어를 사용했다. ─옮긴이
3) 이 책 전체에서 언급하는 '남아메리카'(South America)는 미국과 캐나다를 포함하는 북아메리카와 상대적인 뜻에서 사용되었으며 멕시코에서부터 아르헨티나에 이르는 라틴아메리카를 지칭하는 용어로 생각해야 한다. ─옮긴이

항상 그들이 부여하는 질서 속에 위치했다. 물론 이들은 유럽 바깥에도 또 다른 세계와 사람이 존재한다는 것을 인정했다. 하지만 유럽 바깥의 대륙과 그곳에 사는 사람들은 오로지 '대상'으로서 존재할 뿐 주체로서 존재하지 못했고, 어떤 의미에서는 역사 바깥에 존재했다. 달리 말하자면, 그들은 스스로의 관점을 인정받지 못하는 주체였다. 에릭 울프의 유명한 책 제목인 『역사 없는 사람들』(People without History)은 이러한 차별적인 인식의 권력을 가리키는 비유이다. '역사 없는 사람들'이 의미하는 것이 과거의 기억과 기록이 없는 사람들은 아니며, 그런 주장은 완전히 어리석은 주장일 것이다. 그가 의도한 것은 고대 그리스로부터 20세기 프랑스에 이르는 서구 세계에서 규정된 역사 개념을 기준으로 볼 때 문자를 갖지 않았거나 근대 유럽의 6개 제국적 언어를 사용하지 않는 모든 사회는 역사를 갖지 않는다는 것이다. 이런 관점에서는 역사란 유럽 근대성의 특권이고, 역사를 갖기 위해서는 식민화되어야만, 즉 원하든 원하지 않든 간에 근대 유럽의 역사에서 규범화되고 지금은 미국의 공식적 모델로 채택된 역사·삶·지식·경제·주체성·가족·종교 등의 관점을 받아들여야만 한다. 그러나 식민성의 관점은 '식민적 상처', 즉 유럽-미국적 서사에서 미리 결정된 모델에 적응하지 못한 인간에게 강요된 열등감으로부터 솟아난다.

　식민성은 근대성의 서사에서는 부재(不在)로 존재하기 때문에 식민성을 발굴하는 것은 근대성 프로젝트를 언급하지 않고는 불가능하다. 이 때문에, 나는 500년 전 '아메리카의 발견'으로 만들어진 근대 세계를 근대/식민 세계로 규정하며, 식민성은 근대성을 구성하고 식민성 없이는 근대성도 존재할 수 없었음을 지적하고자 한다. 라틴아메리카라는 '개념'은 고립적으로 다뤄질 수 없으며, 근대/식민 세계의 관점은 세계체제에 소용돌이를 일으킬 수 있다. 라틴아메리카라는 '개념'은 오늘날 세계를 지배하는 아메리카로서의 미국과 유럽이라는 '개념들'과 떼어 놓고 생각할 수 없다. 두 개의 아메리카는 근대 초기 유럽 상권이 확장된 결과이며, 지금 우리가 알고 있는 자본주의의 원동력이었다. 아메리카의 '발견', 그리고 원주민과 아프리카 노예에 대한 학살은 프랑스 혁명이나 산업혁명기보다 더 확실한 근대성의 토대를 이룬다. 다시 말하자면, '식민성'은 근대성의 숨겨진 어두운 면이다. 따라서 '라틴아메리카라는 개념'을 발굴하는 것은 서구가 어떻게 탄생했으며, 근대 세계질서가 어떻게 세워졌는지 이해하는 것이다.

아래의 전제는 아르투로 에스코바르(Arturo Escobar)가 근대성/식민성 연구 프로젝트라고 부른 것의 틀 안에서 얻어진 것이다.[4] 몇 가지 전제를 나열하면 다음과 같다.

1. 식민성은 근대성을 구성하기 때문에 식민성 없이는 근대성도 없다.
2. 근대/식민 세계(그리고 식민적 권력 매트릭스)는 16세기에 시작되었으며, 아메리카의 발견/발명은 근대성을 구성하는 식민적 요소이고, 근대성의 표면은 유럽의 르네상스이다.
3. 계몽주의와 산업혁명은 식민적 권력 매트릭스가 변화되는 역사적 순간에 파생된 것이다.
4. 근대성은 유럽이 세계의 헤게모니를 향해 출발하는 역사적 과정에 붙여진 이름이다. 근대성의 어두운 이면이 식민성이다.

---

4) Arturo Escobar, "Worlds and Knowledges Otherwise: The Latin American Modernity/Coloniality Research Program", *Cuadernos del CEDLA*, 16, 2004, pp. 31~67.

5. 오늘날 우리가 알고 있는 자본주의는 근대성의 개념과 근대성의 어두운 이면인 식민성의 개념을 이해하기 위한 핵심이다.
6. 자본주의와 근대성/식민성은 미국이 과거 스페인과 영국이 누렸던 제국의 주도권을 장악한 제2차 세계대전 이후에 두번째 역사적 전환을 경험했다.

이러한 전제에 따라, 나는 제국들과 식민지들을 연결하는 세 번의 이질적인 역사적-구조적 순간을 중심으로 이 책을 썼다. 첫번째 순간은 아메리카가 유럽의 의식에 들어간 순간(르네상스)이다. 두번째는 제국적이고 식민적인 이중적 정체성을 갖는 '라틴적 특성'[Latinidad, 이하 '라틴성'] — 이에 관해서는 2장을 보라 — 이 진입한 순간(계몽주의 시기)이다. (냉전 이후) 세번째 순간은 우리가 지금 전 세계에서 목격하고 있고, 아메리카를 '라틴'아메리카와 '앵글로'아메리카로 나눈 존재론적이고 이데올로기적인 기준에 대한 의문을 통해 발생한 지식 지도의 근본적인 전환의 순간이다.

1장과 2장에서는 16세기에 시작되어 500년을 가로지르고, 그때 이후 근대성을 인류 역사가 최종적으로 도달해야 할 목적지(기독교 우주관의 낙원에 대한 세속적인 해석)로 등장시킨 혼란스러운 서사에 의해 강제된 침묵의 이야기를 다룬다. 이미 언급한 것처럼, 나는 역사의 영역에서 탈식민적 전환을 시도하고자 한다. 1장에서는 식민적 체제의 건설과 '아메리카'라는 개념의 발명을 언급하고, 2장에서는 '라틴'아메리카라는 특정한 개념의 등장을 추적할 것이다.

1장에서는 유럽인들이 도착했을 때 아스테카와 잉카의 영토였던 아나우악(Anáhuac)과 타완틴수유(Tawantinsuyu)에 살고 있던 사람들의 역사와 우주관을 포섭해 버린 '아메리카라는 개념' 밑에 놓여 있는 다양한 서사들을 검토한다. 유럽의 기독교도들은 아메리카의 '발견과 정복'을 신이 우주를 창조한 이래 가장 두드러진 사건이라고 ― 이는 자유무역 이론가인 애덤 스미스와 자본주의를 철저히 비판했던 맑스까지도 동의했을 만큼 널리 받아들여진 견해이다 ― 생각했지만, 지금의 볼리비아와 페루에 거주했던 아이마라 원주민들은 그것을 파차쿠티(Pachakuti)라고 생각했다. 즉 시간과 공간이 완전히 붕괴되고 우주가 거꾸로 돌아가서 아메리카 혁명, 프랑스 혁명, 산업혁명처럼 '진보적' 결과를 생산하지 못하는 재앙이라고 생각한 것이다. 최근에 일어난 일로 비유해서 말하자면, 파차쿠티는 2003년 이후 이라크에서 발생했다. 앞으로 논의하겠지만, 기독교 우주관은 세계가 유럽을 중심으로 돌아가는 대륙들로 이루어진다고 생각했다. 잉카와 아스테카 제국의 수도인 쿠스코(Cuzco)와 테노치티틀란(Tenochtitlán)에 살았던 원주민들은 자신들이 우주의 중심에서 살고 있다고 생각했지만, 그러한 사실이 그들이 그린 지도에는 나타나지 않았다.

대륙 분할의 지정학은 어떻게 '라틴'아메리카가 계속해서 서양의 일부이며 지금도 여전히 주변으로 생각되는지를 이해할 수 있는 중요한 핵심이다. 16세기 이후 유럽인들의 기록에 아메리카 대륙과 그곳에 사는 사람들이 열등한 존재로 등장하기 시작했다면, 1898년 스페인이 미국과의 전쟁에서 패배한 이후에 이러한 생각은 열등한 '라틴'아메리카인이라는 생각으로 바뀌어 등장했다. 따라서 2장에서는 독립혁명 이후 '아메리카'가 (북/남, 앵글로/라틴으로) 분할되는 과정에서 '라틴'아메리카가 미국에 종속적이고 열등한 존재로 인식되는 과정을 추적한다. 프랑스인들이 주장했고 크리올(Creole) 엘리트들이 스스로를 규정하기 위해 받아들인 정체성인 '라틴성'이라는 개념은 궁극적으로는 자신들을 앵글로아메리카인보다 하위에 위치시켰을 뿐만 아니라, 원주민과 아프리카계 남아메리카인의 정체성을 열등한 위치에 놓거나 지워 버리기 위한 시도였다. 요약하자면 이러한 것들이 내가 1장과 2장에서 상세하게 서술할 '라틴아메리카라는 개념'의 역사이자 의미이고 결과이다.

많은 세속적 학자, 지식인, 세계은행 임원, 국무부 관리, 언론인은 '근대성은 미완성의 프로젝트'라고 믿고 있다. 그러나 식민성의 관점에서 바라보면 미완의 프로젝트인 근대성을 완성시키는 것은 식민성을 재생산하는 것을 뜻하며, 이는 21세기 벽두에 널리 펴져 있는 우리의 현실이다. 스페인과 영국의 모델이 더 이상 공공연하게 식민적 지배를 행사하고 있지 않은 반면에, 식민성의 논리는 근대성/식민성을 통해 만들어진 세계의 '개념' 속에서 여전히 유효하다. '라틴아메리카라는 개념'의 진화 과정을 살펴보면, 그러한 개념이 제국적/식민적으로 재구조화되는 특별한 순간에 구체화된 반면, 그것에 의해 침묵을 강요당한 사람들의 관점은 근본적인 변화를 통해서만 열릴 수 있다는 사실을 알 수 있다. 3장에서는 라틴아메리카의 원주민과 아프리카계 후손들의 사회운동, 그리고 새로운 지식 프로젝트를 전개하면서 '라틴아메리카라는 개념'을 폐기하고 있는 미국 라티노[5]들의 운동에 초점을 맞출 것이다.

---

5) 유럽의 독자들에게는 낯선 용어인 치카노(Chicano)와 치카노보다 더 공식화된 용어인 라티노(Latino)는 미국에 거주하는 멕시코와 카리브 지역 출신의 후손들이 스스로를 부르는 용어이다. 라티노가 더 일반화된 용어이고 치카노도 여기에 포함되지만, 이 용어가 각 집단(예를 들어 푸에르토리코인, 쿠바인, 멕시코인)의 역사적 차이를 부정하지는 않는다. 이 책에서 'Latinos/as'로 표기한 것은 여성의 사회적 참여가 강해지고 있는 시점에서 남성과 여성을 구분하는 스페인어 특성을 고려해 남성과 여성을 한꺼번에 표기한 것이다[그러나 우리말 번역에서는 남성만으로 표현했다 — 옮긴이]. 라티노나 치카노가 멕시코와 카리브 지역 출신자들이 스스로를 규정하는 용어라면, 히스패닉(Hispanic)이란 용어는 리처드 닉슨 정권에서 미국인들이 이들을 지칭하는 용어로 사용되었다.

블랙웰 출판사의 '선언' 시리즈에서 제시하는 책의 제한된 분량 때문에 4장은 쓰지 못했다. 4장을 쓸 기회가 있었다면 라틴아메리카라는 개념과 '자연'과 '문화'의 개념 사이의 팽팽한 대립을 보다 심도 있게 다루었을 것이다. 여기서 이러한 개념들의 진화를 간단히 살펴봄으로써 유럽적 범주가 라틴아메리카의 (유럽적 요소가 라틴아메리카화된) 내부와 (서유럽과 미국의 시선에 의해 '타자화'된) 외부에서 라틴아메리카라는 '개념'을 만들어 간 과정, 그리고 오늘날 새롭게 등장하고 있는 시각에 의해 그것들이 어떻게 변화되고 있는지를 개관할 수 있다. 16세기에는 '자연'의 소생력과 충일함에 대한 숭배의 감정이 있었다. 안데스에서 몇십 년을 살았던 스페인 예수회 사제인 호세 데 아코스타(José de Acosta)는 1590년에 자연을 알고 이해하는 것은 창조주에 대해 이해하는 것이라고 썼다. 그러나 아코스타보다 몇십 년 뒤에 태어난 프란시스 베이컨은 자연을 인간이 정복하고 지배해야 할 대상으로 생각했다. 이러한 대립은 자연과 인간 사이에도 설정되었다. '라틴'아메리카는 그러한 대립의 양면에서 인식되었다. 아르헨티나의 도밍고 파우스티노 사르미엔토(Domingo Faustino Sarmiento)와 브라질의 에우클리데스 다 쿠냐(Euclides Da Cunha) 같은 19세기 크리올 지식인들은 크리올 엘리트를 남아메리카의 '미개한' 원주민과 대립적으로 규정하기 위해서 '자연' 대 '문명'의 패러다임을 차용했다. 그러나 2장에서 보게 될 것이지만, 크리올 엘리트들은 문명을 대표하는 앵글로 인종과 자신들을 구분하면서 자신들에게 자연과 더 가까운 자리에 위치시키는 '라틴'이라는 프랑스적 개념을 부여함으로써 스스로 식민화되었다. 이와 동시에 미국 대통령 토머스 제퍼슨(Thomas Jefferson)을 포함하여 프랑스 박물학자 조르주 루이 르클레르 드 뷔퐁(Georges-Louis Leclerc de Buffon)이나 독일 철학자 헤겔 같은 지식인들도 '자연'

과 문명인을 적대적으로 규정하고 아메리카의 모든 것을 '자연'에 속하는 것으로 취급했다. 이러한 논쟁에서 신세계는 유치하고 미성숙한 존재였다. 따라서 아메리카의 주민들은 문명의 상태로 진화해 가지 않으면 안 되었다.[6]

18세기 말경부터 19세기를 거치는 동안, 신의 창조물인 자연은 인간의 창조물인 문화와 대립되었다. 따라서 자연과 인간성의 대립은 사라진 것이 아니라 단지 다르게 묘사되었을 뿐이다. ('경작하다 혹은 거주하다'라는 뜻의 라틴어 colere에서 유래한) '문화'가 세속화의 과정에서 필수적인 개념으로 떠오른 것은 문화가 인간의 생산과 창조라는 의미에서 '양육하다'라는 의미를 갖기 때문이었다. 거주라는 의미에서 '문화'는 거주의 장소, 즉 창조물의 거주지이다. '종교'를 대신해서 '문화'는 공동체의 유대를 위해 필요했다. **종교(religio)**는 '결합하다'라는 뜻의 라틴어 re-ligare에서 유래했다. 고대 로마에서 re-ligare는 종교가 **전통**을 의미하는 한에서 시간적으로 인식되었을 뿐만 아니라, **종교**가 정해진 장소에서의 공통된 믿음이라는 뜻에서 공간적으로 인식되었다. 문화라는 용어가 신앙에 기초하지 않은 새로운 종류의 공동체를 지칭하기 위해 필요했을 때, 그것은 새로운 제도, 즉 '새로 탄생한 공동체' 혹은 국민국가를 인식하고 사용되

---

6) 스페인 제국의 정신세계에서 '자연'이 어떻게 인식되었는지에 대해서는 José de Acosta, Historia natural y moral de las Indias[1590], ed. Jane E. Mangan, trans. Frances López-Morillas, *Natural and Moral History of the Indies*, Durham, NC: Duke University Press, 2002, pp.451~519에 실린 나의 "Commentary"를 참고하라. '자연'과 '라틴'에 대한 논쟁에 대해서는 다음 책을 보라. Arturo Escobar, *El final del salvaje: Naturaleza, cultura y política en la antropología contemporánea*, Bogotá: CEREC, 1999; Gabriela Nouzeilles ed., *La naturaleza en disputa: Retóricas del cuerpo y el paisaje en América Latina*, Buenos Aires: Paidós, 2002.

었다. 국민국가는 '국민적 정체성'을 갖는 주체들을 만들기 위해 '국민문화'와 관련되어 규정된다. 제국적인 국민적 정체성은 19세기부터 오늘날까지 지속되고 있는 '독립국가'의 국민적 정체성의 순위를 결정하고 가치를 평가하기 위한 척도를 만들었다. 국가에 의해 유지된 제국적인 국민적 정체성은 19세기 이후로 식민적 차이를 새롭게 고안해 냈고, 라틴아메리카라는 '개념'은 그러한 제국적 고안의 일부였다.

달리 말한다면, '문화'는 국민적 통합을 창조했다. 즉 국민언어, 국민문학, 국기와 국가 등은 '국민문화'의 독자적인 표명이었다. 문화는 국민국가의 동질성을 가리키는 이름이자 제도로 기능했다. 그러나 문화라는 용어가 영국과 프랑스가 제2의 식민지 확장의 물결을 일으켰던 19세기에 등장했다는 점에서, '문화' 역시 유럽 '문명'의 하위에 있는 이질적이고 열등한 '문화들'을 지칭하기 위한 식민적 목적으로 사용되었다. 유럽의 국민문화들은 문명을 이룬 반면에, 세계 대부분의 나머지 사람들은 '문화'를 가졌을 뿐, 문명을 갖지 못한 것으로 인식되었다. 고대 아스테카, 잉카, 마야 문명은 이미 잊힌 과거이며, '라틴'아메리카인들은 프랑스 이데올로기의 일부로 창조된 '라틴성'이라는 문화를 가졌을 뿐 문명은 갖지 못했다는 것이다. 라틴아메리카인들은 과학과 섬세한 역사를 갖지 못한 2등급 유럽인으로 취급되었다. 냉전 동안에도 그러한 이미지는 여전히 유효했고 이는 모든 제3세계로 확장되었다.

이러한 거대 서사는 원주민의 우주관에서 자연과 인간이 필연적으로 서로 대립적이지는 않으며, '문명'은 유럽인들이 역사 속에서 자신들의 역할을 스스로 규정한 것일 뿐이라는 사실을 무시하고 있다. 원주민들에게 대립은 부정 없이 공존할 수 있다. 에콰도르 오타발로(Otavalo) 출신으로 케추아 지식인이자 활동가인 아리루마 코위(Ariruma Kowii)는

"안데스 세계의 토대는 상보적 이원론이다"라고 말한다.[7] 이런 단순한 논리적 차이가 지식과 이해의 탈식민적 전환(예를 들어 르네상스 이래로 유럽의 지식 원리가 '제국적'인 권위를 가지고 있을지라도 세계를 그리스와 라틴의 관점이 아니라 케추아의 관점에서 바라보는 것)을 수행하는 데 핵심적이다. 그러한 전환은 그리스어와 라틴어에 뿌리를 둔 유럽의 근대적/제국적 언어의 지식 범주를 통해서 우리가 알고 있는 세계와 사회의 인식을 바꾸기 위해 필요한 토대이다. 코위는 「야만, 문명들 그리고 상호문화성」(Barbarie, civilizaciones e interculturalidad)이라는 글의 제목에서 위에 언급한 대립을 제거한다.[8] 오늘날 '야만'이라는 범주는 사르미엔토가 야만적 원주민이라고 여겼던 원주민 지식인에 의해 의문이 제기되고 있다. 또한 (코위의 글의 제목에서) '문명들'이라고 복수로 표기된 것은 문명화 임무라는 유럽의 특이한 모델에 의해 자격을 상실했던 원주민들의 역사적 문명을 인정하는 것이다. 야만에게 침묵을 강요하고 문명의 독백을 조장하는 문명의 대화에서는, **사용하는 말에 대해 의구심을 가져야 직성이**

---

7) Ariruma Kowii, "Barbarie, civilizaciones e interculturalidad", in ed. Catherine Walsh, *Pensamiento crítico y matriz (de)colonial*, Quito: Universidad Andina and Abya-Yala, 2005, pp.277~296. 아이마라 원주민 지식인인 마르셀로 페르난데스 오스코(Marcelo Fernández Osco)는 법과 정의에 대한 아이마라족의 개념에 대해서, 특히 라틴아메리카 주류 사상에 반론을 제기하고 교육·민주주의·평등에 관한 국가적이고 국민적인 서사의 한계를 지적하는 지식인 학자들의 연구 성과를 이해하는 폭넓은 연구를 수행했다. 다음을 참조하라. Marcelo Fernández Osco, *La ley del Ayllu*, La Paz: PIEB, 2000. 같은 저자의 다음 두 개의 글도 참조하라. "La ley del Ayllu: justicia de acuerdos" & "Descolonización jurídica", *Tinkazo: Revista boliviana de ciencias sociales*, 9, 2001, pp.11~28, 41~44.
8) 상호문화성 개념에 대한 최근의 정치적 이론화는 다음의 강연문을 참조하라. Catherine Walsh, "Interculturalidad, conocimientos y (de)colonialidad", lecture delivered at the II Encuentro Multidisciplinario de Educacaión Intercultural, Mexico City, October 27, 2004 (e-mail: cwalsh@uasm.edu.ec). 상호문화성에 대해서는 3장에서 더 자세히 논의할 것이다.

풀리는 말들은 제거된다. 말들이 (문명 대 야만 같은) 모순논리에 토대를 두는 대신에 대화로서 재인식된다면, 야만은 폐기되지 않고 재배치된다. 야만적인 것은 타 종족을 말살한 크리올과 유럽인들의 문명이었다. X와 X 아닌 것이 공존한다면, 문제는 어떻게 상이한 구조의 문명이 야만을 제쳐 놓을 수 있는가 하는 것이다. 3장에서 다루게 되겠지만 그것은 틀림없이 상호문화적 투쟁과 대화의 작업이다.

여기에는 한 가지 조건이 필요하다. 즉 이 시점에, 전 세계의 유럽 후손 크리올뿐만 아니라 아메리카의 유럽 후손 크리올까지도 여전히 문명과 야만을 존재론적인 범주로 바라보고, 원주민(혹은 이슬람)의 문명 과정과 역사를 대화 상대로 인정하지 않는 밑바탕에 식민적 차이가 자리 잡고 있음을 반드시 염두에 둬야 한다. 유럽의 외부에는 문명이 존재하지 않으며, (1장에서 보게 될 헌팅턴Samuel Huntington의 분류에 따라) 이슬람 문명, 중국 문명, 일본 문명이 존재한다고 할지라도 그것들은 과거에 머물고 있고 현재의 서양 문명으로 들어와야만 한다. 그것이 반드시 염두에 둬야 할 식민적 차이이다. 더 이상 미래가 야만인을 항상 앞서가는 서양 문명의 편이라고 생각할 수는 없다. 야만인이 어디에나 있는 것처럼 (야만인은 들판이나 산에만 있는 것이 아니라 대도시에도 있을 수 있다), 문명인도 어디에나 있다. 스스로를 방어할 수 있는 안전한 장소는 존재하지 않는다. 지켜야 할 안전한 장소가 있다고 믿는 것은 곧바로 죽음으로 통하는 길이다. 사실대로 말하자면 더 이상 지켜야 할 곳이 없고, 그 결과 권력의 차이가 교정되지 않는다면 대화는 불가능하다. 우리가 이라크에서 목격했던 것처럼, 오늘날 대화는 **유토피아**이며, 대화는 **유토피스틱스**(utopistics)로 재인식되어야 한다. 유토피스틱스는 미래의 가능한 세계를 상상하고 건설하기 위해서 과거를 비판적으로 해석하는 이중의 운동이다. '근대성'이 도달해야 할 목표가 아니라 유럽이 자신의 이해관계를 위해서 만들어 놓은 역사라는 것을 알기 위해서는 탈식민적 전환이 필수적이다. '근대성'이 탈식민화되고 미래를 향한 신화적 전진에서 벗어날 때만 대화는 가능하다. 나는 서양적이건 동양적이건 모든 종류의 '독재'를 옹호하지 않는다. 내가 말하고자 하는 것은 서구 문명의 독백이 더 이상 강요되지 않을 때만 '대화'가 가능하다는 것이다.

이 책은 서로 다르지만 상보적인 두 가지 방식으로 읽을 수 있다. 현행의 학술적 논쟁에 익숙하지 않은 독자들은 아메리카가 발견된 것이 아니라 발명되었다는 주장으로부터 시작해서 '라틴'아메리카를 통해 최초의 제국적/식민적 발명이 확장된 경로를 따라가면 된다. 인문학과의 대화에 익숙한 독자라면 이 글의 논쟁을 (1930년대에 프랑크푸르트학파가 시작된) **비판이론**인 지식의 지정학을 **탈식민성**의 새로운 영역으로 이동시키려는 시도로 파악할 수 있을 것이다. 첫번째 독서 방식은 여전히 개념들의 직선적 진화를 강조하고, 무엇보다도 새로움을 강조하는 근대성의 패러다임 안에서 이루어질 수 있다. 그러나 두번째 독서 방식은 근대성을 함축하지만 대신에 '공존'과 동시성을 강조하는 (탈)식민성의 패러다임 안에서 이루어진다. 나는 이 책의 주장을 공존의 패러다임 속에 설정하고 새로움과 역사적 진보의 패러다임을 비판하기 위해서 1장의 끝부분에서 **역사적−구조적 이질성**(historico-structural heterogeneity) 개념을 소개하려고 한다. 유럽의 지역적 역사의 한계 내에서, **비판이론**은 인문학자와 비판적 사회과학자들이 개념들을 당연하게 받아들이고 사건들이 내재적이고 필연적인 의미를 갖고 있다고 생각하는 대신에, 사건들과 개념들을 가능하게 만든 조건들을 비판적으로 탐구하도록 다그쳤다. 탈식민적 이론은 유럽 고유의 역사를 **넘어서고** 아메리카의 식민적 역사에 속하는 비판이론이다. 이것은 아시아와 아프리카 혹은 동질성을 붕괴시키는 유럽과 미국 **내의** 이주자들의 관점에도 적용된다. 즉 **탈식민적** 이론은 지식과 존재의 탈식민화를 통해 경제와 정치를 **다른 방식**으로 생각하도록 유도하는 프로젝트로부터 얻어진 이론이다. (아메리카와 '라틴'아메리카의 발명이라는) 근대적 식민성의 뿌리까지 다다름으로써 이 책은 지식과 존재의 탈식민화에 기여하고자 한다. 즉 이 책은 또-다른 논리, 또-다른 언어, 또-다른 사유를 통해 역사를 새롭게 서술하려는 시도이다.[9]

---

9) 이러한 주장에 대해서는 다음 책의 후기를 참조하라. Walter Mignolo, *Local Histories/ Global Designs: Coloniality, Subaltern Knowledges and Border Thinking*, Princeton, NJ: Princeton University Press, 2000. 같은 책의 스페인어판 후기도 참조하라. *Historias locales/diseños globales: Colonialidad, conocimientos subalternos y pensamiento fronterizo*, Madrid: Ediciones Akal, 2003.

1 두 개의 아메리카, 기독교의 팽창, 그리고 인종주의의 근대적/식민적 토대

1장 두 개의 아메리카, 기독교의 팽창, 그리고 인종주의의 근대적/식민적 토대

> 문명화된 유럽 인종들은 아메리카를 발견하고 정복하고 그곳에 이주했다. 유럽 인종들을 추동한 것은 이집트 민족이 자신들이 살던 땅을 떠나 그리스로 이동하게 만든 것과 같은 법, 나중에 그리스 거주민들이 이탈리아 반도로 이주해 그곳을 문명화시키도록 추동한 법, 그리고 결국에는 그리스인들이 로마의 유물인 기독교에 의해 야수성이 순화된 독일의 야만족을 문명화시키도록 추동한 그 법이다.
>
> — 후안 바우티스타 알베르디(Juan Bautista Alberdi), 『국가 건설을 위한 토대와 출발점』(*Bases y puntos de partida para la organización nacional*), 1852[1]

백인과 인디언을 구별하는 가장 일차적인 차이점들 중의 하나는 단지 기원의 차이에 지나지 않았다. 백인들은 무엇보다도 서유럽에 기원을 두었다. …… 반대로 인디언들은 언제나 서반구에 존재했다. 이 대륙의 삶과 이 대륙에 대한 관점들은 로마 제국 이후의 분위기 속에서 형성된

---

[1] 역자를 명시하지 않은 경우, 모든 번역은 필자[미뇰로]의 번역이다.

것이 아니었다. …… 서반구는 **지혜**를, 서유럽은 **지식**을 생산했다.

— 비네 델로리아 2세(Vine Deloria, Jr), 『커스터는 너의 죄를 대신해 죽였다: 인디언 선언』(Custer Died for Your Sins: An Indian Manifiesto), 1969 (강조는 필자)

근대성의 식민적 지평 위로 솟아오른 '두 개의 아메리카'

1492년 이전에는 두 개의 아메리카는 어느 누구의 지도에도 존재하지 않았고, 심지어는 아나우악(Anáhuac, 아스테카 영토)이나 타완틴수유(Tawantinsuyu, 잉카 영토)에 거주하는 사람들의 지도에도 존재하지 않았다. 16세기에 아메리카를 점령했던 유일한 유럽인이었던 스페인과 포르투갈 사람들이 자신들이 지배하고 소유했던 대륙 전체에 이름을 붙였다. 아메리카에는 물론이고 라틴아메리카에 잉카인과 아스테카인이 살지 않았다는 사실을 믿기 어려울 수도 있다. 16세기 초반까지 어느 누구의 지도에도 아메리카가 나타나지 않았던 것은 네번째 대륙의 이름과 개념이 아직 발명되지 않았기 때문이었다. 대륙과 사람들은 거기 존재하고 있었지만, 그들은 자신들이 거주하는 장소에만 이름을 붙였다. 즉 안데스에서는 타완틴수유라고 했고, 오늘날의 멕시코 골짜기에서는 아나우악이라고 했으며, 오늘날의 파나마 지역에서는 아브야-얄라(Abya-Yala)라고 했다. 후에 '아메리카'가 된 대륙의 외연이 그들에게는 인식되어 있지 않았던 것이다. 유럽과 아시아, 아프리카 사람들에게는 장차 서인도라고 불리게 될, 그리고 더 나중에는 아메리카라고 불리게 될 땅덩어리에 대해서도, 후에 인디언이라고 불리게 될 모든 그곳 거주민에 대해서도 아무런 생각이 없었다. 아메리카는 문자 그대로 아메리고 베스푸치(Amerigo

Vespucci)가 오늘날의 브라질 남부에서 눈에 띄는 별들이 자신에게 익숙한 지중해에서 보았던 것과 같은 별이 아니라는 사실을 깨달았던 바로 그 순간 응시하고 있던 그 푸른 하늘로부터 비롯된 명칭이었다. 이 이야기에서 참으로 당혹스러운 것은 일단 아메리카가 16세기에 그렇게 이름 붙여지고, 또 라틴아메리카가 19세기에 지금처럼 이름 붙여진 뒤에는 마치 영원히 그곳에 있었던 이름들인 것처럼 여겨지게 되었다는 사실이다.

'아메리카'는 결코 발견되기를 기다리고 있던 대륙이 아니었다. 오히려 아메리카는 서구의 세계관과 제도를 전 세계로 전파하고 공고화시킨 유럽의 식민사의 과정에서 날조된 **발명품**이었다. 날조된 발명을 우연한 '발견'으로 꾸며서 이야기한 사람들은 아나우악이나 타완틴수유에 살던 사람들이 아니라 유럽인들이었다. 450년이 지나서야 '발견'이 아니라 '발명'이라는 인식의 전환이 가능하게 되었다. 지식 지도에서 발생한 이러한 변화, 즉 발견이 아니라 발명이라는 개념틀의 전환을 인식한 것은 스페인과 포르투갈이 지배했던 식민지의 크리올이었다.

물론 남아메리카의 원주민과 흑인은 자신들의 단절된 역사에 대한 공적인 논쟁에 한 번도 개입한 적이 없었음을 지적할 필요가 있다. '아메리카'라는 개념과 그 뒤를 이은 '라틴' 및 '앵글로' 아메리카라는 개념은 유럽인 그리고 유럽 혈통 크리올과 연관된 사안이었다. 원주민과 흑인 혈통의 크리올에게는 논외의 사안이었다. 아프리카계 카리브인들도 이와 유사한 지식 지도의 변화를 인식했지만, 그들은 영어와 프랑스어를 사용했다는 점이 다르다. 흑인 혈통의 크리올에게 오늘날 우리가 카리브 해라고 부르는 섬들에 유럽인들이 도착했던 일은 일차적인 관심사가 아니었다. 아프리카 노예들이 끌려온 곳은, 그것이 발견되었든 발명되었든 간에 이미 수십 년 전부터 아메리카로 불리고 있던 대륙이었기 때문이다. 또한 원주민의 사유의 계보에서는 아메리카가 엄연히 존재하고 있다가 발견된 것이든 혹은 존재하지 않다가 발명된 것이든 문제가 되지 않았기 때문이다.

이미 오래전에 멕시코의 역사가이자 철학자인 에드문도 오고르만(Edmundo O'Gorman)은 아메리카의 발명이 유럽인의 기독교적 상상력의 소산이라고 확신을 가지고 강하게 주장했다.[2] 16세기에 두각을 나타냈던 이방인 침입자 스페인과 포르투갈은 멋대로 대륙의 소유권을 주장하고 새롭게 이름을 붙였으며, 그와 동시에 스페인과 포르투갈 본토의 방식대로 대륙의 영토를 새롭게 조직하기 시작했다. 베스푸치는 오늘날의 브라질 해안을 항해하던 중 자신보다 10여 년쯤 전에 콜럼버스가 생각했던 것과는 달리 자신이 '인도'가 아니라 '새로운 세계'(물론 유럽인들에게 새로운 세계)에 있다는 사실을 깨달은 순간 느닷없이 아메리카라는 말을 만들어 냈다. 유럽인들이 새로운 세계를 마주하고 있다는 사실을 베스푸치가 개념적으로 '발견한' — '스스로 발견하다' 혹은 '깨닫다'라는 의미에서 — 이래로, 새로운 대륙은 아메리고 베스푸치 자신의 이름을 모방하되 이미 존재하던 비유럽 대륙인 아프리카나 아시아와 각운을 맞추기 위해 약간의 변화를 주어서 '아메리카'로 부르게 되었다는 이야기는 익히 알려져 있다.

'발견'과 '발명'은 단지 동일한 사건에 대한 다른 해석으로 그치는 것이 아니다. 발견과 발명은 **두 개의 다른 패러다임**에 해당한다. 두 개의 패러다임을 구분하는 경계는 지식의 지정학(geo-politics of knowledge)

---

2) Edmundo O'Gorman, *La invención de América: El universalismo de la cultura de occidental*, México: Universidad Autónoma de México, 1958.

을 구분하는 경계이다. 그것은 단순히 대화의 내용을 바꾸는 것이 아니라 용어 자체를 바꾸는 것이다. 발견이 유럽이 세계사를 인식하는 의기양양한 제국적 관점, 즉 '근대성'으로 불리는 성취를 전제한다면, 발명은 역사의 뒷전으로 밀려난 채 자신들과는 무관한 역사의 진보적 성취를 따라잡기를 희망하는 사람들의 비판적 관점을 반영한다. 존재의 식민화(colonization of being)란 역사에 소속되지 않는다고 생각하는 것, 즉 스스로를 비-존재로 생각하는 것이다. 그러므로 발견에 대한 유럽인의 이야기가 숨기고 있는 것은 역사들, 경험들, 그리고 생각하고 이해할 수 있는 능력을 가진 역사적 행위자로서의 인간의 자격을 박탈당한 사람들의 침묵당한 서사들이다. 16~17세기에 (프란츠 파농Frantz Fanon이 식민화된 존재들에 붙인 이름표처럼) "대지의 저주받은 사람들"은 인디언들과 아프리카 노예들이었다. 선교사들과 식자층들이 잉카인과 아스테카인이 갖지 못한 역사를 기록하고 라틴어를 모델로 케추아(Kechua)/키추아(Kichua)어와 나우아(Nahua)어 문법을 기술하려고 생각했던 것은 이 때문이다. 흑인들은 개종의 대상도 되지 못한 채 순전히 노동력으로만 간주되었다.

    17세기 말경 새로운 사회적 집단이 등장했는데, 그들이 등장할 당시 이미 그들은 역사의 외부로 밀려나 있는 상태였다. 그들은 바로 스페인과 포르투갈 혈통의 크리올이었다. 크리올에 대한 무시가 인디언이나 흑인에 대한 극단적 무시와는 완전히 달랐다고 할지라도, (인디언과 흑인처럼) 최하위의 인간과 (유럽인처럼) 최상위의 인간의 중간에 위치한 크리올 역시 역사로부터 배제되었다. 서구 기독교인들은 지구상의 모든 인간들 중에서 유일하게 자신들만이 가졌다고 생각한 총체적이고 진정한 역사의식을 척도로 인간 본질을 지정학적으로 배치했으며, 이를 바탕으로 식민적 권력 매트릭스를 마련했다. 또한 기독교 복음화와 문명화라는 명목으로 많은 사람들을 역사 바깥으로 추방했으며, 최근에는 발전과 시장민주주의를 앞세워 똑같은 일을 저지르고 있다. 그와 같은 지정학적 배치는 기독교 복음화, 문명화, 발전의 사명을 수행하는 소수의 사람들과 그러한 사명의 대상이 되는 다수의 무능력한 사람들을 구분하는 경계가 되었다.

헤겔 이후에 막스 베버는 유럽이 모범/목표로 삼아야 할 역사의 방향성으로 '근대성'을 신뢰했다. 그보다 훨씬 최근인 1980년대 말에 페루의 사회학자 아니발 키하노(Anibal Quijano)는 '식민성'이 근대성의 숨겨진 면이자 근대성의 관점에서 서술된 역사로부터 추방된 저주받은 사람들의 역사적 관점이라는 사실을 드러냈다. 근대성의 관점에서 식민성은 볼 수도 없고 인정할 수도 없는 매우 불편한 개념이다. 식민성을 통해 지식과 역사에 대한 관점의 전환이 가능해졌다고 할지라도, 저주받은 사람들은 근대성을 회피할 수 없다. 근대성이 역사의 헤게모니를 장악한 사람들에게 일면적이고 단밀도(single density)라면, 저주받은 사람들에게는 양면적이고 배밀도(double density)이다. 이러한 두 개의 주요한 패러다임의 공존을 이해하는 것은 지식 지도와 지식의 지정학이 어떻게 변화하는지 이해하는 것이다. 내 주장은 두말할 것 없이 두번째 패러다임, 즉 근대성/식민성으로 구성되는 배밀도에 위치한다.

동일한 현실의 양면인 근대성과 식민성이 16세기에는 '아메리카'라는 개념을, 19세기에는 '라틴'아메리카라는 개념을 만들어 내는 데 어떻게 작용했을까? 근대성이라는 용어가 사용되기 시작한 것은 30~40년 정도가 되었다. 근대성에 대한 견해와 정의의 차이에도 불구하고, 그것의 의미에 대해서는 모종의 기본적인 동의가 존재한다. 유럽인의 관점에서 근대성은 (이탈리아, 스페인, 포르투갈을 포함하는 남부 유럽 학자들이 공유하는 관점으로) 르네상스와 아메리카의 '발견' 시기까지 거슬러 올라가거나 (앵글로색슨 국가인 영국, 독일, 네덜란드와 라틴 국가인 프랑스의 학자·지식인·언론이 공유하는 관점으로) 계몽주의 시기와 관련된다. 과거 스페인과 포르투갈의 식민지였던 남아메리카의 학자들과 지식인들은 식민적 차이의 관점에서 근대성이 이룬 성취는 식민성이 저지른 폭력과 병행한다는 주장을 펼치고 있다. 근대성을 바라보는 이러한 관점의 차이는 역사적 입장의 차이와 일치한다. 오고르만이 주장하는 '아메리카 발견' 이론은 기존의 유럽 중심적 제국주의 서사가 누락시켰던 관점을 공론화하는 전환점이었다. 오고르만의 이론은 편파적인 '발견' 서사가 은폐했던 역사의 차원을 드러냈고, 식민성의 다양한 경험을 통해 현실을 새롭게 인식하는 방법을 보여 주었다.

아메리카라는 개념은 근대성 개념과 병행하며, 두 개념은 유럽인에 의해 고안되고 실행된 제국주의적 기획과 지구적 경영 구상의 자기표상이다. 아메리카의 발명은 유럽의 제국주의가 확장하는 결정적인 계기가 되었고, 이러한 확장을 통해서 유럽의 생활방식은 인간이 추구해야 할 모델이 되었다. 따라서 '아메리카의 발견과 정복'은 근대성의 시류에 합류하지 못한 사람들을 뒷전에 남겨둔 채 천지창조로부터 현재까지 지속된 장구하고 직선적인 역사를 구성하는 단순한 하나의 사건이 아니라 세계사의 핵심적 전환점이었다. 즉 근대성은 인류의 구원이라는 목표를 내세워 특정한 가치들을 제시했고, 제시한 가치들을 식민성의 논리를 바탕으로 확산시키기 시작했기 때문이다.

이와는 달리 '아메리카의 발명'이라는 명제는 근대성을 식민성으로부터 바라보는 관점을 제공한다. 식민성의 관점에서 보면 유럽 바깥의 근대성은 정복자들이 빼앗은 영토와 그곳에 살고 있던 사람들에게 새로운 이름을 붙여 주는 식민적 권력 매트릭스를 토대로 발전했다. 정복자들은 타완틴수유와 아나우악에 살고 있던 다양한 인종집단과 아프리카에서 끌려온 아프리카인들을 '인디언'과 '흑인'으로 단순화시켜 불렀다. '아메리카'와 '라틴'아메리카라는 개념은 당연히 유럽 근대성의 철학적 틀 안에서만 설명이 가능하며, 식민지에 거주하면서 스페인 사람이나 포르투갈 사람의 관점에서 사건을 바라보는 유럽 혈통 크리올의 설명도 이와 다르지 않다. 그러나 중요한 것은 근대성이 역사에서 은폐한 부분을 드러내기 위해서는 이성과 오성의 틀을 변화시켜야 한다는 사실이다. 따라서 '식민성'은 구원, 발전, 근대화, 공익이라는 언어로 위장하고 통제와 지배, 착취를 강제하는 근대성의 논리를 폭로하려고 시도한다. 아마도 최근에 조지 W. 부시 미국 대통령 정권에서처럼 근대성/식민성의 이중성이 확실하게 드러난 적은 없었을 것이다.

분명한 것은, '근대성/식민성'이 동전의 양면이기 때문에 분리시켜 생각할 수 없다는 것이다. 당신이 근대적이라면 동시에 당신은 식민적이다. 근대성과 식민성은 빛의 스펙트럼을 구성하는 부분들이기 때문이다. 아메리카란 개념 자체가 식민성과 분리될 수 없다. 유럽인들의 의식 속에서는 대륙 전체가 착복해야 할 거대한 땅덩어리였으며, 그곳에 사는 사람들은 개종의 대상이자 착취해도 좋은 노동력이었다. '근대성'과 비교하면 식민성은 낯선 용어이며 많은 사람들이 식민성을 '식민주의'(colonialism)와 혼동한다. 물론 식민주의와 식민성은 관련이 있다. '식민주의'가 특정한 역사적 시기와 장소에서 발생했던 (스페인, 네덜란드, 영국, 그리고 20세기 초반 이후의 미국의) 제국적 지배를 가리킨다면, '식민성'은 16세기 이후 대서양 경제와 정치를 차례로 장악했던 스페인, 네덜란드, 영국에서부터 거의 지구 전체를 지배하고 경영하는 미국의 식민 지배의 논리 구조를 의미한다. 스페인이 지배했던 시기(16~17세기)든 영국이 헤게모니를 장악했던 시기(19세기부터 제2차 세계대전까지)든 또는 미국이 지배하는 시기(20세기 초부터 현재까지)든 간에 식민주의의 논리는 언제나 같다. 다만 권력의 주체가 바뀌었을 뿐이다.

　미국은 스페인이나 영국의 식민지 같은 그런 식민지를 갖지 않았기 때문에 제국이 아니라고 (주로 미국에 대한 9·11 공격 이전에) 말하는 사람이 있을지도 모르겠다. 하지만 그런 견해는 식민화된 국가나 지역에 식민 제도와 통치자, 군대 등을 물리적으로 존재시키고 유지한다는 의미에서의 '식민지' 소유와 '식민주의'를 혼동한 것이다. 또한 '식민주의'와 '식민성'을 혼동하고 있다. 식민성은 제국적/식민적 패권이 스페인에서 영국으로, 영국에서 미국으로 넘어간 역사적 사실을 뛰어넘는 근대/식민 세계의 지배 논리이다. 20세기 후반의 정치·경제적 재편과 근대 과학기술 덕분에 과거와 같은 낡은 방식의 식민지는 필요 없게 되었다. 여전히 미국이 세계의 전략적 요충지(가령 중동이나 남아메리카)에 군사기지를 유지하고 있다는 점은 분명한 사실이다. 또한 이라크 점령과 동시에 제국주의 권력[3]에 우호적인 정부를 취임시키려는 미국의 압력은 오늘날의 변화된 **식민주의** 방식을 분명하게 보여 준다. 9·11 이후 미국 내 자유주의 대변자들은 제국주의가 필요하다는 사실을 인식하기 시작했다. 하지만 자신들이 자유주의를 옹호한다는 사실 때문에 그들이 원하는 제국주의

---

[3] 냉전 종식 이후에 표면화된 미국의 제국주의 특성에 대해서는 다음의 책을 참고하라. Neil Smith, *American Empire: Roosevelt's Geographer and the Prelude to Globalization*, Berkeley: University of California Press, 2003. 이라크전 이후 『뉴욕타임스』(*New York Times*), 『포린어페어스』(*Foreign Affairs*), 『인터내셔널리뷰』(*International Review*) 등의 지면에서 '마지못한 제국주의'와 '가벼운 제국주의'에 대한 언급을 찾아 볼 수 있다.

를 '마지못한'(reluctant) 혹은 '가벼운' 제국주의라고 부른다. 역사적 시점에 따라 식민지의 형태가 다르다고 할지라도 식민지 없는 제국을 생각하기 어렵기 때문에, 제국주의를 어떻게 부르든 간에 제국주의는 일정 부분 식민주의를 내포한다.[4]

따라서 아메리카는 유럽의 역사관과 세계관에 따라 만들어진 근대 유럽의 발명이다. 당연한 일이지만 그 같은 관점과 역사 속에서 식민성은 무시되거나 혹은 정의를 위한 필요악으로 위장되었다(그리고 지금도 여전히 그렇다). 식민성은 파농이 "대지의 저주받은 사람들"이라고 불렀던 사람들(근대성의 표준에 속박당해 왔고 또 지금도 여전히 그런 사람들)의 경험, 세계관, 역사에 붙여진 이름이다. 저주받은 사람들의 표식은 **식민적 상처**이며, 물리적인 그리고/또는 심리적인 식민적 상처는 **인종주의**의 결과이다. 인종주의는 인간을 분류하는 기준을 정하고, 그러한 기준을 적용할 수 있는 권리를 가진 사람이 권리를 갖지 못한 사람들을 분류하는 헤게모니 담론이다. 보편적 종교가 되기 이전의 서구 기독교가 그랬던 것처럼, 그리스어와 라틴어로부터 파생된 6개의 제국적 언어(이탈리아어, 스페인어, 포르투갈어, 프랑스어, 독일어, 영어)를 사용하는 세속화된 유럽인들의 지성사와 거기서 비롯된 윤리적이고 정치적이며 경제적인 행태가 보여 주는 특성은 유럽 바깥의 역사들과 경험들에 대한 맹목성이다.

---

4) '가벼운 제국'의 옹호자 중 한 명은 과거 사회주의자였던 마이클 이그나티에프(Michael Ignatieff)이다. www.wsws.org/articles/1999/nov1999/koso-n27.shtml; www.counterpunch.org/neumann12082003.html 참고. 또 한 명은 세바스티안 맬러비(Sebastian Mallaby)인데, 『포린어페어스』 2002년 3/4월호에 발표된 그의 논문을 참고하라. www.foreignaffairs.org/20020301facomment7967/sebastian-mallaby/the-reluctant-impeialist-terrorism-failed-states-and-the-case-for-american-empire.html;2.

최근에 지식의 지정학(근대성의 관점이 보편사의 필연적 과정인 것처럼 위장할지라도, 근대성 역시 지정학적 뿌리를 갖는다)에서 발생하고 있는 변화는 탈근대적 해석의 다양성조차도 16~17세기에는 신학에 의해서, 그 이후에는 르네 데카르트로부터 시작된 '자아학'(egology, '신' 대신 '자아'를 핵심적 준거점으로 삼는 지식 틀)에 의해서 오랜 시간 벼려진 **유럽 중심적 지식 틀에 갇힌 해석의 다양성**일 뿐이라는 인식에서 시작되었다.[5] 유럽 중심적 서사와 철학적 준거를 넘어서는 경험들, 느낌들, 세계관들을 설명하기 위해서는 스스로의 지정학적 뿌리를 감춘 채 신학과 자아학에 매몰된 지식에서 벗어나 지정학적으로 경계(borders)의 역사에 뿌리박고 있는 탈중심적 지식으로 이동해야 한다.[6]

아나우악과 타완틴수유의 제사장들과 관리들이 자신들의 지식과 정보 그리고 기억의 체계를 자신들이 살았던 경험이나 집단적으로 공유한 과거와는 딴판인 체계에 어떻게 적용할 것인지 의문을 가졌던 16세기에 사실상 지식의 지정학에 (레미 브라그Rémi Brague에 따르면 유럽의 역사에서 비롯된 '로마식 행동방식'—2장을 참조하라—에 대항하는) 탈식민적 행동방식이 출현했다고 할 수 있다. 그들은 차별적인 권력관계를 드러내는 이중의 체제 속에서 생각할 필요가 있었다. 체제 중의 하나는 그리스어와 라틴어에 뿌리를 둔 제국적 언어를 사용하는 유럽인들에 의해 도입되었다. 일반적으로 유럽인들은 원주민의 언어와 지식 체계를 자신들

---

[5] 나는 이 주제들을 다음의 논문에서 상세히 고찰했다. Walter Mignolo, "Delinking: The Rhetoric of Modernity, the Logic of Coloniality and the Grammar of Decoloniality", in *Cultural Studies*, 21/2-3, 2007, pp.449~514.
[6] 16세기 말~17세기 초 페루의 식민지 부왕령을 분석하고 있는 과만 포마 데 아얄라(Guamán Poma de Ayala)가 최초의 사례들 중 하나다. 3장을 참조하라.

의 언어와 지식 체계에 편입시킬 필요가 없었다. 그러나 원주민들(그리고 신세계로 끌려온 아프리카인들)은 사정이 달랐다. 그들로서는 유럽의 언어와 지식 체계와 자신들의 언어와 지식 체계를 통합시키는 방법 외에는 달리 선택의 여지가 없었다. 근대적/식민적 팽창주의가 가져온 필연적 결과들 중 하나는 **경계 사유(border thinking)**를 위한 조건이 생겨났다는 것, 그리고 (16세기 타완틴수유와 아나우악에서) 신 중심적 지식과 (19세기 영국령 인도와 프랑스령·영국령 아프리카에서) 자아 중심적 지식이 탈중심화되었다는 것이다. 따라서 '아메리카'의 발명은 동시에 신학(그리고 이후에는 자아학)이 억누를 수 없는 새로운 유형의 사유와 이해 ― 경계 사유 ― 의 등장이기도 했다. 경계 사유를 억누를 수 있는 유일한 방법은 표현의 물질성을 억압하거나(가령 원주민의 저작을 출판하지 않는 것), 종교적으로 이단시하거나, 전파되지 못하도록 차단하는 것이다. 그러나 사상과 사유 방식은 몸을 통해 살아남는다. 그것들은 삶의 한 부분이기 때문이다. 경계 사유는 안데스 지역에서 **상호문화성**이라는 이름으로 활성화되고 있을 뿐만 아니라, 아프리카·아시아·남아메리카·카리브 출신 이민자들의 거주지가 되고 있는 유럽을 포함한 전 세계로 확산되고 있다. 역사적으로 볼 때 원주민들에게 피할 수 없는 조건이었던 경계 사유는 아프리카 노예들을 비롯해서 아프리카 혈통의 크리올은 물론이고 스페인과 포르투갈 혈통의 크리올 사이에서도 그들 나름대로의 방식으로 표면화되었다. 여기서 중요한 것은 경계 사유라는 명칭이 아니라, 근대적 제국주의의 팽창과 그러한 팽창이 가져온 필연적인 식민적 권력 매트릭스가 새로운 사유 방식의 등장을 촉진했다는 사실이다.

지식의 지정학(지식의 배경이 되는 지역의 역사)은 지식의 몸 정치학(body politics of knowledge, 지식의 배경이 되는 개인적·집단적 경험)과 병행한다. 스페인 예수회 사제들이나 군인들(혹은 그 뒤의 프랑스나 영국의 여행가나 철학자들)을 통해 들어온 지정학적이고 몸 정치적인 사유 방식과 세계 인식은 아이마라어와 나우아어를 사용하는 원주민 지식인들의 지정학적이고 몸 정치적인 사유 방식이나 세계 인식과 공유될 수 없었다. 이러한 명백한 대칭성에는 **차이**가 존재한다. 앞에서 언급한 것처럼, 스페인 선교사들과 프랑스 철학자들은 원주민의 언어와 경험을 자신들의 신학적 혹은 자아 중심적 사유의 틀 속으로 통합할 필요성을 느끼지 않았다. 그러나 오늘날의 볼리비아, 멕시코, 중앙아메리카에 거주했던 아이마라와 나우아 지식인들에게는 선택의 여지가 없었다. 스페인과 프랑스에서 수입된 제도들이 그들의 삶 전체에 파고들었기 때문이다. 이러한 실질적 이유 때문에 경계 사유는 근대적/식민적 조건을 토대로 실행되는 권력의 차이, 즉 **식민적 차이**를 구성하는 권력의 차이에서 생겨났다.

근대성의 수사학(발견의 찬양)을 넘어서서 '라틴'아메리카라는 개념을 탐구하는 것도, 식민성의 논리 속으로 들어가는 것도 쉽지 않다. 식민성의 논리로 들어간다는 것은 원주민들이 이해하고 있던 파차쿠티[7]의 개념이나 오고르만이 주장했던 '발명'의 관점에서 생각하는 것이다. 따라서 인식 지도를 다시 그리는 것이다. 다시 말해, 역사를 이해하고 해석하는 방법이 달라져야 한다는 것이다. 단지 명칭(아메리카, 라틴아메리카)이나

---

7) 파차쿠티(Pachakuti)는 아이마라어 합성어다. 파차(pacha)는 공간과 시간의 에너지 합류점, 따라서 생명의 발산으로 해석될 수 있다. 쿠티(kuti)는 강렬한 전향, 서구식 용어로 하자면 '혁명'으로 해석될 수 있다. 안데스인들은 스페인인들의 도래로 자신들에게 그리고 자신들의 생활방식에 일어난 일을 파차쿠티로 묘사했다. 나는 이 단어를 '발견과 정복'에 대한 원주민식 개념화의 의미로 사용할 것인데, 남아메리카와 카리브 지역 식민 역사 속에서의 그 의미는 2장을 참고하라.

명칭이 가리키는 대상(멕시코라는 줄기에서 자라난 배[梨] 모양)의 문제가 아니라, 누가 그런 이름을 붙였느냐의 문제이다. '아메리카'가 유럽의 항해자들이 발견한 대륙이라는 생각은 (유럽) 근대성의 수사학의 산물이다. 파차쿠티와 아메리카를 **발명**으로 보는 관점은 근대성의 수사학이 은폐한 식민성의 논리(식민적 권력 매트릭스)를 드러낸다.

식민성의 논리는 다음과 같은 인간 경험의 네 가지 광범위한 영역에서 작용한다. ① 경제적 영역: 토지의 전유, 노동력의 착취, 재정의 통제, ② 정치적 영역: 권위의 통제, ③ 시민적 영역: 젠더와 성의 통제, ④ 인식적이고 주체적/개인적 영역: 지식과 주체성의 통제. 지난 500년간 착취/통제의 규모와 대행자가 바뀌었을 뿐 식민성의 논리는 멕시코와 페루의 정복과 식민지화로부터 이라크 전쟁에 이르기까지 끊임없이 지속되어 왔다. 각 영역은 다른 영역들과 서로 얽혀 있는데, 토지의 전유나 노동력 착취는 재정·권위·젠더·지식·주체성의 통제를 포함하기 때문이다.[8]

식민적 권력 매트릭스의 작용은 가시적이지 않으며, 심지어 표면화되었을 때조차도 '발전', '민주주의', '강한 경제' 등에 의해 상황이 '교정

---

8) 아르헨티나의 경제사가 세르히오 바구는 식민적 권력 매트릭스의 형성에 중요한 정치경제적 요인을 잘 설명했다. Sergio Bagú, *Economía de la sociedad colonial: Ensayo de historia comparada de América Latina*, Buenos Aires: El Ateneo, 1949. 토지의 전유에 대한 전 세계적 변화의 의미는 독일의 정치이론가 칼 슈미트의 책을 참조하라. Carl Schmitt, *Der Nomos der Erde im Völkerrecht des Jus Publicum Europaeum* [1950], trans. G. L. Ulmen, *The Nomos of the Earth in the International Law of the Jus Publicum Europaeum*, New York: Telos Press, 2003. 이 두 글이 오고르만의 아메리카의 발명이라는 명제에 바로 앞서 출판되었다는 사실에 주목해야 한다. 슈미트와는 반대의 관점(즉 지정학적 공간의 관점에서 식민의 역사와 감수성을 바라보는 것으로 지식의 정치학을 드러내는 바구와 오고르만에 가까운 관점)에서 쓴 국제법, 식민적 팽창, 토지의 전유에 대한 연구는 다음 책을 참조하라. Siba N'Zatioula Grovogui, *Sovereigns, Quasi Sovereigns, and Africans*, Minneapolis: University of Minnesota Press, 1996.

될' 수 있다는 근대성의 수사학을 통해 설명된다. 식민성의 논리가 만드는 점증하는 억압적 결과로부터 사람들의 주의를 분산시키기 위해 인류의 해방을 약속하는 것처럼 치밀하게 성문화된 '근대성의 수사학'이 저지르는 거짓말에 비하면 미국 행정부가 하는 거짓말은 거짓말도 아니다. 이라크 사태가 발발하자마자 알 수 있었던 것처럼, 근대성을 찬양하는 수사학이 필요한 것은 식민성의 논리를 실행하기 위한 것이다. 자본과 권력이 점점 더 소수에게 집중되고 빈곤이 전 세계로 확산되어 갈수록, 식민성의 논리는 훨씬 더 억압적이고 무자비해진다. 16세기 이래로 근대성의 수사학이 즐겨 사용한 **구원**이라는 단어는 신대륙에서의 대규모 토지 전유, 그리고 노예는 죽여도 죄가 되지 않는다는 믿음으로 정당화된 인디언과 아프리카 노예에 대한 대규모 노동 착취를 은폐하는 구실이었다. 따라서 오늘날 일부 기독교인들이 '태아 생명 존중(pro-life) 가치'를 알리기 위해 울려대는 북소리는 이라크에서 죽은 수천 명의 사망자들이 보여주듯이 점증하는 '인명 경시'의 상황으로부터 주의를 돌려놓는 수사학의 북소리이다. 따라서 **근대성은 식민성을 극복할 수 없는데, 왜냐하면 식민성을 필요로 하고 생산하는 것이 바로 근대성이기 때문이다.**

하나의 예증으로 앞에서 언급한 네 개의 영역 중에서 첫번째 영역의 계보만 따라가면서 식민성의 논리가 토지, 노동력, 재정 영역에서 어떻게 전개되어 왔는지 살펴보기로 하자. 그 다음에는 네번째 영역(지식과 주체성)을 좀더 심도 있게 살펴봄으로써 간단하게 살펴본 첫번째 영역에 대한 언급을 보충할 것이다. 이러한 작업을 통해 아나우악과 타완틴수유가 어떻게 아메리카로, 그 다음에는 라틴아메리카로 변모되었으며, 그 과정에서 어떻게 새로운 국가적 정체성과 아(亞)대륙적 정체성이 형성되었는지 살펴볼 것이다. 그러나 그보다 먼저 생각해야 할 것은 스페인인과 포르투갈인들은 대규모의 토지 전유를 통해 16세기에 아메리카의 대지주가 되었으며, (브라질 바이아 주의 사우바도르Salvador de Bahia에서부터 오늘날의 사우스캐롤라이나 주의 찰스턴Charleston에 이르는, 그리고 여기에 콜롬비아와 베네수엘라의 북부까지 합쳐진) 광대한 카리브 지역에서도 영국인, 프랑스인, 네덜란드인에 의해 똑같은 일이 발생했다는 사실이다. 토지의 전유는 (인디언과 아프리카 노예에 대한) 노동력의 착취와 재정의 통제(토지의 전유와 노동력의 착취를 통해 이루어진 자본의 축적)와 동시에 진행되었다. 자본은 식민지를 벗어나 유럽의 제국적 국가들에 집중되었다. 제국의 주도권이 스페인과 포르투갈에서 영국과 프랑스로 넘어간 19세기에도 이러한 상황은 변하지 않았다. 제국적 팽창이 아프리카와 아시아로 이전되는 과정에서 식민성의 논리는 수정을 거쳐 재생산되었다.

오늘날에도 (아마존이나 이라크의 유전 같은) '천연자원'이 풍부한 지역에서 똑같은 상황이 벌어지고 있음을 볼 수 있다. 씨앗이나 다른 생산물과 달리 토지는 재생산될 수 없기 때문에 토지의 확장은 한정적이다. 이 때문에 자본축적의 일차적 목표는 토지의 전유이다. 라틴아메리카라는 '개념'은 풍부한 천연자원과 값싼 노동력을 갖춘 광대한 토지이다. 물론 그것은 감추어진 현실이다. '발전'을 향해 나아갈 다음 주자가 바로 라틴아메리카라는 구호는 국제통화기금(IMF), 세계은행(World Bank), 워싱턴 컨센서스(Washington consensus)가 즐겨 사용하는 근대성의 수사학이다. 산업혁명 이전까지 라틴아메리카는 노동력을 착취당했고 지금은 미국의 생산 공장들이 비용을 절감하기 위해 개발도상국으로 이전하고 있다. 재정 통제 문제와 관련해서는 뉴욕, 런던, 프랑크푸르트와 볼리비아, 모로코, 인도에 있는 은행들의 수나 규모를 비교해 보는 것만으로 충분하다.

따라서 만일 (근대성이 아니라) 식민성의 관점에서 '아메리카'를 생각하고 원주민의 관점을 중심에 놓으면 또 다른 역사가 선명히 드러난다. 사파티스타 민족해방군(Ejército Zapatista de Liberación Nacional, EZLN)의「라칸돈 정글 선언」(Declaración de la Selva Lacandona)의 첫머리는 우리에게 또 다른 역사의 청사진을 제시한다.

우리는 500년 투쟁의 산물이다. 처음에는 노예제도에 맞서 싸웠고, 독립전쟁 중에는 스페인에 맞서 싸웠으며, 그 다음에는 북아메리카 제국주의에 흡수되지 않으려고 싸웠고, 또 그 다음에는 우리의 헌법을 선포하고 우리 땅에서 프랑스 제국을 쫓아내기 위해 싸웠다. 그 후에 개혁법의 정당한 적용을 거부하는 포르피리오 디아스(Porfirio Diaz)의 독재 정권에 맞서서 싸웠으며, 여기서 우리는 우리처럼 가난한 사람인 비야(Pancho Villa)와 사파타(Emiliano Zapata) 같은 지도자를 탄생시켰다. 우리는 지금껏 우리를 총알받이로 사용해 우리나라의 부를 약탈해 가려는 세력에 의해 가장 기초적인 것조차 거부당했다. 그들은 우리가 아무것도, 정말 아무것도 가진 것이 없어도 아랑곳하지 않았다. 우리에겐 교육은커녕 우리 머리를 가릴 만한 지붕도, 갈아먹을 땅도, 일자리도, 의료시설도, 식량도 없을 뿐만 아니라, 우리의 정치적 대표자를 민주적으로 자유롭게 선출할 수 있는 권리도 없고, 외국인으로부터 자유로운 독립도 없고, 우리 자신과 우리 아이들을 위한 평화와 정의도 없다.[9]

---

9) Ejercito Zapatista de Liberación Nacional, "Declaración de la Selva Lacandona", 1994.1. 영어 번역은 J. Beverley, J. Oviedo, and M. Aronna eds., *The Postmodernism Debate in Latin America*, Durham, NC: Duke University Press, 1995, pp.311~313을 따랐다.

「라칸돈 정글 선언」은 (멕시코 크리올과 메스티소 혹은 프랑스나 미국의 멕시코와 '라틴'아메리카 역사 '전문가들'의 관점과 대립하는) 원주민의 관점에서 다시 쓰여진 긴 역사의 일부분이다. 원주민들도 관점을 가졌는지에 대해 의문을 가질 수도 있다. **역사**는 **역사**일 뿐이며, 과거에 일어났던 일들에 대해서는 '다른 해석'이 가능할 뿐 '다른 관점'이 가능한 것은 아니라고 주장할 수도 있기 때문이다. 다른 해석이 가능하다는 것은 게임의 규칙과 지식에 대한 원리를 공유하고 있음을 전제하는 반면에, 다른 관점이 가능하다는 것은 게임의 규칙과 지식에 대한 원리가 근대/식민 세계의 권력 구조 안에서 지정학적 위치를 갖는다는 것을 의미한다. 그것이 어떻게 작용하는지 알기 위해서는 인식론의 영역에서도 '종속이론' 같은 것이 필요하다.[10] '종속이론'은 경제 영역의 권력 차별은 경제 영역에 존재하는 차별적 권력 구조 때문이라는 것을 보여 주었다. 그러나 여기서 그치지 않고 '종속이론'은 인식론적 차별과 노동력의 분배 역시 제국주의적인 지식의 지정학의 산물이며, 이러한 상황에서 정치경제학은 제2세계인 공산주의를 견제하면서 일방적으로 제1세계에서 제3세계로 이동한다는 것을 보여 주었다. 이런 의미에서 종속이론은 지식의 지정학을 변화시키는 데 적절한 역할을 했을 뿐만 아니라, 지식의 생산과 해석

---

10) 잘 알려진 것처럼, 1950년대 말 아르헨티나 경제학자 라울 프레비시(Raúl Prebisch)는 종속이라는 개념을 도입해 제3세계 국가들은 왜 제1세계 국가들처럼 발전할 수 없었는지에 대해 설명했다. 프레비시는 맑스주의자가 아니라 제3세계 출신의 자유주의 경제학자였다. 브라질, 칠레, 페루, 멕시코의 사회학자들과 경제학자들은 종속 개념을 수용해서 미국 같은 제국과 라틴아메리카 같은 과거 식민국 간의 권력관계도 아울러 설명하는 '종속이론'으로 발전시켰다. 그 개요와 최근 정보에 대해서는 다음을 참고하라. Ramón Grosfoguel, "Developmentalism, Modernity and Dependency Theory in Latin America", *Nepantla: Views from South*, 1/2, 2000, pp. 347~374.

이 다양한 장소에서 이루어져야 할 필요성과 가능성을 보여 주었다.

「라칸돈 정글 선언」의 첫머리는 치아파스(Chiapas) 주의 역사와 현재 처해 있는 경제적·사회적 상황에 대한 기술인데, 신세계에 대한 16세기 스페인 연대기 학자들의 말을 흉내내자면 치아파스의 상황은 '첫번째 바람[風]'과 '두번째 바람'으로 나뉜다. 세계화와 관련된 용어로 설명하자면 전자는 위로부터 부는 바람이고, 후자는 아래로부터 부는 바람이다. 따라서 「라칸돈 정글 선언」은 (근대성의 관점에서 식민성의 역사를 쓰는 대신) 식민성의 관점에서 식민적 근대성의 역사를 다시 쓰려는 의도를 보여 준다. 이러한 의도는 비판적이고 캐묻기 좋아하는 독자들의 의구심과 비판에 직면할 것이며, 전문적인 역사학자들은 그 '팸플릿'에는 역사적 엄밀성이 거의 없으며 우리에게 필요한 것은 역사적 사실들이 '실제로' 어떻게 일어났는지 말해 주는 진지하고 엄밀한 역사라고 주장할 것이다. 반복되는 말이지만 그러한 주장은 사건의 진실은 사건 자체에 있으며 역사가의 임무는 그것을 발견하는 것이라는 태도를 취한다. 문제는 '엄밀한 역사 편찬'이 (현재 통용되고 있는 분과학문으로서의 역사 편찬에 대한 정의와 실천 방법은 그리스 철학까지 거슬러 올라가는 실천 방법을 근대적으로 재절합한 것이기 때문에) 흔히 근대성과 공범 관계를 이룬다는 것이다. 이런 맥락에서 분과학문적 엄밀성에 대한 주장은 근대성이 식민성과 무관한 것이라는 신화를 영속시키려는 계략일 뿐이다. 따라서 그리스의 유산과는 동떨어진 채 아나우악의 칼메칵[Calmécac, 아스테카의 고등교육기관]에서 교육받은 사람이라면 무엇이 문명화된 역사인지, 문명화된 역사를 아는 것이 얼마나 중요한지 모르는 잘못을 저지르게 되는 셈이다.

또 다른 비판은 앞에서 언급한 위와 아래의 구분이 여전히 모두 '위'에서 나온다는 사실에서 제기된다. 사실 현재 사파티스타 민족해방군이 주장하는 관점을 처음으로 제시했던(그러나 그것을 대변하지는 않았던) 사람은 도미니크 교단의 바르톨로메 데 라스 카사스(Bartolomé de las Casas) 신부였다. 극도로 의심 많은 독자는 선언을 작성한 사람이 (멕시코 자치대학Universidad Autómoma de México에서 인류학을 공부한 멕시코 메스티소인) 마르코스(Marcos) 부사령관이라는 사실을 덧붙일지도 모르겠다. 정당하고 흥미로운 반론들이다. 하지만 그런 반론은 근대성의 관점과 얽혀 있다. 즉 근대성 자체의 지배적 관점에 의해 창조된 **기대**와 얽혀 있는 것이다. 지금 이 마지막 말을 해명하자면 한 걸음 더 나아가야 하는데, 그것은 어쩌면 '아메리카'와 '라틴'아메리카라는 개념에 암묵적으로 내포되어 있는 식민성 논리가 잉태된 시점으로 향하는 우회로이자 회귀로가 될 것이다.

최초의 '야만인들'은 라틴아메리카 사람들이 아니었다: 근대/식민 세계에서의 인종주의의 발명

다양한 역사를 결합하고 해체해서 발견자들, 정복자들, 식민자들을 미화하는 하나의 역사를 만드는 행위는 후대에 직선적이고 동질적인 역사 개념을 물려주었고, 아메리카라는 '개념'도 같은 방식으로 만들어졌다. 그러나 하나의 역사가 척도가 되기 위해서는 다른 지식들, 언어들, 존재들을 주변에 배치하는 분류 체계가 필요하다. 따라서 아메리카를 발명하는 과정에서 토지의 전유와 노동력의 착취를 정당화하고 식민화하기 위해 이데올로기 차원에서 인종주의를 구축할 필요가 있었다. 아메리카 인디언의 등장, 15세기 말 이베리아 반도에서의 유대인과 무어인 추방, 아프리카 흑인의 노예화는 인간의 분류와 계서화를 촉진시켰다. 그런 분류의 기반이 된 이상적 인간의 그럴듯한 '모델'은 신에 의해 세워진 자연의 질서가 아니라 기독교도-백인-유럽 남성을 기준으로 만들어진 것이다. **지정학적이고 몸 정치적인 지식은 신 혹은 초월적 자아에서 유래된 추상적 보편주의로 승화되었다.** 이런 맥락에서 척도로 자처하는 인식론과는 다른 새로운 인식론(즉 경계 인식론)과 신학과 자아학에 근거한 보편화된 국지적 인식론(즉 신 중심적이고 자아 중심적인 인식론)의 한계를 분석할 수 있는 관점을 제공하는 것은 제국적 경험의 주변부인 식민지(즉 제국적/식민적 경험)에서 유래한 지정학적이고 몸 정치적인 인식론이다. 일반적으로 분류되고 계서화된 세상은 인식의 외부에 있는 현실이 아니라 인식의 거울에 비친 현실이다. 그러한 분류와 계서화는 단지 하나의 '주어진 관점' 혹은 하나의 입장 ─ 신학의 철학적 원리에 대한 지식 주체의 개인적이고 지리-역사적 경험, 서구 기독교인들의 역사적 경험, 남성의 관점에서 세계를 바라보는 방식 ─ 에서만 유효하다는 사실을 감추고 있다.

물론 계서화는 누가 척도를 결정할 수 있는 위치에 있고 그 척도에 따라 나머지 사람들이 어디에 자리를 배정받느냐에 달려 있다. 이와 관련해서 잉카인, 아스테카인, 마야인은 지구상의 사람들을 분류할 만한 위치에 있지도 않았고 그런 일에 관심을 갖지도 않았다. 왜냐하면 그들은 그런 인식을 가지고 있지 않았기 때문이다. 척도를 결정할 수 있는 사람들은 스페인 사람들과 포르투갈 사람들이었다. 따라서 유럽의 르네상스 인간형이 척도가 되었고, 인디언과 아프리카 노예는 가까스로 인간임을 인정받은 뒤에 이류의 인간으로 취급되었다. 지금 우리는 근대/식민 세계의 역사적·인구통계학적·인종적 토대에 대해 이야기하고 있다. 물론 현 수준에서의 '인종'은 피부색이나 혈통의 순수성에 관한 문제가 아니라,

척도가 된 이상적 인간형과의 유사성/근사성 정도에 따라 개인들을 범주화하는 문제이다. '인종'(race)은 '민족'(ethnicity)으로 대체할 수 있는데, 인종이 혈통, 유전자, 피부색의 계보만을 가리킨다면, '민족'은 언어, 기억, 공유하는 과거와 현재의 경험들을 포함한다. 다시 말해 '민족'은 종족이 공유하는 문화적 공동체 의식을 포함한다. 그것이 바로 '민족'(ethnos)이 의미하는 내용이며, 또한 그것이 ('출생 공동체'를 의미하는 라틴어 natio에서 온) '국민'(nation) 개념과 상응하고 상보적인 이유이다. 콘스탄티누스 치하의 로마 제국(기원후 3세기)에서 정치와 (원래 전통과 공동체를 의미하는) 종교가 결합한 이후, 종교는 신앙 공동체를 가리키는 말이 되었고 국민은 출생 공동체를 가리키는 말이 되었다. 18세기에 세속화가 진행되고 근대 국가가 등장하면서 '국민'이 '종교'를 대체했고 새로운 유형의 상상의 공동체가 형성되었다. '문화'라는 개념은 '국민 문화'(언어, 문학, 국기, 역사)의 동의어가 되었다. 사람들은 자신이 국민국가(nation-state)의 일원이며, 부수적으로는 종교적 공동체의 일원이라고 인식하기 시작했다. 민족 공동체는 반드시 신체적 특성에 의해 규정되지는 않았다.

(주로 19세기에) 인종이 민족을 대체하고 공동체의 여타 특성들 대신 혈통과 피부색이 강조되면서, '인종'은 '인종주의'와 동의어가 되었다. '인종주의'는 어떤 인종이나 민족이 스스로 척도가 되어 사람들과 권력을 분류할 특권을 가질 때 출현한다. '인종주의'는 인간의 신체적 특성(혈통, 피부색 등)을 포함할 뿐만 아니라 종교나 (그리스어·라틴어·영어·독일어·프랑스어를 첫째로, 이탈리아어·스페인어·포르투갈어를 둘째로, 아랍어·러시아어·벵골어를 셋째로, 그 다음에는 나머지 언어로 서열화된) 언어, 세계에 대한 지정학적 분류(즉 동-서, 북-남, 제 1·2·3 세계, 또는 악의 축 등) 같은 인간 활동의 상호 관계적 영역까지 확장된 분류의 기반이었고 지금

도 여전히 그렇다. 복합적인 인종적 기반은 오늘날에도 여전히 확고한데, 우리 주변을 둘러보거나 가장 최근에는 부시 행정부에 의해 진행되어 온 신자유주의의 수사학에 귀를 기울여 보면 쉽게 확인할 수 있다. 기억해야 할 중요한 사실은 인종주의는 사람에게만 적용되는 것이 아니라 언어, 종교, 지식, 국가, 대륙에도 마찬가지로 적용된다는 점이다.

'아메리카'와 '라틴'아메리카라는 개념의 일부분으로서의 인종 형성에 관해 보다 상세히 알기 위해 세계의 인종 분류가 결정적으로 등장한 근본적인 순간에 주목해 보자. 서인도에 식민지를 건설한 기독교인들은 이전에는 몰랐던 인간 집단과 마주쳤을 때 세상에서 가장 우월하다고 생각한 신학의 원리를 바탕으로 인간을 규정하기 시작했다. 16세기 중반에 '야만인들'에 대한 라스 카사스의 분류는 피부색에 근거하지는 않았지만 당연히 인종적인 분류였다. **라스 카사스의 분류는 서구 기독교인을 서열화의 기준과 척도로 삼고 인간을 하향식으로 배열했기 때문이다**. 인종주의는 단순히 "너는 흑인이거나 인디언이기 때문에 열등하다"라고 말하는 것이 아니라 "너는 나와 다르기 때문에 열등하다"라고 말하는데, 인간을 분류하는 기독교의 기준에 인디언과 아프리카 흑인은 열등한 위치를 차지하고 있기 때문이다. 라스 카사스가 『변증론 약사』(*Apologética Historia Sumaria*)의 끝부분에 쓴 네 부류의 '야만인'에 대한 규정은 근대/식민 세계의 인종주의적 상상력에 핵심적인 기여를 했다. 라스 카사스가 아리스토텔레스를 토대이자 출발점으로 삼아 이러한 분류를 시도한 것은 '야만인'을 규정하기 위해서였다.[11]

네 부류의 '야만인' 중 첫번째는 이상하거나 거친 행동을 통해 정의, 이성, 예의, 관대함을 상실한 인간 집단이다. 따라서 '야만적'이라는 용어는 분명하지 않은 의견을 바탕으로 행동하는 사람, 혹은 신속하지만 합리적이지 못한 행동을 하는 사람, 혹은 혼란스럽고 비이성적으로 행동하는 사람에게 적용된다. 같은 맥락에서, 라스 카사스는 합리적인 규칙과 관대함을 잃어버리고 거친 행동을 통해 문명화된 인간의 사회적 행동의 특징인 관대하고 친절한 예의를 잃어버린 사람을 야만인이라고 생각했다. 그들은 "어떤 면에서 거칠어지고, 난폭해지며, 사나워지고, 잔인해질 수 있는데, 왜냐하면 야만적이라는 말은 이상함과 지나침 혹은 인간의 본성과 상식에 부합하지 않는 기이함을 의미하기 때문이다"(*Apologética Historia Sumaria*, vol. II, p. 637).

'야만적인' 혹은 '야만인'의 두번째 의미는 첫번째 의미보다 더 좁다. "우리의 화법이 라틴어에 부합하는 것과 같은 방식으로 그들의 언어에 부합하는 정확한 화법"을 갖지 못한 사람들은 '야만적'이다(p. 638). 따라서 라스 카사스의 언급은 모든 진술의 참된 근거가 되기 위한 궁극적 조건이 '라틴어'라는 의미를 내포하고 있다. 예를 들면 그 같은 원칙을 근거로 스페인 사람들은 신세계의 원주민에게는 라틴어 안에서만, 라틴어를 통해서만 적절하고 참되게 지칭될 수 있는 실체인 신을 지칭할 수 있는 언어가 '결핍되어' 있다고 주장했다. 이 주장을 확대하면 아랍어와 히브리어도 "정확한 화법이 결여된" 언어였다. 이와 유사하게 라스 카사스는 문예 ─ 시, 수사학, 논리학, 역사 ─ 와 넓은 의미에서 '문학'이라고 부를 수 있는 모든 영역이 결여된 민족도 '야만인'으로 여겼다. 거칠거나 잔인하지 않고 현명하고 세련된 사람도 '정확한 화법'을 갖지 못하면 '야만인'이라는 라스 카사스의 언급은 미묘한 뉘앙스를 풍긴다.

---

11) Bartolomé de Las Casas, *Apologética Historia Sumaria* [1552?], México: Unversidad Autónoma de México, 1967, vol. II, pp. 637~654.

세번째 부류의 야만인들은 기본적인 통치 형태가 결핍된 사람들이었다. 기본적인 통치 형태는 합리적인 사유와 조직 형태를 요구한다는 점에서 세번째 부류는 첫번째 부류와 밀접하게 연관되어 있다. 법과 국가를 갖지 못한 세번째 부류의 야만인은 나중에 토머스 홉스나 존 로크가 '자연상태'라고 규정한 모습으로 산다. '야만인들'에 대한 네번째 기준은 합리적이고 법체계도 가지고 있지만 "진정한 종교와 기독교 신앙이 결핍되어" 있기 때문에 신앙심이 없는 이교도로 간주되는 모든 사람에게 적용되었는데, 이는 심지어 그들이 "현명하고 사려 깊은 철학자이자 정치가들"(p. 645)이라고 할지라도 마찬가지이다.

따라서 라스 카사스에게는 '(기독교도 민족을 제외하고는) 법이나 관습, 생활방식, 공공 정책 등과 같은 면에서 뭔가를 결여하고 있지 않은 나라나 중대한 결점으로부터 벗어나 있는 민족은 없다'(p. 645). 그가 네번째 부류의 야만인의 예로 오스만터키인과 무어인을 언급하는 것을 보라. 15세기 말 무어인들이 이베리아 반도 남부에서 아프리카 북부로 쫓겨 갔던 사실, 그리고 반도에 남은 사람들은 '모리스코'(Morisco), 즉 카스티야 지방이자 기독교도의 지역에 남은 무어인이 되었다는 사실을 상기할 필요가 있다. 그 상황은 1848년 멕시코에서 벌어졌던 상황과 유사했는데, 당시 미국의 국경이 남쪽으로 옮겨 가자 자신들이 살던 지역에 남아 있던 멕시코 사람들은 미국 영토 내의 멕시코 사람이 되고 말았다. 오스만터키인과 무어인과 관련해서 라스 카사스는 다음과 같이 적었다.

우리 시대에 오스만터키인과 무어인은 의심할 여지없이 도시적이고 정착된 생활방식을 가진 사람들이다. 하지만 그들의 도시풍의 삶 속에는 얼마나 많은, 그리고 어떤 종류의 결점이 있는가? 그리고 그들의 법은 얼마나 비합리적이며 어떤 종류의 흠이나 결함을 가지고 있는가? 그들의 관습은 얼마나 야만적인가? 또한 그들 사이에 얼마나 많은 죄악과 비이성적인 추악함이 존재하고 있는가? 비록 그들이 정의나 통치와 관련된 모든 사항에 있어 우리를 능가하고 있다고 알려져 있지만, 무어인은 말초적이고 음란한 쾌락에 탐닉하는 경향이 심하기로 유명하고, 오스만터키인은 그 후안무치한 타락과 함께 혐오스러운 죄악〈남색〉에 빠져 있다(p.646).[12]

간단히 말해서 라스 카사스도 오스만터키인들과 무어인들이 법과 국가의 통치력에 있어서 카스티야 기독교인들보다 우위에 있다는 사실을 인식하고 있었다. 그럼에도 불구하고, 그가 보기에 오스만터키인들과 무어인들은 안타깝게도 기독교 윤리 면에서 실패했고, 그 때문에 열등하게 간주될 수밖에 없었던 것이다. 라스 카사스의 결론은 첫번째, 두번째, 네번째 부류의 '야만들'은 **야만인에 버금간다**는 것인데, 왜냐하면 그들은 뭔가를, 특히 "우리의 기독교 신앙을 결여"하고 있기 때문이다(p.653). 진정한 '야만인들'은 법규를 갖지 못한 세번째 부류의 사람들이다. 네번째 부류의 사람들은 이교도에 해당하고, 이교도에는 두 종

---

12) 두 세기 반이 지나서 칸트는 라스 카사스의 말을 새롭게 수정했다. 오스만터키에 대해서는 라스 카사스의 견해와 일치했지만 칸트는 북유럽의 야만인들에 주목했다. "러시아는 그들이 보유한 자연환경의 잠재력을 아직까지 개발하지 못했기 때문에, 폴란드는 더 이상 특색을 갖지 못하기 때문에, 유럽계 오스만터키는 특색을 가진 적도 없었고 뚜렷한 국민성을 보여 주지도 못할 것이기 때문에, 이들에 대한 묘사는 당연히 여기서는 생략해도 괜찮을 것이다"(Immanuel Kant, *Anthropologie in pragmatischer Hinsicht* [1798], trans. Victor Lyle Dowdell, *Anthropology from a Pragmatic Point of View*, Carbondale: Southern Illinois Press, 1996, p.233 [『실용적 관점에서 본 인간학』, 이남원 옮김, 울산대학교 출판부, 1998]). 칸트는 이성의 수준과 아름다움과 숭고함을 포착하는 능력을 척도로 삼아 국민성을 계서화했다.

류—평화롭게 살면서 기독교인들에게 아무런 신세를 지지 않은 사람들과 기독교 신앙의 적이자 박해자들—가 있다고 주장한다.

네 부류의 야만인들을 규정한 다음, 라스 카사스는 애초에는 언급하지 않았던 다섯번째 부류를 상정하면서 그들을 **적대적 야만**이라고 불렀다. 네 부류의 야만이 특정의 기준에 부합하는 반면, 적대적 야만에는 누구든 해당될 수 있다. 적대적 야만은 (오늘날의 '테러리스트'처럼) 기독교 신앙을 위협하는 모든 사람들로 규정된다. '적대적 야만'으로 불린 이유는 '야만인들'이 기독교 신앙을 증오했기 때문이다. 그 용어는 복음을 받아들이기를 거부하며 저항하는 모든 이교도들에게 적용할 수 있을 것이다. 라스 카사스가 내린 결론에 따르면, "그들이 복음의 전파에 저항하는 이유는 우리의 신앙과 그리스도의 이름에 대한 그들의 순전한 증오 때문이며, 그들은 단지 기독교 신앙을 듣고 수용하기를 거부하기만 하는 것이 아니라, 주로 그것을 비난하고 박해하며, 할 수만 있다면—단지 자신들의 종파를 고양하고 확장하기 위해—파괴하려고 든다"(p. 647). 라스 카사스는 토마스 아퀴나스의 말을 인용했지만 '그들'이 누구인지는 구체적으로 밝히지 않았다. 라스 카사스는 "야만적인 자들은 (기독교) 로마 제국 외부에 있는 모든 자들, 즉 보편교회(Universal Church) 너머에 있는 모든 자들인데, 왜냐하면 보편교회 너머에는 제국이 존재하지 않기 때문이다"라고 적었다(p. 648). 여기서 야만인의 계보는 회고적인 방식으로 만들어진다. 제국은 보편교회와 경계가 동일하고, 적대적 야만은 교회에 맞서거나 제국에 맞서는 일체의 행위를 포괄한다. 따라서 두 개의 비기독교 제국[오스만터키와 무슬림]과 인디언과 아프리카 흑인 모두를 '야만적'이라고 규정한다면, 적대적 야만은 제국적 차이와 식민적 차이를 포함한다. 수 세기를 거치면서, 그리고 근대/식민 세계의 형성 과정을 거치면서 '부정적 야만'은 서구와 서구가 내세운 이상, 즉 민주주의, 자유, 근대성에 맞서 싸운 모든 사람들을 지칭하는 말로 재규정되고 확대되었다.

하지만 라스 카사스가 그런 기준들을 도입했던 주된 목표는 그 자신이 합리적이라는 것을 예시했던 신세계의 인디언이 어떤 부류의 야만인인가를 결정하기 위한 것이었다. 인디언들, 특히 아스테카와 잉카 제국의 인디언들은 '합리적'이었다.[13] 그들은 자신들의 제국을 통치하고 있었으며, '현명하고 세련된' 사람들이었다. 스페인 사람들이 신세계에 도래하기 전까지는 그리스도 교회에 대해 알지 못했기 때문에 인디언들은 '부정적 야만인들'도 아니었다. 따라서 라스 카사스는 인디언들을 상투적인 네번째 부류, 즉 기독교를 모르는 부류와 두번째 부류, 즉 '정확한 화법'을 결여한 부류로 규정했다. 그러므로 근대/식민 세계의 최초의 야만인들은 분명 '라틴'인들이 아니었다. 아이마라와 키추아/케추아의 역사는 라틴어로 쓰여진 이야기들과는 물론 달랐다. 그러나 1500년 이후 유일하고도 진정한 역사란 라틴어와 유럽 제국의 언어로 쓰여진 역사로 점차 변해 갔다. 다른 모든 이야기는 매장당하거나 그 '진정성'이 부정되었는데, 여기서의 진정성이라는 것은 유럽 이야기에 부여된 진정성이었다. '아메리카의 정복과 식민화'는 무엇보다도 이미 존재하고 있던, '정확하지 못한 화법'의 언어로 쓰여진 지식에 대한 정복이자 식민화였다. 인식론적인 면에서 인디언의 언어는 용도 폐기되었다. 인디언과 아프리카인의 인식론은 서구 기독교인의 관점과 경험을 척도로 한 보편사에 포섭되었고, 영국과

---

13) 독자들은 이 시점의 세계에는 '라틴아메리카' 같은 것은 존재하지 않았고, 단지 서인도에, 그리고 일부 동시대인들에게는 아메리카 혹은 신세계에 스페인과 포르투갈 제국의 식민지들만 존재했다는 사실을 명심해야 한다.

프랑스의 제국적 지배가 시작되면서 헤겔에 의해 세속화되었다.

여기서 독자들은 이 모든 것이 아메리카와 라틴아메리카라는 개념과 무슨 관계가 있는지 의아하게 생각할 수 있다. 이제 관심을 그쪽으로 돌려 보자. 아메리카라는 '개념'은 콜럼버스가 그곳을 '발견'하기 오래전부터 그 땅에 거주했던 사람들에게서 그 대륙에 이름을 붙일 권리를 박탈한, 사실상 유럽의 발명이었다. 이 사건은 (물질적이고 정신적인 면에서의) '탈문화화'(deculturation), '박탈', 그리고 보다 최근에는 '지식의 식민화', '존재의 식민화'로 언급되어 왔다. 오늘날의 라틴아메리카와 앵글로아메리카의 유럽 혈통 크리올 1세대와 2세대가 실세가 되면서 그들은 스스로를 '아메리칸'(American) 혹은 '아메리카노'(Americano)라고 칭함으로써 대륙의 이름을 전유했다. 인디언과 흑인은 권력 게임에서 완전히 배제되었다. 오늘날 남극에서 북극에 이르는 범대륙적 원주민 운동은 자신들이 살고 있는 '아브야-얄라'라는 대륙 이름을 요구하고 있다(3장 참고).[14] 이는 '라틴'아메리카가 유럽인의 후손들이 거주하는 대륙의 이름이라는 것을 의미한다. 이 말은 이해하기 어려울 수도 있다. 식민성의 논리가 성공적으로 정착되면서 이곳에 거주하는 사람들의 의식 속에 '라틴'아메리카는 아대륙이자 익숙한 개념으로 자리 잡았기 때문이다. 내가 아는 한, 유럽인에 의해 발명되었고 라틴 크리올과 앵글로 크리올에 의해 전유된 아

---

14) '아브야-얄라'는 쿠나(Kuna) 인디언 말로 '생명의 장소'를 의미한다. 오늘날에는 칠레부터 캐나다에 이르는 지역 원주민들에 의해 그 말이 수용되어 '생명의 대륙'을 의미하면서 유럽인들이 '아메리카'라고 부르는 것과 공존하고 있다. 그 두 명칭의 공존은 말과 그 말이 지칭하는 대상 간에 일대일 대응이 존재한다고 믿는 유럽인들에게만 문제가 되고 있다. 유럽에 의한 정신의 식민화에서 이름 붙이기는 결정적인 것이었는데, 왜냐하면 그들은 존재하던 명칭을 부정하고 기독교 우주론에 맞아떨어지는 명칭을 부여함으로써 그 대륙을 '전유'했기 때문이다.

대륙의 이름과 관련해서 아프리카 혈통의 아메리카인들(즉 북아메리카와 남아메리카, 그리고 카리브 지역의 흑인들)이 자신들의 주장을 내세운 적은 아직까지 한 번도 없었다. 물론 에콰도르와 콜롬비아에서 아프리카 혈통의 안데스 지역 사람들은 '뿌리가 같고, 광대하며, 공동으로 거주하고, 한계가 정해진 영토'라는 뜻의 **라 그란 코마르카**[la gran co-marca, 거대한 거처]라는 용어를 사용하고 있다. 본체론적으로 라틴아메리카라는 '개념'은 자신을 유럽의 혈통과 역사와 동일시하는 크리올과 메스티소의 의식 속의 개념이다. 과거 어떤 시점에서는 인디언과 아프리카 흑인의 후손이 자신들도 역시 '라틴'아메리카에 거주하고 있다고 생각한 적이 있었겠지만, 지금은 더 이상 그렇게 생각하지 않는다(3장 참고). 비록 그들의 일상적 삶이 라틴아메리카라는 이름이 붙은 대륙에서 성장했고, 변화를 겪었고, 또한 지속되었다고 할지라도, '라틴'아메리카는 그들의 거주지가 아니다. 대륙의 이름은 언제라도 달라질 수 있지만, '라틴'아메리카 사람이라는 **의식** 자체는 그렇게 쉽게 바뀔 수도 없고 다시 이름 붙여질 수도 없다. 첫번째 사항이 국제법의 **합의**를 필요로 하는 이름 짓기의 문제라면, 두번째 사항은 스스로를 '라틴'아메리카 사람과 동일시하는(혹은 동일시되는) 사람들의 **자기-검열**을 요구하는 의식의 문제이다.

옥시덴탈리즘과 아메리카의 '아메리카성'

하지만 어떻게 우리는 아메리카와 라틴아메리카라는 개념을 보편적으로 수용하게 되었을까? 아메리카라는 개념을 탄생시킨 지정학적이고 지리-역사적인 구조는 무엇이었는가? '발견'이라는 외형상 중립적인 개념

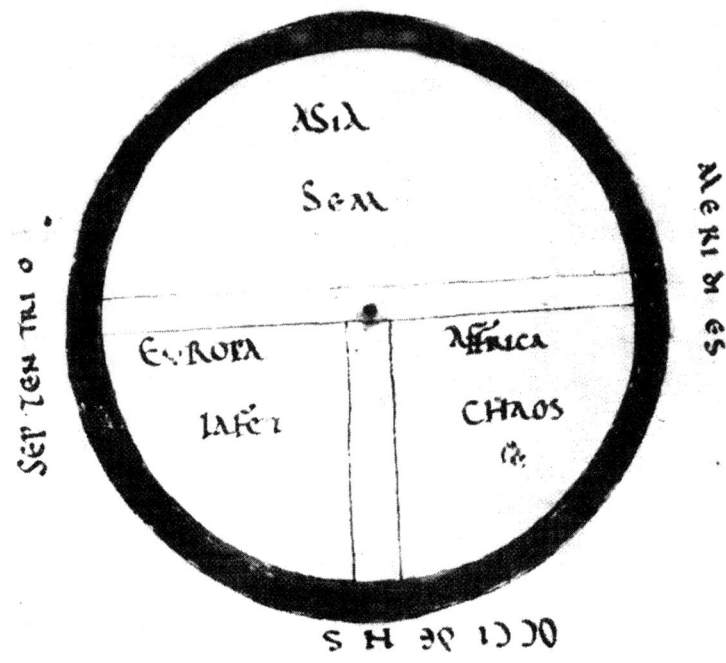

기독교의 O 안의 T 지도. 출처는 세비야의 이시도로의 『어원학』 9세기 판본. 이 지도에서 이미 지리학과 어원학 간의 연계가 드러나고 있다. 즉 세계의 분할이 세 대륙을 넘어선 곳에 자리한 유럽인 관찰자의 특권적인 위치로부터 이루어지고 있다.

뒤에는 근대/식민 세계의 지도가 처음으로 작성되었던 16세기에 완결된 형태로 등장한(그러나 미래에 어떤 방식으로 실행할 것인지에 대한 확실한 구상은 가지고 있지 않았던) 대륙적 인종주의 논리가 숨어 있다. 어떻게 대륙이 인종(주의)화될 수 있느냐는 의문이 제기될 수도 있다. '발견'의 시대에 기독교 우주론은 그때까지 아시아, 아프리카, 유럽의 세 대륙으로 구분되어 있는 것으로 여겨졌던 세계에 아메리카를 네번째 대륙으로 통합시켰다. 아메리카가 편입될 기존 세계를 이해하려면 위쪽에 실린 유명한 'O 안의 T'(T-in-O) 지도를 살펴봐야 하는데, 이 지도는 세비야 출신인 이시도로(Isidore of Seville)의 『어원학』(*Etymologies*)[15] 9세기 판본(원래는 7세기 초에 편찬되었다)에 실려 있다.[16] 지도는 세 부분으로 나뉘어 있지만 아시아는 원의 윗부분을 차지하고 있고 유럽과 아프리카는 나머지 아래 반원을 서로 분할하고 있다. 독자들은 네번째 대륙이 '발견'되기 전에 누가 세계를 이 세 대륙으로 구분했는지 물을지도 모른다. 만약 그 질문에 대답하기 위해 세계사를 되돌아본다면, 16세기에 존재하고 있던 문명들(중국, 인도, 아랍-이슬람, 일본, 잉카, 마야, 아스테카) 중 어떤 문명도 세계를 세 대륙으로 나누고 각각을 아시아, 아프리카, 유럽으로 규정한 일이 없다는 사실을 알게 될 것이다. 오직 서구 기독교인들만이 세계를 세 부분으로 나누었다는 것은 명확한 사실이다. 게다가 서구 기독교인들은 세 대륙을 노아(Noah)의 세 아들에게 배정했는데, 아시아는 셈(Shem)에게, 아프리카는 함(Ham)에게, 유럽은 야벳(Japheth)에게 주었다.

이시도로의 지도로부터 두 가지 의문이 생긴다. 세 대륙과 노아의 세 아들은 무슨 관계가 있는가? 그리고 우리의 논의와 관련해 보다 중요한 사실인데, 그 같은 상상의 결과는 무엇인가? '아메리카'라는 개념은 발견/발명 이전의 기독교의 지정학적 함의와 관련을 맺고 있는 세 부분으로 나뉜 세계를 고려하지 않고는 이해될 수 없다. 분명한 사실은 중국, 이슬람, 타완틴수유와 아나우악 제국의 사람들이 세계가 셋으로 나뉘어 있고 각 부분은 노아의 아들과 연관되어야 한다고 믿을 이유가 전혀 없었다는 점이다. 이것을 다시 한번 상기해야 하는 이유는 **지구는 실제로 그리고**

---

15) 세비야의 이시도로(560?~636)는 오늘날까지도 스페인 대학 인문학부의 수호성인으로 추대되고 있는데, 20권으로 구성된 백과사전인 『어원학』은 이후 중요한 교재이자 자료로 이용되고 있다. ― 옮긴이

16) Isidore of Seville, *Etimologiarum sive originum: Libri X*, ed. W. M. Lindsay [1911], repr. London: Oxford University Press, 1957.

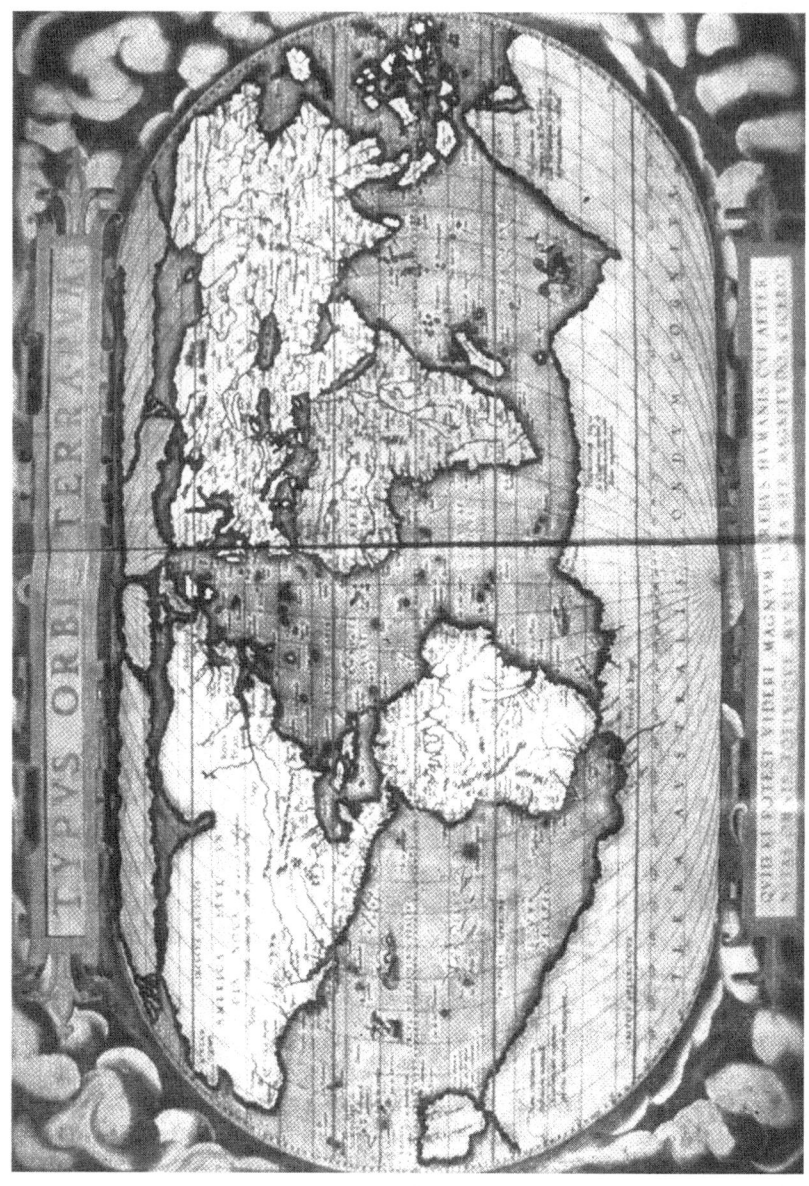

오르텔리우스의 세계지도인 『세계의 무대』. O 안의 T 지도가 아니었더라면 오르텔리우스의 지도에서 네 대륙을 '볼' 수 없었을 것이다. 하지만 지리학과 인식론 간의 연계는 유지되고 있다. 즉 지구의 관찰자는 유럽에 위치해 있지만 동시에 그 위에, 그리고 대륙을 넘어서 있다.

본래 네 대륙, 즉 아시아, 아프리카, 유럽, 아메리카로 구분되어 있다는 사실이 압도적인 믿음으로 변한 것은 발견/발명 이후 그리고 16세기 이후의 일이었기 때문이다.

헤르하르뒤스 메르카토르(Gerardus Mercator)의 1542년 세계지도와 아브라함 오르텔리우스(Abraham Ortelius)[17]의 1575년경의 세계지도를 살펴보면, 우리는 인류 역사상 처음으로 세계가 비로소 오늘날 알려진 네 개의 주요 대륙으로 구분되어 있음을 볼 수 있다(그 상상 속에서 오스트레일리아, 뉴질랜드, 파푸아뉴기니를 포괄하는 '오스트레일리아 대륙'이 네 개의 주요 대륙 중의 하나라는 의미를 갖는 것은 아니다. 물론 파푸아뉴기니인들이 세계를 그 같은 용어로 파악하는 것은 아니다). 오르텔리우스의 지도에 나타나는 대륙과 대양은 지구가 네 개의 대륙으로 나누어져 있다는 사실을 보여 주는 것이 아니라, 드러나지는 않지만 **오르텔리우스의 세계지도 안에 O 안의 T 지도가 들어 있다는 사실을 보여 준다.**

이시도로의 지도에 나타나는 세 개의 대륙이 15세기 말 네 개의 대륙으로 변화되었다는 사실은 몇 가지 이유에서 흥미롭다. 우선 가장 명백한 사실은 기독교 우주론에 따라 세계를 대륙으로 나눈 것은 단지 독단적인 기독교의 발명이었지만 나중에 세계적으로 인정되었다는 점이다. 그 다음으로 명백한 사실은 아메리카가 발명되어 네번째 대륙이 되면서 타완틴수유와 아나우악은 사라졌다는 것이다. 그것은 마치 타완틴수유와 아나우악이 그전에는 존재하지 않았다가 침략을 받아 사라지는 바로 그 순

---

17) 1540년경 메르카토르는 후에 아메리카가 될 대륙의 이름을 '새로운 인디아'(India Nova)라고 불렀다. www.henry-davis.com/MAPS/Ren/Ren1/406C.htm. 오르텔리우스는 세계의 네번째 부분을 그의 유명한 『세계의 무대』(*Theatrum Orbis Terrarum*)에 지도로 그려 넣었다. www.artbeau.com/images_world/Ortelius_World_z.jpg.

간에야 존재하기 시작한 것 같았다. 달리 말하자면, 그들은 자율적인 역사를 잃어버렸다. 자신들의 역사를 잃어버린 16세기 초부터 인디언 공동체의 역사와 언어는 '역사적이 되었다'. 즉 그것들은 인간의 역사이기를 그만두고 박물관에 전시되는 문화가 되었다. 1542년 메르카토르가 자신의 세계지도에 신세계를 독립된 대륙으로 표시했을 때, 그는 아나우악, 타완틴수유, 아브야-얄라를 무시하고 억압했던 아메리카의 정체성을 등장시킨 셈이다. 훗날 이러한 억압이 '근대성'이란 개념으로 정당화된 것은, '역사의 본질적 과정'으로 인식된 근대성이 근대성에 적합하지 않은 것들을 부정하고 억압할 수 있는 권리를 갖는 필연적인 역사적 동력임을 자처했기 때문이다.

어쨌든 메르카토르는 아메리카 대륙에 북아메리카와 남아메리카(각기 북〈쪽〉부 pars Sept〈entrionalis〉와 남〈쪽〉부 pars Merid〈ionalis〉)라는 딱지를 붙였고, 당시에 이미 존재하고 있던 구세계와 신세계라는 개념에 따라 다른 세 대륙(아시아, 아프리카, 유럽)으로부터 아메리카를 분리시켰다. 식민적 차별 효과로 인해 아메리카는 항상 다른 세 대륙과 공존했던 대륙이 아니라 지구의 역사에 뒤늦게 합류한 대륙으로 인식되어 왔다. 바로 그 이유 때문에 '신세계'로 불리게 된 것이고, 18세기에 이르러서도 뷔퐁과 헤겔은 실제로 그 자연과 문화를 '젊은' 것으로 보았다. 마치 신대륙이 개선 행진하는 보편적 유럽 역사의 '뒤꽁무니를 쫓아가는' 독립적인 개체인 것처럼, 역사 —사건의 연대기적 연쇄와 공간 내 배치에 대한 공식적이고도 규범적인 기술 —는 유럽을 성숙한 역사로, 식민지를 유치한 역사로 묘사했다.

아우구스티누스는 5세기 초반 쓴 글에서 대륙의 인종(주의)화에 크게 기여했다. 비록 오늘날과 같은 의미의 '인종'이라는 **용어**는 18세기부터 사용되기 시작했다고 하더라도, 인간을 대륙별로 분류하는 기독교식 우월성은 O 안의 T 지도에 이미 내포되어 있었다. 노아의 세 아들(셈, 함, 야벳)과 구대륙을 하나씩 연관시키는 지리학적 배치를 통해 셈과 함에 비교해 야벳이 어떤 위치에 있는지 알 수 있다. 따라서 17세기 세계지도가 유럽을 왼쪽 위에, 아시아를 오른쪽 위에, 그리고 아프리카와 아메리카는 아래에 배치(주로 나체 혹은 반나체의 여성으로 표현되었다)했다는 것은 놀랄 일이 아니다. 이것이 대륙별 인종(주의)화가 아니라면, 나로서는 무엇이 인종주의인지 이해할 수 없다. 아우구스티누스 이전에는 그 같은 연관성이 뚜렷이 드러나 있지 않았다. 달리 말하자면, 후에 이시도로의 O 안의 T 지도에서 나타났던 것과 같은 아시아와 셈, 아프리카와 함, 유럽과 야벳 간의 인위적인 연결은 결코 존재하지 않았다. 아우구스티누스는 『신국』 16권에서 신국을 "대홍수 이후에 진행된 역사로 이야기할 것인지, 아니면 아무도 진정한 유일신을 숭배하지 않았던 황폐한 종교적 상황 이후의 역사로 이야기할 것인지" 자문했다(16권 1장, p.649). 아우구스티누스는 다음과 같이 말한다.

사실상 노아가 그의 아내, 세 명의 아들과 며느리를 방주에 태우고 대홍수라는 재앙에서 벗어날 자격이 있는 것으로 생각했던 노아의 방주의 시대로부터 아브라함의 시대에 이르기까지 성서 어디에서도 구원의 소명을 받은 사람에 대한 언급을 찾을 수 없다. **다만 예외적으로 예언적 통찰력 덕분에 아주 먼 미래에 생길 일을 알았던 노아가 자신의 아들인 셈과 야벳에 대해 예언적인 축복을 했다는 언급이 있을 뿐이다.** 그 때문에 처음 태어난 아들보다는 어리고 마지막 아들보다는 나이 든 둘째 아들이 아버지에게 불경죄를 지었고, 노아는 둘째 아들을 저주했다. 노아는 아들에게 직접 저주를 내린 것이 아니라 손자에게 저주를 내리면서 다음과 같이 말했다. "가나안에 저주가 있으리라! 그는 형제의 종, 노예가 될 것이다." 가나안은 함의 아들이었고, 함은 나체로 자고 있는 아버지를 덮어주기는커녕 오히려 다른 사람들의 웃음거리가 되게 했다. 노아가 맏아들과 막내아들에게 다음과 같은 축복의 말을 한 것도 이 때문이었다. "셈의 하나님 여호와를 찬송하고, 가나안은 셈의 종이 되리라. 하나님이 야벳을 창대케 하사 셈의 장막에 거하시리라." 마찬가지로 노아가 심은 포도원, 그 열매에서 비롯된 취기, 벌거벗고 잠든 노아, **그리고 이 이야기에 담긴 다른 모든 사건은 예언적 의미들을 품고 있으며 예언적 장막으로 가려져 있었다.**[18]

이 지점에서 아우구스티누스는 해석학적 주장(즉 원인이 아니라 의미에 대한 주장)을 시작한다. 그 논의에서 노아의 세 아들의 이름에 부여되는 의미는 '먼 미래', 즉 사실상 아우구스티누스에게는 현재가 될 미래를 설명하는 '예언적 통찰력'이다. 그는 이렇게 주장한다. "이러한 예언들의 역사적 실행은 곧 노아의 자식들의 번영이었으며, 그를 통해 감춰져 있던 것들이 풍요롭게 드러났다"(16권 2장, p.650). 그렇다면 '예언적 장막'으로 가려져 있었던 세 아들의 이름의 '예언적 의미들'은 무엇이었을까?

우리가 알다시피, 셈이라는 이름은 '이름 붙여진'을 의미하며, 그리스도가 인간의 몸으로 태어난 곳도 셈의 가계였다. 야벳은 '창대함'과 '그리

---

18) St. Augustine, *De civitate Dei*, trans. Henry Bettenson, intro. John O'Meara, *Concerning the City of God against the Pagans* [1467], London: Penguin, 1984. 강조는 필자.

스도의 집에'라는 뜻이다. 즉 **교회에 거주하는 민족들의 '창대함'**을 뜻한다. 함이라는 이름은 '뜨겁다'는 뜻이며, 노아의 가운데 아들은 다른 두 아들로부터 분리되었고, 그 둘 사이에 위치함으로써 이스라엘의 첫 열매에도 이교도들의 완전한 수확에도 포함되지 않았다. 그는 단지 뜨거운 종류의 이교도들을 상징할 수 있을 뿐이었다. "**그들은 뜨거운데, 그 이유는 지혜로움의 정신이 아니라 조바심의 정신으로 불 속에 있기 때문이다. 그 정신은 이교도들 마음속에 자리한 특징적인 열정이고, 바로 그 사실이 그들로 하여금 성자들의 평온함을 휘젓도록 만든다.**"

아우구스티누스의 주장이 함의하는 바를 이해하자면, 그가 대홍수 이후 신의 도시가 형성되는 것을 밝히기 위해 셈으로부터 이어져 내려온 가계를 서술하고 있다는 점을 상기할 필요가 있다(16권 10장, p.665). 셈의 시기 이후 두번째로 중요한 시기는 '아브라함의 시대로부터 시작되는 신의 도시의 형성'이다(16권 12장, p.670). 아우구스티누스는 아브라함이 칼데아인의 영토, 즉 '아시리아 제국의 일부를 형성하는 땅'에서 태어났다고 지적한다(16권 12장, p.670). 16권 17장이 '두드러진 세 개의 이교도 제국들'에 할애되어 있다는 점에서 이 정보는 타당하다. 그리고 여기가 바로 세비야의 이시도로보다 수 세기 전에 O 안의 T 지도에 담긴 대륙 분할에 대한 설명을 찾아볼 수 있는 곳이다.

유명하지만 이미 잊힌 세 대륙의 분할의 역사를 장황하게 돌이켜 본 데에는 두 가지 궁극적 목적이 있다. 첫번째는 지구가 본래 세 개의 대륙으로 나누어진 것이 아니고 기독교의 발명 때문이었다는 사실을 강조하기 위한 것이다. 두번째는 **아메리카**(그리고 서인도)의 의미는 기독교의 대륙 분할을 벗어나서는 이해될 수 없다는 사실을 지적하려는 것이다. ('가능한 세계들'이라는 논리에 따라) 역사를 가설적으로 생각해 본다면, 만일 콜럼버스가 맞닥뜨렸던 대륙을 그 대신 무어인이나 오스만터키인, 중국인들이 '발견'했다면, 오늘날의 '아메리카'는 존재하지 않았을 것이고 '라틴'아메리카는 더더욱 존재하기 어려웠을 것이라고 전적으로 확신할 수 있다. 물론 역사에는 가설이 존재할 수 없다. 그렇지만 철학은 가능한 세계들에 대한 물음과 '실제로' 일어난 일에 의해 밀려나 버린 대안들에 대한 지속적인 물음에 근거한다. 달리 말하자면, '역사적 실재'는 일어난 일이면서 동시에 온전한 역사적 사실들이 부정한 가능성도 포함한다.

역사적 사건들은 기독교(그리고 기독교 지식)와 자본주의의 발전, 그리고 자본주의가 가져온 문화산업(지도 제작, 책의 출판과 유통, 인쇄된 책의 권위 등)의 밀착된 공범 관계와 깊은 관련이 있다. 그 같은 제휴 관계가 없었다면 자본주의와 아메리카를 포함해 우리가 살고 있는 세계는 분명히 지금과는 다른 모습이었을 것이다. 역사란 하나의 이야기를 기록하기 위해 다른 이야기들을 누락시키는 것을 정당화하는 장치이다.[19] 어떻게

---

19) '발견' 대신 '발명'이라는 개념을 사용한 오고르만의 경우가 딱 들어맞는 예가 될 것이다. 아이티의 역사학자 미셸-롤프 트루요(Michel-Rolph Trouillot)도 이와 유사한 지적을 한 바 있는데, 그는 지리적이고 지정학적인 지식을 이동함으로써 '침묵'으로 남아 있는 아이티 혁명에 관한 이야기를 복원하지 않으면 역사 전체를 알 수 없으며 유럽 중심적 시각에서 쓰여진 혁명 이야기가 전부가 아니라는 것을 보여 주었다(*Silencing the Past: Power and the Production of History*, Boston: Beacon Press, 1995). 시빌르 피셔(Sibylle Fisher)는 한 걸음 더 나아가 사실상 아이티 혁명은 '인정'됨과 동시에 '부정'되었다는 것, 즉 침묵시킨다는 것은 부인하는 것과 동일한 것임을 보여 주었다(*Modernity Disavowed: Haiti and the Cultures of Slavery in the Age of Revolution*, Durham, NC: Duke University Press, 2004). '부인'은 서구적 상상력의 헤게모니를 유지하는 과정, 즉 16세기, 19세기, 그리고 21세기에 식민지이고 제국적인 차이를 생산하고 재생산하는 기본적인 메커니즘이다(기억해야 할 사실은 그리스어와 라틴어, 그리고 6개의 근대 유럽 제국의 언어를 바탕으로 형성된 상상력이 세계질서를 형성하면서 나머지 언어와 그것들이 갖는 인식론, 즉 잠재 지식을 부인했다는 것이다).

기독교와 자본주의가 아메리카에서 동반자가 되었을까? 사실상 기독교와 '자본'이 동반자 관계가 된 것은 15세기 중반 무렵부터였다. 하지만 **자본을 자본주의로** 이동시킨 것은 아메리카였다. 그게 어떻게 가능했을까? 반복하자면, (금·담배·설탕처럼 세계시장에 내놓을 상품을 생산한다는) 공동의 목표를 위해 대규모의 토지 전유, 대규모의 노동력 착취, 대규모의 노예무역이 자행되었으며, 이는 상품 생산과 자본축적을 위해 인간 생명이 소모품으로 취급되는 결과를 가져왔다. 근대성의 수사학은 대규모의 토지 전유, 대규모의 노동 착취, 그리고 상품의 대량생산이라는 급격한 변화를 통한 자본에서 자본주의로의 변신을 인류의 진보로 규정했다(대서양 상권으로부터 출발한 자본주의를 18세기에 정치경제학으로 이론화한 최초의 인물이 애덤 스미스였다). 자본의 자본주의로의 변신은 인간 생명의 경시와 인간의 소모품화라는 결과를 가져왔다. (이라크에서 희생당한 보잘것없는 인간 생명과 이민자들에 대한 유럽과 미국의 태도에서 볼 수 있듯이) **그것이 바로 오늘날까지 건재하게 생명력을 유지하고 있는 일종의 인종주의의 시작이었다.**

그 당시 팽창하던 중상주의 경제의 상권이 형성된 것은 1250~1350년 사이였다.[20] 그러나 「로마누스 폰티펙스」(Romanus pontifex, 1455),[21]

---

20) 1500년 이전 세계 상권에 대해서는 다음 책을 참조하라. Janet Abu-Lughod, *Before European Hegemony: The World System, A.D. 1250-1350*, New York: Oxford University Press, 1989 [재닛 아부-루고드, 『유럽 패권 이전: 13세기 세계체제』, 박흥식·이은정 옮김, 까치, 2006]. 대서양 상권의 등장과 관련해서는 다음 책을 참조하라. Walter D. Mignolo, *Local Histories/Global Designs: Coloniality, Subaltern Knowledges and Border Thinking*, Princeton, NJ: Princeton University Press, 2000.
21) 교황 니콜라스 5세가 포르투갈 왕 아폰수 5세에게 보낸 칙서로 새로 '발견'된 아프리카 땅의 지배권을 인정하고 원주민들을 노예화해도 좋다는 내용이었다. ─ 옮긴이

「인터 카에테라」(Inter Caetera, 1493),[22] '새로이' 발견된 땅을 교황이 스페인과 포르투갈에 분배했던 토르데시야스 조약(Tratado de Tordesillas, 1494), 그리고 「항복 권유문」(Requerimiento, 1512)[23]이 공포되면서 토지, 항구, 거주지의 점유가 정당화되었다. 이러한 선언들은 근대/식민 세계를 구성하는 전조가 된다. 가령 초기의 「로마누스 폰티펙스」 칙서는 포르투갈의 항해왕 엔히크(Henry the Navigator, 1395~1460) 왕자의 '발견'에 대해 다음과 같이 언급한다.

그 같은 종류의 선박 몇 척이 탐험을 통해 아주 많은 항구와 섬, 바다를 점유했고, 마침내 기니(Guinea) 지역에 도달했으며, 몇몇 섬과 항구, 그 지방에 인접한 바다의 **소유권을 확보해 가면서** 더 멀리 항해한 결과 모두들 나일 강[24]으로 여겼던 큰 강 하구에 도달했다. 그리고 아폰수 왕과 왕자의 이름으로 그곳에 사는 사람들과 몇 년간 전쟁을 벌였고, 그 전쟁을 통해 그 인근에 있는 아주 많은 섬을 정복해서 **평화롭게 소유했고** 오늘날에도 그 인접 바다와 함께 **여전히 소유하고** 있다. 그 이후로 무력에

---

22) 교황 알렉산더 4세가 포르투갈 왕 주앙 2세에게 보낸 칙서로 '신세계'에 대한 선교사 파견을 지지하면서 원주민의 개종에 책임을 다하라는 내용을 담고 있다. 동시에 이 칙서는 아메리카에 가상의 선을 그어 새로 발견되는 땅에 대한 스페인과 포르투갈의 소유권을 구분하도록 했다. 하지만 이에 만족하지 못한 주앙 2세가 스페인의 왕과 직접 협상해서 그 가상의 선을 이동시키는데, 그 과정에서 맺은 조약이 토르데시야스 조약이었고, 오늘날의 브라질 지역이 포르투갈 식민지가 된 근거도 그 조약에 있었다. ─ 옮긴이

23) 원어인 'Requerimiento'는 '요구'라는 뜻으로 아메리카 원주민들에게 개종과 전쟁 중 택일을 권하는 일종의 요구이자 선전포고였다. 하지만 서로 말도 통하지 않는 상황에서 원주민들에게 개종 여부를 묻는 요식행위를 하고는 그들이 개종했다고 자의적으로 간주하고 그들의 땅이나 각종 권리를 빼앗은 이 문서는 노동력 착취를 비롯해 원주민들을 상대로 한 온갖 비인간적인 행위들을 합법화하는 결과를 낳게 된다. ─ 옮긴이

24) 아마도 오늘날의 나이지리아로 흘러드는 나이저 강을 의미하는 것으로 보인다. ─ 옮긴이

의해, 또 일부는 금지되지 않은 품목의 물물교환이나 **다른 합법적인 상거래를 통해** 얻은 많은 기니인들과 흑인들이 포르투갈 왕국으로 보내졌다. **그들 중 많은 수가 가톨릭 신앙으로 개종되었으며**, 신의 가호에 힘입어 그들을 상대로 한 그 같은 진보가 계속될 경우, 그 사람들은 신앙을 얻게 되거나 최소한 많은 영혼들이 그리스도에게 인도될 것이다.[25]

이 같은 칙령들은 기독교 교회를 분명 상업주의와 연결시켰을 뿐만 아니라 '소유권을 가질' 기독교인들의 권리라는 새롭고 중요한 요소를 덧붙였다. 근대/식민 역사와 아메리카의 '발견'의 역사를 연구한 전문가들에게는 낯익은 그 유명한 「항복 권유문」[26]은 카스티야 왕국과 교회의 관리들이 인디언들의 땅을 소유하기 위해 그들에게 읽어 주었던 것이다. (서구 기독교 이데올로기인) 팽창주의 이데올로기는, 한편으로는 대규모의 노동력 착취와 토지 점유를 통해 새롭게 등장한 세계화된 시장에 팔 상품을 생산함으로써 중상주의 무역을 변화시켰고, 다른 한편으로는 식민적 권력 매트릭스를 구축했다.[27] 여기서 중요한 핵심은 (아메리카의 '발견과 식민화' 과정에서) 대서양 상권이 등장함으로써 플랜테이션 농업과 광산에서 자행된 토지의 전유와 대규모의 노동 착취(농노, 노예)를 신앙의 문제와 결부시켰다는 사실이다.

13세기 중상주의 세계체제 경제는 이와는 달랐다. 첫째로, 그 당시 경제는 15세기 중반 무렵에 계획하고 실천하기 시작한 하나의 기독교 세

---

25) www.nativeweb.org/pages/legal/indig-romanus-pontifex.html.
26) http://usuarios.advance.com.ar/pfernando/DocsIglLA/Requerimiento.htm.
27) Anibal Quijano, "Coloniality of Power, Eurocentrism, and Latin America", *Nepantla: Views from South*, 1/3, 2000, pp.553~580.

계 같은 지구적 구상에 의해 추진되지 않았다. 아부-루고드(Janet Abu-Lughod)는 다음과 같이 언급했다.

> 사실상 13세기 세계체제에서 주목할 가치가 있는 것은 매우 다양한 문화들이 협업의 상태로 공존하고 있었다는 것, 그리고 서구와는 다른 방식으로 조직된 사회들이 체제를 지배하고 있었다는 것이다. 불교, 유교, 이슬람교, 조로아스터교를 비롯해서 흔히 '이교'로 배척되던 수많은 소규모 종파들이 용인되었고, 무역거래, 생산, 교환, 모험적인 일 등이 활성화되었다. 그 중의 하나인 기독교는 상대적으로 덜 중요한 역할을 담당했다.[28]

기독교가 두 세기 만에 근대/식민 세계의 제국적 지배권을 차지하고 전쟁과 영토 점령을 통해 기독교 외부 세계의 모든 야만인을 개종시키려는 구상을 갖게 된 급격한 변화에 대해서는 여기서 세세하게 설명할 수 없다. 우리의 논의와 관련되는 사항은 아부-루고드의 두번째 고찰이다. 그녀는 14세기 말경 중국과 인도가 장악하고 있던 해상과 상업 거래의 지배력이 쇠퇴하는 상황을 다음과 같이 분석했다.

> 1435년 이후 중국 선단이 인도양에서 철수했을 뿐만 아니라, 아랍 상인들과 인도 구자라티 상인들이 강력한 해군의 보호도 없이 인도양의 극동 무역 상권까지 크게 확장되면서 인도양에는 권력의 공백이 발생했

---

28) Janet Abu-Lughod, *Before European Hegemony*, p.355.

다. 시간이 가면서 처음에는 포르투갈인이, 그 다음에는 네덜란드인이, 마지막에는 영국인이 그 공백을 차지했다. …… **'근대' 세계** 체제를 결정적으로 변화시킨 것은 포르투갈인이 차지한 '구세계'의 지배권이라기보다는 스페인에 의한 '신세계'의 편입이었다. 이러한 지리적인 방향 전환은 무게중심을 결정적으로 변화시켰고, **맑스의 주장처럼 원시적 축적을 통해 종국에는 산업적 부의 결실을 가져다줄 막대한 불로소득을 제공했다.** 아마도 이것이 유럽 학자들의 최근 연구가 16세기에 집중되는 이유가 될 것이다.[29)]

아부-루고드의 언급과 아메리카 식민사의 언급을 비교하면 동일한 패러다임 안에서의 해석의 공존과 갈등을 이해할 수 있을 뿐만 아니라, 패러다임의 인식틀을 가로지르고 인식의 식민적 차이를 가로지르는 해석의 공존과 갈등을 이해하는 데도 도움이 될 것이다. 나중에 보게 되겠지만 이러한 일반적인 철학적 문제는 권력관계를 내포하는데, 보다 구체적으로 말하면 특별한 종류의 권력관계인 '권력의 식민성'(예를 들면 제국에 의한 토지의 전유, 노동 착취, 재정에 대한 지배, 젠더와 성에 대한 지배, 지식과 주체성에 대한 지배)을 내포한다. '발견'이 일어난 일에 대한 지배적이고 제국적인 관점('실재'가 된 관점, 즉 일어난 일과 그 일어난 일에 대한 해석을 혼합시키는, 역사의 실체론적 측면)인 반면, '발명'은 지식을 탈식민화할 수 있는 가능성을 열어 준다. 다시 말해, 만약 '발견'이 제국의 해석이라면, '발명'은 단순히 제국의 해석과 다른 해석이 아니라 제국의 지식

---

29) Janet Abu-Lughod, ibid., pp. 361~363.

을 탈식민화하는 운동이다. 어떤 관점이 옳은 것인지는 논란의 여지가 있다. 핵심은 두 개의 해석 중 어느 것이 더 잘 '사건을 표상하느냐'가 아니라, 지식의 영역에서 권력의 차이란 무엇인가라는 질문이다. 그리고 지금 우리가 가지고 있는 두 가지 해석 중 하나는 사건에 대한 제국적 관점이고, 다른 하나는 탈식민적 관점이다. 두 개의 해석은 서로 다른 패러다임에 속한다. 제국의 패러다임은 (모든 학생들이 초등학교부터 고등학교까지 배우고, 대중문화와 대중매체 속으로 유포되는) 지배적인 관점을 유지하고 강요한다. 탈식민적 패러다임은 투쟁을 통해 또-다른(an-other) 해석을 개입시킴으로써 한편으로는 침묵을 강요당한 관점을 공표하고, 다른 한편으로는 사건에 대한 올바른 (동시에 총체적인) 해석을 가장하는 제국적 이데올로기의 한계를 보여 준다.

'발견'의 개념을 보충하는 아메리카라는 개념은 기독교의 우주론, 자본주의 경제의 등장, 아나우악과 타완틴수유에 거주했던 원주민들의 탈식민적 대응이 교차하는 지점에서 탄생했다. 원주민들은 처음에는 침입자들을 몰아내기 위해서, 그 후에는 침입자들에 대한 거부와 그들 고유의 언어, 믿음, 사회적 삶과 가족의 삶의 방식 유지가 혼합된 생존 전략을 찾기 위해 노력했다. 스페인인과 포르투갈인의 다양성과 인디언들의 다양성 사이에서 형성된 초기의 긴장 관계는 후에 아프리카 노예가 도착하고, 더 이후인 17세기 중반에 크리올 의식이 등장하면서 한층 복잡해졌다. 16세기의 분기점에서 무어인과 유대인보다 상대적 우위를 차지하게 된 기독교는 자본주의 세계의 종교가 되었는데, 자본주의는 18세기에 자유주의로 변화되었고, 20세기 중반~21세기 초반에 이르러 자유주의는 또다시 (정치적 보수주의인) 신자유주의로 변화되었다. 이스라엘이 성립된 이후 유지되어 온 미국과 이스라엘 간의 공조는 스페인이 이베리아 반도에서 유대인을 추방하고 근대/식민 자본주의 세계의 제국적 토대를 마련했던 시기에 형성된 근대/식민 세계의 긴 역사로부터 분리될 수 없으며, 그 역사 속에서 아메리카라는 개념은 기독교 우주론의 네번째 대륙으로 등장해서 악의 축으로부터 세계를 구하려는 특별한, 미국으로 지칭되는 아메리카(America-as-US)에 이르기까지 다양하게 변모해 왔다.

오고르만의 명제는 크리올의 탈식민적 사유의 계보에 속한다. 3장에서 보게 되겠지만 '식민적 상처'에 근거한, 그리고 인디언과 흑인 후손의 사유와 경험의 계보학에 근거한 유사한 탈식민적 담론들이 오고르만의 담론과 거의 같은 시기에 표면화되었다. 에메 세제르(Aimé Césaire)의 『식민주의에 대한 담론』(Discours sur le colonialisme, 1950)과 『귀향 수첩』(Retour au pays natal, 1956), 프란츠 파농의 『검은 얼굴, 하얀 가면』(Peaux noires masques blancs, 1952)은 아메리카 안에서, 그리고 아메리카를 위해서 흑인 후손의 탈식민적 사유의 계보를 분명하고 큰소리로 표명했다. 제2차 세계대전 이후에 등장한 탈식민적 담론과 더불어 아이마라 지식인이자 활동가인 파우스토 레이나가(Fausto Reinaga)도 『인디아 아메리카와 서구』(La América India y Occidente, 1974)에서 안데스 원주민의 식민적 경험과 사유의 계보학에 배태된 탈식민적 담론을 표명했다. 따라서 패러다임의 인식틀을 가로지르고 인식의 식민적 차이를 가로지르는 해석의 공존과 갈등을 이해하기 위해서는 아메리카의 식민사를 고찰해야 한다. 다시 말해, 예를 들어 탈근대성(postmodernity)이 근대성 내부에서 근대성을 이해하는 것이라면, 탈식민적 인식의 이동은 식민성의 관점에서 근대성을 이해하는 것이다.

옥시덴탈리즘의 역사적 토대와 그것의 인식적·정치적·윤리적 결과

아메리카라는 '개념'은 옥시덴탈리즘이라는 '개념'에 깊이 뿌리를 내리고 있다. '서인도'(Indias Occidentals)는 스페인이 새로이 획득한 땅에 붙인 이름이었다. 아메리카라는 이름은 크리올이 스페인으로부터 독립을 쟁취한 이후 폐기한 '서인도'라는 명칭과 3세기 동안 공존했다. '아메리카의 발명'과 '서구 문화의 보편주의'에 대한 오고르만의 명제는 발견이라는 개념이 제국의 해석이라는 것을 보여 주었을 뿐만 아니라, 아메리카가 극서에 위치하는 것은 서구에 위치한 아들인 야벳이 융성할 운명을 타고났음을 보여 주는 기독교 우주론에 따른 것임을 보여 주었다. '옥시덴탈리즘'은 식민적 혁명의 결과들 중의 하나이자 3세기 후에 영국과 프랑스가 아시아와 아프리카로 제국주의적 팽창을 시도하는 과정에서 '오리엔탈리즘'을 발명할 수 있었던 조건이었다. '서구 문화의 보편성'에 대한 오고르만의 명제가 시사하듯이 '옥시덴탈리즘'에는 두 가지 차원이 서로 얽혀 있다. 첫째, 서구 문화의 지리-역사적 공간을 자리매김하는 역할을 했다. 둘째, 앞의 사항보다는 덜 명백하지만 서구 문화에 발화의 특권적 위치를 부여했다. 그 특권적 위치에서 서구는 나머지 세계를 기술하고 개념화하며 서열화한다. 근대성은 본체론적으로 정해진 역사 과정이라기보다는 유럽이 자기 자신에게 부여한 역사 속의 역할이다. 제멋대로 인식한 서양이라는 발화의 위치가 없었다면 동양이라는 위치는 설정될 수 없었을 것이다.[30]

헤겔의 역사철학은 서구가 지리-역사적 위치인 동시에 발화의 중심이라는 것을 주장하는 두드러진 예이다. 역사는 동에서 서로 움직인다. 그러한 역사적 과정에서 서구 문명이라는 개념 자체는 나머지 세계에 대한 준거이자 목표가 되었다. 어떻게 '서구'가 정치이론, 정치경제학, 철학, 예술, 문학 용어 속의 '중심'을 차지하게 되었을까? 그리고 언제부터 그렇게 되었는가? 15세기까지 서구 기독교 세계(혹은 그리스 신화에서의 유럽)는 글자 그대로의 '서쪽'이었다. 하지만 무엇의 '서쪽'이었을까? 당연히 기독교 세계의 중심이었던 예루살렘의 서쪽이었다. 아테네와 로마는 지식의 토대, 사회의 조직화, 그리고 3세기 콘스탄티누스 황제 치하의 교회와 국가의 통합을 제공했던 '서쪽'에 포함되는 것으로 생각되었다. 따라서 유럽 기독교인들의 의식 속에서 '서유럽'은 (나중에는 아메리카로, 더 나중에는 라틴아메리카와 앵글로아메리카로 불리게 될) '서인도'가 등장할 때까지는 '중심'이 아니었다. 서양(옥시덴탈리즘)이라는 개념과 1500년 이후의 서구 팽창주의 이데올로기는 아메리카의 역사적 등장과 발명과 더불어 시작되었다. 그때 이후로 서인도는 서양의 경계였으며, 주변부이기는 했지만 어쨌든 서양의 일부로 규정되었다. 그러한 경계들은 서양이 자기 자신을 관찰하고 기술하며 분류하는 세계의 중심이라고 생각하는 위치에서 볼 때의 경계였다. 이는 서유럽을 경제적·정치적 조직의 중심, 사회적 삶의 모델, 인간 행위의 표본, 그리고 무엇보다도 나머지 세계를 관찰하고 분류하는 위치로 만들었다. 이렇게 '중심'으로서의 '서구'라는 개념은 유럽의 정치이론, 정치경제학, 철학, 예술, 문학에서 지배적인

---

30) 오리엔탈리즘은 1978년 이후 에드워드 사이드(Edward Said)에 의해 대중화되었지만(*Orientalism*, New York: Vintage Books, 1979[『오리엔탈리즘』, 박홍규 옮김, 교보문고, 2007]), 그 전에 북아프리카와 프랑스에서 이미 논의되고 있었다(Abdelkebir Khatibi, "L'orientalisme desorienté", in A. Khatibi, *Maghreb pluriel*, Paris: Denoel, 1983, pp. 113~146 참고). 이러한 '오리엔탈리즘'은 '옥시덴탈리즘'이라는 개념이 먼저 존재하지 않고선 생각될 수 없었다. 하지만 오리엔탈리즘과 대립되는 옥시덴탈리즘은 연구 대상이 아니라 고정된 발화의 위치였다.

위치를 차지했고, 이를 바탕으로 세계를 정복하고 피정복 세계를 분류하는 위치를 차지했다. 영도의 휘브리스(hybris of the zero-point)[31]는 (오르텔리우스의 지도에서처럼) 지도 제작과 신학에서 합법적이고 당연시되는 관찰자의 위치가 되었다. 16세기는 세상을 바라보는 신(神)의 관점과 항해 기술을 통해 얻을 수 있었던 경험적 관찰이 겹쳐지는 시기였다. 관찰자의 위치가 갖는 권위와 지도 제작에 진실성을 부여한 것이 신학이었기 때문이다.[32]

'옥시덴탈리즘'은 18세기 말 이후 프랑스와 영국 지식인들의 손과 펜에 의해 발명되었던 '오리엔탈리즘'처럼 하나의 연구 영역이 아니라 관점 자체이며, 그 관점으로부터 동양이 인식될 수 있다. 왜냐하면 동양과 대응한 관계를 넘어서서 오리엔탈리즘의 존재 조건이 되는 '서양'을 전제하지 않고는 오리엔탈리즘은 지정학적 개념이 될 수 없기 때문이다.

---

31) 휘브리스는 초과를 뜻한다. 그리스 비극에서 주어진 자신의 운명을 벗어나는 영웅의 행동을 휘브리스라고 부른다. 자신에게 주어진 분수(몫)를 뛰어넘는 초과를 범할 때 신으로부터 응징을 받는 것이 영웅의 역할이다. 영웅은 신과 평범한 인간 사이에 위치해 인간의 욕망과 분수 사이의 긴장 관계를 보여 준다. 영도(零度)는 무관점(無觀點) 혹은 전지시점(全知視點)이라고 옮길 수도 있다. ─ 옮긴이

32) 유럽이라는 '개념'에 대한 가장 최근의 비판적 검토에 대해서는 다음의 책을 참고하라. Roberto Dainotto, *Europe (in Theory)*, Durham, NC: Duke University Press, 2007. 다이노토는 동양과 유럽 남부라는 두 개의 개념을 생산한 18세기 프랑스, 영국, 독일에 근거한 지식의 인식적 중심을 이동시킨다. 그는 인식적 시선을 남부의 역사에 위치시키면서 지식의 지정학에 대한 중립성이라는 가정, 즉 동양과 남부가 규정되고 범주화되는 지점에 대해 문제를 제기한다. 더 나아가 그 역사적 순간은 세계를 네 종류의 인종으로 분류하는 것과 종교를 네 가지(기독교, 유대교, 이슬람 및 '나머지')로 재설정하는 16세기의 개념 사이의 일치성을 목격했다. Tomoko Masuzawa, *The Invention of World Religions: Or, How European Universalism was Preserved in the Language of Pluralism*, Chicago: University of Chicago Press, 2005 참고. 따라서 독자들은 '라틴아메리카라는 개념'이 각 대륙별로 하나의 피부색을 배분하는 대륙의 인종화라는 세속적인 면과 종교와 대륙 간의 대응에 대한 재설정이라는 종교적인 면을 가로지른다는 사실을 확인할 수 있을 것이다.

게다가 '옥시덴탈리즘'은 지정학적 개념일 뿐만 아니라 모든 사유의 범주와 나머지 세계에 대한 분류가 결정되는 지식의 근거였다. '오리엔탈리즘'은 그러한 특권을 갖지 못했다. 서양 사람들은 전문적인 학문 지식을 가지고 있고 동양 사람들은 서양 학문의 연구 대상이 되는 문화를 가지고 있을 뿐이다. 서양은 과거에도 그랬고 지금도 여전히 유일한 지리-역사적 위치를 차지하고 있으며, 서양의 지리-역사적 위치는 세계의 부분인 동시에, **나머지 세계를 기술하고 분류하고 이해하고 '향상'을 판단하는 척도가 된다.**[33)]

옥시덴탈리즘의 마력은 특권적인 지리-역사적 위치에 있는데, 이러한 특권은 서양이 자기 자신의 인종적·종교적·철학적·과학적 우월성에 대해 갖는 헤게모니적 신념에 기인한다. 그런 신념 체계가 가져오는 가장 파괴적인 결과들 가운데 하나는 세상은 유럽(그리고 나중에는 미국)의 사유 방식이 당신(독자)에게 허락하는 방식으로 표현된다는 것이다. 다른 사유 방식들은 잘못된 것이며 다른 방식으로 생각하려는 모든 시도들은 폄하되고, 악마 취급받으며, 끝내는 제거된다. 아메리카(그리고 그것의 결과인 라틴아메리카와 앵글로아메리카)라는 개념은 서구의 팽창과 문명화라는 옥시덴탈리즘 이데올로기의 산물이자 결과이다. 무엇보다도 서양은 지도에 나타나는 지리적 위치보다는 헤게모니적 인식론의 장소이다. 이것을 누구보다도 잘 보여 준 사람이 새뮤얼 헌팅턴(Samuel Huntington)이었는데, 그는 오스트레일리아를 제1세계이자 서구에 위치

---

33) Fernando Coronil, "Beyond Occidentalism: Toward Nonimperial Geohistorical Categories", *Cultural Anthropology*, 11:1, 1996, pp.52~87; Walter Mignolo, "Post-Occidentalismo: el argumento desde America Latina", *Cuadernos Americanos*, 16:7, 1998, pp.143~166.

시킨 반면에 라틴아메리카는 배제했다.[34] 결국 '(라틴)아메리카'는 관찰되고 경험될 수 있는 실재가 아니라 식민적 차이를 바탕에 깔고 있는 해석의 갈등 속에서 생겨난 '개념'이다. 라틴아메리카와 유럽과 미국 간의 차이는 단지 문화적인 것이 아니다. 그 차이는 전적으로 '식민적 차이'이다. 다시 말해, 산업화되고 발전된 제국주의 국가들과 저개발된 개발도상국가들의 **관계**는 식민적 차이이며, 이 식민적 차이가 지식과 주체성, 젠더와 성, 노동, 천연자원의 착취, 재정, 권위 등 모든 면의 토대를 이룬다. 문화적 차이라는 관념이 권력관계를 간과하는 반면에 식민적 차이라는 개념은 전적으로 제국적/식민적 권력 차별에 근거한다.

옥시덴탈리즘이라는 개념을 유럽이라는 헤게모니적 개념과 상대적으로 만들어진 다른 지역의 개념과 비교하면 이것이 어떤 기능을 하며, 어떤 함의를 갖는지 더 잘 알 수 있다. 아시아 혹은 아프리카와 아메리카 간의 뚜렷한 차이를 이해하면 르네상스 시기에 식민주의 이데올로기로 등장한 옥시덴탈리즘과 그보다 나중에 영국과 프랑스의 제국주의적 팽창을 정당화하기 위해 등장한 오리엔탈리즘의 중요성을 이해할 수 있다. 옥시덴탈리즘과 오리엔탈리즘은 '아메리카'가 유럽인의 의식 속에 등장함으로써 자본주의적 제국들의 전 지구적 구상의 토대가 마련되었던 16세기 세계의 이미지에 근거하고 있다.

「아시아가 의미하는 바는 무엇인가?」(How Does Asia Mean?)라는 글에서 쑨거(Sun Ge, 孫歌)[35]는 설득력 있는 논지를 제시하고 있는데, 아시아는 처음부터,

정치적 개념이며 문화적 개념이다. 그것은 지리적 위치이며 가치 판단의 척도이다. 비록 아시아 문제 그 자체가 헤게모니 및 대항-헤게모니

문제와 필연적 관계를 갖는 것은 아니지만, 이 문제를 다루게 되면 동양과 서양의 헤게모니 문제를 고려해야 한다.

쑨거는 좀더 구체적으로 문제를 설명한다.

오랫동안 아시아는 독립적인 지리적 개념을 갖지 못하고 **단지 이데올로기적으로 유럽에 대립되는 개념으로만 존재해 왔다.** 아시아에 관한 논의는 유럽 중심주의 문제와 연관되어 있을 뿐만 아니라 동양 내부의 헤게모니 문제와도 연관되어 있다. 아시아의 문제는 단순한 문제가 아니라 **근대 세계**의 지성사를 관통하는 문제이다. 따라서 아시아의 문제는 그 자체로 총체성과 결부된 문제로 다루어져야 한다.[36]

아시아가 "이데올로기적으로 유럽에 대립되는 개념으로만 존재해 왔다"라는 언급은 '아시아'가 본체론적으로 인식된 것이 아니라 유럽의 정치적 설계의 소산이었음을 보여 준다. 타완틴수유나 아나우악에 살았

---

34) Samuel Huntington, *The Clash of Civilizations and the Remaking of World Order*, New York: Simon and Schuster, 1996[새뮤얼 헌팅턴, 『문명의 충돌』, 이희재 옮김, 김영사, 2007]. 헌팅턴에 대한 보다 자세한 내용은 3장을 참조하라.
35) 중국사회과학원 문학연구소 연구원. 동아시아 담론과 관련된 논의로 유명하다. —옮긴이
36) Sun Ge, "How Does Asia Mean?", *Inter-Asia Cultural Studies*, 1/1, 2000, pp.13~47, 1/2, 2000, pp.320~341. 냉전의 종말은 지리-정치학적 의제에 대륙 분할 문제를 제기했다. 아시아에서 쑨거가 유일한 경우는 아니다. 더 많은 논의에 대해서는 다음을 참조하라. Wang Hui, "Imaging Asia: A Genealogical Analysis", www.lse.ac.uk/collections/LESPublicLecturesAndEvents/pdf/20040512Hui.pdf; Jang In-sung, "Discourse on East Asia in Korea and Asian Identity", Paper given at the 1st International Symposium What are Asian Identities under globalization?, Waseda University, 8 December 2003.

던 사람들이 자신들이 아메리카라는 이름의 대륙에 거주하고 있다는 사실을 몰랐던 것처럼, 중국이나 일본, 인도 사람들도 자신들이 아시아라는 이름의 대륙에 살고 있다는 사실을 몰랐다(물론 후에 뉴질랜드나 오스트레일리아로 불리게 될 곳의 원주민들도 마찬가지였다). 잉카인들과 아스테카인들이 아메리카에 살고 있고 중국인들과 일본인들이 아시아에 살고 있다는 사실을 **알고 있던 사람들은 누구였는가? 지도를 그리고 그 지역에 이름을 붙인 서구 기독교인들이었다.** 그렇다면 어떻게 그리고 언제 중국인들과 일본인들 그리고 '아시아'에 살고 있던 다른 사람들이 자신들이 아시아라는 이름의 대륙에 거주하고 있다는 사실을 알게 되었을까? 다른 제도를 가지고 중국, 일본, 인도 등에 살던 사람들이 자신들이 '아시아'라고 불리는 대륙에 살고 있다는 사실을 받아들이고 특정한 영토와 특정한 이름을 결부시키기 시작한 정확한 시기를 알기 위해서는 더 많은 연구가 필요할 것이다. **1582년 이전은 아니다**라는 한 가지 대답은 가능하다. 왜 그런가? 왜냐하면 이탈리아 예수회 소속의 마테오 리치가 명나라의 지식인들과 관리들에게 세계지도(추측컨대 오르텔리우스의 「세계의 무대」)를 선물한 때가 바로 1580년대였기 때문이다.[37] 아메리카 원주민과 아프리카에서 끌려간 노예들이 '아메리카'라는 대륙이 있다는 사실을 배운 것이 16세기였던 것처럼, 중국과 일본에 거주하던 사람들이 자신들이 아시아라고 불리는 공간에 살고 있다는 사실을 처음으로 '배웠던' 때가 바로 그때였다는 점은 거의 확신할 수 있다. 그렇다면 아프리카는 어땠는가? 거기서도 유사한 사실을 발견할 수 있다. 마그레브, 말리 제국, 니제르 벤드

---

37) Walter D. Mignolo, *The Darker Side of the Renaissance: Literacy, Territoriality and Colonization*, 2nd edition, Michigan: University of Michigan Press, 2004, ch.5 참고.

(Niger Bend)[38]와 차드의 왕국들 등지의 사람들은 자신들이 '아프리카'라는 대륙에 속한다는 사실을 15세기와 16세기에 배우기 시작했다. **'아프리카'에 거주하던 다양한 사람들 입장에서는 자신들에 대해 유럽 기독교인들이 품은 생각대로 생각할 만한 어떤 그럴듯한 이유도 없었다는 뜻이다!** 지금까지 보았던 것처럼, 식민적 권력 매트릭스가 등장하는 시점은 '아메리카의 발견'과 세계의 '야만인들'을 표시하는 기독교인들의 지도가 등장하는 시점과 일치하는데, 자신들의 기억이 아니라 유럽 기독교인의 기억과 연관된 아프리카라는 이미지를 수용하게 되면서 식민적 권력 매트릭스도 강화되기 시작했다.

대륙 분할의 기저에 숨어서 보이지 않는 정치적 기획은 현대의 지적 논쟁에 중요한 영향을 미쳤다. 따라서 쑨거가 에드워드 사이드가 제기한 '오리엔탈리즘'의 개념을 근본적으로 재고 — 오리엔탈리즘과 이스라엘에 대한 사이드의 비판을 줄곧 공격해 왔던 버나드 루이스(Bernard Lewis)처럼 곳곳에서 사이드를 공격하는 사람들의 편을 들기 위한 것이 아니라, 오리엔탈리즘이라는 개념을 극단화하기 위한 재고 — 할 필요성을 역설한 것은 매우 적절하다. 쑨거가 지적한 것처럼, '아시아'는 "국가와 지역의 다양함을 무시하고 한꺼번에 부르기 위해 만들어진" 단수 명사이다. 하지만 "아시아인들의 손에 들어간 오리엔탈리즘은 사이드가 비판하는 오리엔탈리즘과는 달라지는데, 왜냐하면 그것에는 아시아의 옥시덴탈리즘을 비판하려는 의도가 있었기 때문이다."[39] 쑨거는 사이드의 공헌을 인정하는 만큼 수정도 필요하다고 주장한다. 쑨거는 "동서양 지

---

38) 나이저강 상류의 곡류부 일대를 일컫는 말이다. —옮긴이
39) Sun Ge, "How Does Asia Mean?", p.14.

식인들의 지대한 관심이 요구되는 아시아의 문제에 관해 서구 지식인과는 다른 관점을 갖기 위해" 인식의 지정학적 운동(즉 지식의 지정학을 이동시키는 운동)을 실천한다.[40] 쑨거는 자신의 책에서 매우 적절하게 사이드의 말을 인용하고 있다.

오리엔탈리즘의 경우에 사실을 공정하게 판단하기 위해서 지리학 같은 전문적인 학문 분야를 참조하는 것이 필요한데, 왜냐하면 오리엔탈리즘과 옥시덴탈리즘을 균형 잡힌 시각으로 바라보는 것이 쉽지 않기 때문이다. 오리엔탈리즘이 특이하고 심지어 괴상하기까지 한 태도라는 사실은 이미 확실해졌다. 왜냐하면 …… 사회적, 언어적, 정치적, 역사적으로 엄청나게 다양한 현실들에 들어맞는 고정적이고 다소간 총체적인 지리적 위치가 존재하지 않기 때문이다.[41]

쑨거는 여기서 그치지 않고 몇 걸음 더 나아간다.

사이드가 알아차리지 못한 사실은 **이 문제에 또 다른 측면이 있다는 점이다. 즉 꼭 집어 '옥시덴탈리즘'이라고 할 만한 것이 존재한다고 말할 수 없을지라도, 아시아 문제의 논쟁에 참여한 아시아인들에게는 '서양'** 이라고 불리는 애매한 실체가 실제로 존재한다고 믿을 만한 이유가 있기 때문이다. 오늘날에는 '서양'을 단일한 실체로 여기는 것이 더 이상 의미가 없지만, 최소한 동아시아 근대사에서 옥시덴탈리즘은 한때 동양

---

40) Sun Ge, "How Does Asia Mean?", p.14.
41) Sun Ge, Ibid., p.13에서 재인용.

민족들이 근본적인 문제 설정을 통해 스스로를 정립해 가는 과정에서 핵심적인 역할을 했다.[42]

쑨거는 사이드가 문제의 한 측면만을 보았을 뿐이며, 옥시덴탈리즘이라는 관념이 먼저 존재하지 않고 어떻게 오리엔탈리즘이 생겨날 수 있었는지 의문을 제기하지 않았다는 사실을 정확히 지적한다. 위의 인용에서 분명하게 드러나는 것처럼, 사이드가 제기한 오리엔탈리즘의 문제점은 근대사(그리고 근대성이란 개념 자체)의 '시작'이 18세기라는 것을 당연하게 받아들이고 있다는 사실이다. 다른 많은 사람들, 특히 포스트식민(postcolonial) 연구를 수행하는 학자들과 마찬가지로 그 역시 16세기와 17세기 그리고 아메리카 '발견'의 결과들을 보지 못했다. 이것은 사실상 '오리엔탈리즘'을 통한 식민적 권력 매트릭스의 형성과 등장이 세계질서 변화의 두번째 라운드에 해당한다는 것을 의미한다.

쑨거의 말을 부연하자면, 아시아나 (라틴)아메리카는 **우리**로 하여금 **우리의** 역사를 알게 해준 매개체이며, 이러한 역사적 의미 때문에 아시아(혹은 라틴아메리카)가 의미하는 바가 무엇인지 지속적으로 의문을 갖는 것이 매우 중요하다.[43] 내가 **우리**, **우리의**라는 표현을 사용한 것은 지정학적 정체성을 갖는 주체(즉 지정학적으로 표시된 발화의 위치)를 부각시키기 위한 것이다. 아시아나 (라틴)아메리카의 역사는 그 역사를 '우리의 역사'가 아니라 '그들의 역사'로 생각하는 사람에 의해 쓰여질 수도 있었다. 스페인 선교사들이 인디언은 역사를 갖지 못한 반면에, 자신들은 인디언

---

42) Sun Ge, Ibid., p.13.
43) Sun Ge, Ibid., p.14.

들이 갖지 못한 그 역사를 기술하도록 신으로부터 선택받았다고 결론 내렸던 16세기에 벌어졌던 상황이 바로 이것이다. 멕시카(Mexica)의 역사를 기술했던 스페인 선교사들은 자신들의 과거에 대한 기억과 주체성을 언급할 때처럼 '우리의' 혹은 '나의'라는 표현을 사용할 수 없었다.

그렇다면 '아프리카'가 의미하는 바는 무엇인가? 고전이 된 발렌틴 무딤베(Valentin Mudimbe)의 두 권의 책 『아프리카의 발명』(*The Invention of Africa*, 1988)과 『아프리카의 개념』(*The Idea of Africa*, 1994)에서 본질적인 답변을 찾을 수 있다.[44] 앞에서 언급했듯이, '아프리카'는 '아프리카인들'이 자신들의 영토에 대해 갖는 이름도, 공간적 이미지도 아니었다. 그것은 스트라본(Strabo)[45]과 (아프리카를 '립야'Libya라고 불렀던) 프톨레마이오스 시대부터 성장하고 변화해 온 개념이었고, 이 개념을 만든 것은 그들을 포함한 그리스와 로마의 지리학자와 역사학자들이었다. 따라서 아프리카라는 개념의 발명은 (무딤베가 『아프리카의 개념』에서 분석하는 것처럼) '그리스적 사유의 패러다임'에 근거한다. 그리스적 패러다임은 이후에 '기독교적/라틴적' 패러다임으로 전환되었다. 앞서 언급한 것처럼, 그리스의 지도 제작법의 유산은, 세 대륙을 노아의 세 아들과 분명하게 연관시킨 O 안의 T 지도에 나타나 있다. 그러나 아메리카가 발견/발명되면서 O 안의 T 지도에 네번째 대륙을 표시하려는 필요

---

44) V. Y. Mudimbe, *The Invention of Africa: Gnosis, Philosophy and the Order of Knowledge*, Bloomington, IN: Indiana University Press, 1998; *The Idea of Africa (African Sysrem of Thought)*, Bloomington, IN: Indiana University Press, 1994. 아프리카에서도 대륙 분할과 관련된 역사적 가정에 대한 논의가 신자유주의에 의해 촉발되어 진행 중이다. 무딤베 이후의 논의는 다음을 참조하라. Achille Mbembe, "At the Edge of the World: Boundaries, Territoriality and Sovereignty in Africa", *Public Culture* 12:1, 2000.
45) 기원 전후 그리스의 역사학자이자 지리학자. ─ 옮긴이

성에 따라 아프리카는 새롭게 규정되었다. 즉 아메리카가 발명되면서 아프리카라는 개념을 재규정해야만 했다. '아프리카'의 개념이 변화한 것은 서양 기독교 세계의 중심이 지중해에서 대서양 상권으로 이동했기 때문이었다. 16세기 이후에 북아프리카는 유럽에서 쫓겨난 무어인들의 거주 지역이 되었고, 사하라 이남 아프리카는 아메리카로 끌려갈 아프리카 노예의 사냥터로 변했다. 아프리카라는 개념의 변화가 가져온 결과 중 하나는 아프리카 흑인은 노예라는 인식이 굳어진 것이다. 물론 모든 노예가 흑인은 아니었다. 특히 식민 초기에는 인디언과 백인 노예도 존재했지만 '현실'은 사람들이 자신에게 유리하게 만들어 내는 그 '현실'의 개념이나 이미지와 항상 일치하는 것은 아니다. 당연히 그리스와 로마의 노예들은 피부색이나 출신 대륙으로 규정되지 않았다. 오히려 그들은 사회 조직화 과정에서 다른 종류의 노동이나 직능에 적합하지 않은 것으로 간주된 사람들이었다. 아메리카가 식민지로 바뀌면서 발생한 대규모의 노예무역은 그와 같은 인식과 가정을 바꿔 놓았다.

이렇게 처음에 기독교의 O 안의 T 지도 제작자로 출발한 '서양'은 (그 당시에 기본적으로 스페인과 포르투갈을 의미했던) 유럽과 신세계인 '서인도'를 포괄적으로 지칭했다. 근대사의 중요한 부분이 침묵 속에 갇혀 있다는 것은 유럽 중심적 근대성(즉 발화의 위치를 의미하는 옥시덴탈리즘)의 관점에서 근대성의 역사가 쓰여졌기 때문이다. 나처럼 침묵에 갇힌 부분으로부터 역사를 사고하는 많은 지식인들은 세부적인 점에서는 의견이 다를지라도 "오리엔탈리즘과 옥시덴탈리즘을 균형 잡힌 시각으로 바라보는 것이 쉽지 않다"라는 사이드의 말에 공감하고 그의 학자적이고 정치적인 기획을 지지할 것이다. 그리고 이것은 틀림없이 탈식민적 기획들이 서구의 제국주의적 근대성 기획처럼 유일-보편적(universal)이 아니라 다(多)-보편적(pluriversal)이어야 했음을 의미한다. 여기서 핵심적인 논점은 옥시덴탈리즘이 오리엔탈리즘과 동등한 연구 영역이라는 것을 주장하는 것이 아니라, 반대로 옥시덴탈리즘이 (발화된) 연구 영역이 아니라 오리엔탈리즘을 연구하는 발화의 위치라는 사실이다. '아메리카'라는 개념은 '옥시덴탈리즘'의 일부분이었고 '라틴'아메리카라는 개념은 남아메리카와 카리브 지역이 서유럽과 미국이 척도를 자처하는 옥시덴탈리즘으로부터 점차 떨어져 나오면서 문젯거리로 등장했다. 나의 주장뿐만 아니라 식민적 권력 매트릭스(즉 권력의 식민성)를 이해하는 결정적인 논점은 다음과 같이 요약될 수 있다.

1. 옥시덴탈리즘은 지구의 한 지역의 이름이자 지구를 분류했고 지금도 분류하고 있는 사람들의 인식적 위치(epistemic location)였다.
2. 옥시덴탈리즘은 '서술의 영역'이었으며 또한 고정된 발화의 위치였다. 즉 옥시덴탈리즘은 세계를 분류하고 계서화하는 인식적 위치였고 지금도 여전히 그렇다.

내가 (위치인 동시에 출발점인) '인식적 위치'라는 말을 사용한 것은 지식이란 탈근대적 비-장소(postmodern non-place)로부터 생산되는 어떤 것이 아님을 말하기 위한 것이다. 그와는 반대로, 지식은 언제나 인식의 식민적 차이를 가로질러 지리-역사적으로 그리고 지정학적으로 위치한다. 이런 맥락에서 지식의 지정학[46]은, 세계은행과 국제통화기금이 세계경제 기획의 정당성을 독점하고 있는 것과 마찬가지로, 지식이 유효하고 정당한 것이 되려면 서구의 표준을 따라야 한다는 유럽 중심주의적 전제를 떨쳐내기 위해 필요한 관점이다. 여기서 유럽 중심주의는 지식과 이해의 원리를 독점하고 헤게모니를 갖는다는 점에서 옥시덴탈리즘과 동일하다. 물론 유럽 중심주의 내부에 차이가 존재한다고 할지라도, 그 차이는 기독교인, 자유주의자, 맑스주의자 정도에 불과하다. 당연히 아시아나 아메리카에 사는 사람이 주류 사상의 계보에 끼어들기는 매우 어려운데, 사상이란 언어는 물론이고 그 언어를 사용하는 사람들의 기억과 지식의 무게까지 포괄하는 것이기 때문이다. 물론 물리적 공간도 중요한데, 만일 당신이 볼리비아나 중국에 산다면 당신은 그 지역의 언어, 기억, 관심사, 텔레비전 방송, 일상생활에 젖어 들기 때문이다. 당신은 그런 것들을 추상화할 수 있고, 볼리비아에 살면서도 일생을 라이프니츠 연구에 바칠 수도 있다. 그러나 만일 당신이 볼리비아에 사는 독일인이 아니라 볼리비아에서 태어나고 교육받았으며 아이마라어나 스페인어를 사용하는 사람이라면, 당신이 볼리비아에서 라이프니츠에 관해서 하는 연구가 무엇이든지 간에, 독일에서 태어나서 자라고 하이델베르크 대학의 철학박사학위를 받았으며 독일어를 사용하고 초등학교 시절부터 라틴어를 배운 사람이 하는 연구와는 다를 것이다.

따라서 지식의 지정학을 새롭게 개념화해야 한다는 요구가 제국적/식민적 역사들 중의 하나인 아메리카의 역사에서 비롯되었다는 사실을 간과해서는 안 된다. 아르헨티나 철학자 엔리케 두셀(Enrique Dussel)은 자신의 책 『해방철학』(*Filosofía de la liberación*)에서 그와 같은 깨달음을 분명하게 주장했다.[47] 엔리케 두셀은 1장 「지정학과 철학」에서 "나는

---

46) Walter Mignolo, "The Geopolitics of Knowledge and the Colonial Difference", *South Atlantic Quarterly*, 101/1, 2000, pp. 57~97.
47) Enrique Dussel, *Filosofía de la liberación*, trans. Aquilina Martinez and Christine Morkovsky, *Philosophy of Liberation*, Maryknoll, New York: Orbis Books, 1990.

공간, 지정학적 공간을 갖기 위해 진지하게 노력 중이다"라고 말했다. 세계질서를 도식화하는 작업을 하던 1977년에 그는 북극이나 멕시코의 치아파스에서 태어나는 것은 뉴욕에 태어나는 것과 다르다는 것을 깨달았다. 그 도식에서 두 개의 아메리카는 분리되어 있다. 경제적·정치적·인식적 권력의 중심은 유럽이고, 미국과 일본이 그 중심을 후원한다. 경제적·정치적·인식적 권력의 주변부는 저개발되고, 종속적이며, 비동맹(non-aligned) 관계인 지정학적 공간이다. 라틴아메리카는 주변부의 저개발된 종속적 지역에 위치하며 비동맹 그룹의 이웃이다.

경제적 부에 대한 접근과 축적과 마찬가지로, 지식에 대한 접근과 축적 역시 선착순으로 차지하도록 그 자리에 가만히 놓여 있는 것이 아니다. 두 가지 모두 당신이 지구상의 어느 곳에서 태어나서 교육받았는지, 그리고 어떤 언어를 사용하는지에 달려 있다. 당신이 볼리비아 중산층 가정에서 태어나 자라서 하이델베르크에서 공부했을 수도 있다. 그렇다면 분명히 당신의 상황이나 생존 경쟁은 아이마라 공동체 속에서 태어나 교육받고 하이델베르크에서 공부할 수 있는 장학금을 받을 가능성이 현저히 낮은 사람과는 다를 것이다. 경제적·정치적·사회적 조건은 개인의 지성에 커다란 제약을 행사한다. 당신이 어려서부터 독일어를 사용하며 독일(이 경우 영국이나 프랑스, 미국이라도 상관없다)에서 공부한 중산층 독일인과 동등한 기회나 조건을 갖지 못했을 가능성은 여전히 98%에 달한다. 나는 부의 불균등한 분배를 **경제의 지정학**이라고 부르고, 지식의 불균등한 분배를 **인식론의 지정학**이라고 부른다. 아메리카라는 '개념'과 '라틴'아메리카라는 '개념'은 지식과 부가 불균등하게 분배되고, 식민적 차이가 문화적 차이를 찬양하는 나팔소리에 묻혀 버린 권력의 장(場)에서 만들어지고 유지되어 왔다.

아메리카의 '아메리카성'

앞에서 살펴보았듯이, 1950년대에 남아메리카와 카리브 지역의 지식인들이 국민적이고 아대륙적인 정체성과 관계된 관심사를 표출하기 시작했다. 그들은 우리가 여기서 다루고 있는 '아메리카의 발명' 이론을 제기했고 (2장에서 논의될) '라틴성'의 제국적 토대에 문제를 제기하기 시작했다. 더 나은 용어가 없었던 탓에 '라틴'아메리카라는 말이 계속 사용되었지만, 그 말은 유럽 학자들과 지역연구 전문가들에 의해 기술된 실체이면서 **탈식민화의 비판적 자의식**이기도 했다. 19세기 말에 '라틴'아메리카를 '누에스트라'(Nuestra) 아메리카, 즉 '우리' 아메리카로 바꿔 놓았던 호세 마르티(José Martí)로부터 1920년대에 식민주의의 유산과 미국 제국주의의 침략 속에서 자신의 담론을 발전시켰던 호세 카를로스 마리아테기(José Carlos Mariátegui)에 이르기까지, 라틴아메리카는 식민적 토대로부터 벗어나 지적 탈식민화를 위한 비판적 성찰로 변모했다. 일부 메스티소를 포함한 유럽 백인 혈통의 크리올은 지식의 지정학적 배치에서 드러나는 권력의 식민적 차별에 대한 인식(혹은 인식의 결여)을 통해 흑인 혈통의 카리브인과 안데스 지역의 아이마라 원주민의 비판적이고 탈식민적인 당대의 담론과 가까워졌다.

이런 맥락에서 '아메리카의 발명'은 '라틴'아메리카가 표방한 합의의 관점보다는 '누에스트라' 아메리카가 표방한 반대의 관점에서 읽힐 수 있다. 그럼에도 불구하고, 앵글로아메리카와 대비되는 마르티의 '우리' 아메리카의 '우리'가 단지 라틴은 아니다. 흑인과 인디언은 '우리' 아메리카에 투쟁과 낙관론이라는 유산을 남겼다. 그러나 '라틴'아메리카가 남겨 준 유산은 20세기 초부터 1929년 대공황 이전까지 가지고 있었던 기대 수준으로부터 경제적·정치적으로 추락한 1950년대에 느꼈던 절망이라는 유산이었다. 그때 이후로 경제적·정치적 쇠락은 '라틴'아메리카인이 유럽인이 아니기 때문이라는 비관론과 열등감으로 연결되었다. 엑토르 A. 무레나(Hector A. Murena)는 『아메리카의 원죄』(*El pecado original de América*, 1954)의 첫 문장에서 '앵글로'아메리카와 유럽에 맞서기 위해 '라틴'아메리카라는 정체성이 날조되었던 19세기 후반부터 싹트기 시작한 열등감 콤플렉스를 드러내고 있다. "사실은 이렇다. 우리는 한때 정신의 뿌리인 유럽이라는 이름의 땅에 거주한 적이 있었다. 우리는 졸지에 그곳으로부터 추방당했고, 우리가 아메리카라고 부르기로 한 또 다른 땅, 정신이 결핍된 척박한 땅으로 추락했다."[48]

그러나 '발명이라는 명제'는 뜻밖의 결과를 가져왔다. 즉 그것은 반세기 후에 페루 사회학자 아니발 키하노와 미국 사회학자 이매뉴얼 월러스틴(Immanuel Wallerstein)이 '아메리카성'이라고 규정했던 것에 대한 인식적인 긍정이었다.[49] 왜 아메리카성인가? 왜냐하면 앵글로아메리카성과 라틴아메리카성의 차이는 근대/식민 세계체제의 형성과 더불어 생겨난 것이지, 영국계와 라틴계의 본질적인 차이에서 생겨난 것이 아니기 때문이다. **이름을 포함하여 두 개의 아메리카에 공통된 역사는 역사적 토대, 즉 식민적 권력 매트릭스(혹은 오늘날 우리가 알고 있는 자본주의)와 서유럽의 제국주의적 이데올로기인 근대성에 근거한다.** 그 과정에서 두 개의

---

48) Hector A. Murena, *El pecado original de América*, Buenos Aires: Editorial Sudamericana, 1954, p.163.
49) Anibal Quijano and Immanuel Wallerstein, "Americanity as a Concept; Or the Americas in the Modern World-System", *International Social Science Journal*, 134, 1992, pp.549~556.

아메리카는 주변부에 분배되었고, 서유럽 중에서도 어느 민족과 제도에 속하는 사람들이 두 개의 아메리카의 역사를 움직여 왔느냐에 따라 주변성(marginality)의 정도가 달라졌다. 근대/식민 세계의 개념에 기초한 아메리카성은 책이나 백과사전, 그리고 인터넷에 적혀 있는 것 — 역사 서술과 실제로 일어났던 일은 똑같다 — 과는 다른 전제로부터 출발한다. 즉 공식 역사에서 침묵으로 남아 있는 부분으로 독자들을 초대한다. '아메리카성'이라는 개념은 세계의 역사는 오직 하나뿐이라는 지나친 믿음을 교정하기 위해 필요한 조치인데, 왜냐하면 그 역사에는 보편사를 쓰고 있다고 생각했던 사람들은 모르고 있었던 중요한 부분(즉 아메리카로 알려지게 될 새로운 대륙)이 누락되었기 때문이다. 그 결과 '아메리카'라는 개념은 유럽 역사의 일부분이 되었고, 그 땅에 살고 있었던 수많은 사람들은 자신의 역사를 이야기하지 못하게 되었다. 아메리카에 살고 있었던 사람들은 인간 존재의 기원과 역사에 대해서, 인간이라는 개념 자체에 대해서, 지식과 사회조직에 대해서 다르게 말했다. 그러나 식민적 권력 매트릭스에서는 이러한 차이가 인정되지 않았다. 확신하건대, 기독교와 그 후의 유럽의 세속적 역사와 철학은 '다른 역사들'을 성공적으로 제거했고 포섭했다.

아메리카의 등장은 세 가지 면에서 세계경제에 중요한 변화를 가져왔다. ① 세계의 지리적 확장, ② 세계경제를 구성하는 다양한 지역의 다양한 상품 생산을 위한 다양한 방식의 노동 지배 수단의 발달, ③ 강력한 국가-기계의 창조. 키하노와 월러스틴은 공동으로 쓴 논문 「개념으로서의 아메리카성 혹은 근대 세계체제 속의 두 개의 아메리카」(Americanity as a Concept; or the Americas in the Modern World System)에서 다음과 같이 주장한다.

근대 세계체제는 장기 16세기에 탄생했다. 지리-사회적 구성물인 아메리카도 장기 16세기에 탄생했다. 지리-사회적 실체인 아메리카의 창조는 근대 세계체제의 **구성적(constitutive) 행위**였다. 즉 아메리카는 이미 존재하고 있던 자본주의 세계경제에 편입된 것이 아니었다. 아메리카가 없었다면 자본주의 세계경제도 존재할 수 없었다.[50]

아메리카성과 식민성은 처음부터 서로 밀접하게 연관되어 있다. 두 개의 아메리카의 공통된 특이성은 유럽의 식민지 확장과 관련된 일련의 원주민과 흑인 말살 정책에 기인한다. 대지에 대한 원주민의 상상력, 그들의 사회조직과 경제체제, 그리고 삶과 정의와 행복에 대한 그들의 개념이 말살되었고, 아메리카로 끌려온 아프리카 흑인들의 역사·언어·관습 또한 말살되었다. 또한 17세기에 들어와 주로 스페인과 포르투갈의 식민지였던 곳에서 남부 유럽 혈통의 백인 크리올 1세대를 주변인으로 전락시킨 것도 이러한 말살 정책에 포함된다. 이보다 더한 것은 식민화와 더불어 시작된 대규모 노동 착취와 인간 생명을 소모품으로 치부하는 관념이었는데, 광산과 플랜테이션 농장에서 생산력을 향상시키기 위해 자행되었던 이러한 노동 착취와 인명 경시는 흑인과 원주민은 열등하다는 인종주의를 통해 정당화되었다. 식민성의 관점에서 볼 때 아메리카의 특이성은 식민지 본국으로부터 독립하여 새로운 정부를 수립한 유럽 혈통의 크리올이 남북 아메리카에서 원주민과 흑인을 대상으로 식민성의 논리를 재생산했다는 것이다. 따라서 유럽 혈통의 크리올은 남아메리카와 카

---

50) Quijano and Wallerstein, "Americanity as a Concept", p.549.

리브 지역에서는 주인이 되었지만, 여전히 서유럽과 미국의 노예로 남아 있게 되었다.

이런 맥락에서 아메리카는 근대/식민 세계에서 최초로 **내적**(internal) 식민주의 구조가 자리 잡은 지역이라는 특이성을 갖는다. 제2차 세계대전 이후에 영국, 프랑스, 독일의 식민주의로부터 '독립'을 쟁취했던 아시아와 아프리카 국가들도 아메리카의 전철을 밟았다. '식민성'은 발견/정복 이후에 아메리카로 명명된 곳에 이미 존재했던 경제체제를 말살하고, 사회 모든 분야에 걸쳐 제도를 세우고 고착시킨 논리이다. 그러한 체제를 작동시킨 것은 무엇보다도 유럽과 다른 경제체제의 말살을 정당화하는 인식의 원리를 세울 수 있는 체계적 능력과 지식이었다. 근대성과 근대화를 찬양하는 수사학에 매몰되어 여전히 보이지 않는 식민적 권력 매트릭스는 옛날이나 지금이나 차이들을 무화시키고, 인종주의를 합리화의 근거로 삼아 인간의 생명을 소모품으로 만드는 기계이다. 따라서 아메리카성을 수용한다는 것은 식민성이 저지르는 말살 속에서 산다는 것을 의미한다.

여기서 지적해야 할 중요한 사항은 '동일한 사건'에 대해 다른 관점이 존재할 수 있다는 것뿐만 아니라, 인식의 식민적 차이를 가로질러서 또-다른 패러다임이 생겨난다는 것이다. 지배적인 신 중심적이고 자아 중심적인 지식은 지정학적이고 몸 중심적인 지식 — 인종주의에 의해 차별받은 지역과 사람의 역사로부터 생산되는 지식 — 으로 이동하고 있다. 보다 심각한 문제는 동일한 사건에 대한 상이한 해석들 모두가 여전히 지배적인 유럽 근대성의 패러다임과 그것을 지속적으로 변형시키는 미국 정부, 대학교, 대중매체를 벗어나지 못하고 있다는 사실이다. 내가 지금까지 주장한 것은 (전 지구적으로 다양하고 탈식민적인) 또-다른 패러다임이 등장하고 있다는 것이며, 내 주장은 이 또-다른 패러다임에 근거하고 있다는 것이다. '아메리카'는 동일한 패러다임 안에서 서로 다른 해석들이 갈등을 일으키고, 보다 근본적으로는(여기서 내가 말하고자 하는 것은 지식과 해석에 대한 다양한 관념의 근거가 되는 인식적 원리의 뿌리이다) 식민적 차이라는 다른 쪽 극단에 속하는 다양한 패러다임이 경쟁하고 있는 '개념적 매듭'(conceptual node)이다. 역사란 근대성을 향해 진보하는 사건들의 시간적 연쇄라는 맹목적인 믿음에서 벗어나 사건의 중심에서 식민주의가 저지른 침략과 폭력을 볼 수 있다면, 근대성과 식민성은 '직선적'이라기보다는 '구조적'인 역사를 직조하는 매듭이 된다. 더 나아가, 근대성과 식민성은 동전의 양면이기 때문에, 각각의 매듭은 직선적이 아니고 구조적일 뿐만 아니라 동질적이 아니고 이질적이다. 따라서 여기서의 요점은 '역사의 종말'이 아니라 '헤겔식 역사의 종말'이다. 만일 역사를 연대기적인 직선적 과정으로 인식하는 대신에 '역사적-구조적 이질성'(historico-structural heterogeneity)[51]으로, 상호작용하는 역사적 과정들로 생각한다면, 아메리카라는 '개념'과 '아메리카성'이 어떤 역할을 하는지 이해할 수 있을 것이며, 근대성과 식민성이 동전의 양면이라는 말이 무슨 뜻인지 이해할 수 있을 것이다.

---

51) 전문용어의 사용을 싫어하는 독자들에게 양해를 구해야 할 것 같다. 가능하면 사용을 피하기 위해 애쓰지만 한계가 있는 법이고, 이 경우가 바로 그런 경우이다. 이 용어를 사용하지 않으면 현재 사용되는 일상적인 언어의 틀에서 벗어나기 어렵기 때문이다. 이 때문에 식민성이라는 개념과 마찬가지로, 이 용어도 거대한 울타리에 가려서 보이지 않는 파노라마를 보기 위해 열어야 하는 문의 열쇠라고 생각한다. 주목해야 할 사실은 역사적-구조적 이질성이란 개념 자체는 유럽 혹은 미국 학자들이 프랑스 혁명이나 산업혁명에 대해 논의하는 과정에서 만든 개념이 아니라, 페루 사회학자 아니발 키하노가 분석한 것처럼, 아메리카에 대한 식민적 발견/발명/건설의 경험에서 생겨났다는 점이다.

이러한 역사적 관점의 전환은 성경의 종교적 서사와 헤겔의 세속적 서사로부터 벗어나는 것이며 또한 초기 맑스의 경전화된 '사적유물론'으로부터 근본적으로 이탈하는 것이다. 어째서 역사를 **사건들의 직선적 연쇄** 대신 **이질적인 역사적-구조적 매듭**으로 인식해야 하는가? 역사를 역사적-구조적 이질성이 전개되는 일련의 매듭으로 인식하면, 거대 서사 대신에 지역의 역사와 언어의 관점에서 사건들을 이해할 수 있기 때문이다. 그렇게 함으로써 다양한 경합적 관점과 역사적 과정을 포용하는 공간이 열리게 되고, 역사를 (진보, 행복, 부 같은) 근대성의 수사학과 (불황, 죽음, 빈곤 같은) 근대성을 **구성하는** 식민성의 논리를 통해 동시에 바라본 주어진 일련의 사건의 결과물인 역사적-구조적 이질성의 총체로 볼 수 있게 된다. 이질적인 역사적-구조적 현실은 근대성이 가난한 아이들에게 행복을 선물하는 산타클로스처럼 인류에게 행복을 가져다주는 역사적 과정이 아니며, 그 같은 행복의 꿈은 (아메리카를 정복하면서 인디언과 흑인을 대량 학살한 것처럼) 인간 생명의 막대한 희생의 대가로 성취되었으며, 근대성의 수사학을 동원해 역사란 직선적 과정이며 지금 주어진 목표는 신자유주의라는 생각을 계속해서 설득하고 강요하는 한 ('계산 착오'로 벌어진 이라크 전쟁에서 스러진 무고한 생명들처럼) 앞으로도 상황은 변화하지 않을 것이라는 사실을 강조한다.

오늘날, 아시아와 아프리카처럼 아메리카라는 '개념'도 신자유주의 세계화를 통해 변환되고 있지만 '라틴'아메리카는 여전히 천연자원과 노동력이 착취당하는 땅이다. 식민적 권력 매트릭스는 지속적으로 재배치되고 있으며, (영토만이 아니라) 공간의 전유와 지배는 1990년대 초반부터 시작된 새로운 형태의 식민주의의 핵심이다. 공간의 지배는 지적 원천의 지배를 포함하는데, 오늘날의 자본주의의 성장은 지식의 전유를 통해서 이루어지기 때문이다. 예를 들어, 가령 아마존이나 인도의 숲에 거주하는 주민들이 대대로 축적해서 소유한 지식에 대해 모든 가능한 형태의 특허를 등록함으로써, 지식 분야의 '전문가'들은 전쟁터의 병사들과 동일한 역할을 한다. (식민적 권력 매트릭스의 두 영역인) 토지의 전유와 지식의 전유를 통해 이루어지는 공간 통제는 특정인들의 자본축적을 유지시키는 수단이며 나머지 사람들의 주변부성과 비인간화를 가중시킨다. 아프리카와 (남아시아, 중앙아시아, 중동을 포함한) 아시아 지역과 더불어 '라틴'아메리카는 근대성의 화려한 수사학으로 치장한 제국 팽창의 촉수가 끊임없이 뻗어나가는 지역이다. 토니 블레어 수상은 이라크 침공 이전에, 도중에, 그리고 이후에 전 세계를 향해 근대성의 화려한 수사학의 백미를 선보인 바 있다. 위에서 언급한 지역들은 인간 생명이 점점 더 소모품이 되는 현실을 보여 주고 있다. 그 지역의 사람들은 '나머지' 사람들이며, 신자유주의 경제가 그들을 주체로 여기지 않는 것은 신자유주의 경제가 지구상의 점점 더 많은 사람들을 소모품으로 만들어야만 생존할 수 있기 때문이다.

    오늘날 아메리카는 두 개로 분리되었다. 하나는 신자유주의를 섬기는 신전인 반면에, 다른 하나는 토지, 천연자원, 값싼 노동력을 제공하는 지역이며, 동시에 신자유주의에 저항하는 국가들과 수많은 사회운동이 일어나는 지역이기도 하다. 이제 식민성의 관점에서 바라본 근대성의 맥락에서 '라틴'아메리카라는 개념이 어떻게 등장했고 형성되었는지 살펴보기로 하자. 그리고 한 걸음 더 나아가 3장에서는 식민성의 결과와 아메리카와 '라틴'아메리카라는 개념에 대해 반론을 제기하고 변환을 추구하는 사회적 행위자들의 등장을 살펴보려고 한다.

2

라틴
아메리카와

근대/식민
세계의

첫번째
재편

2장 라틴아메리카와 근대/식민 세계의 첫번째 재편

나는 본질이 제거돼 버린 사회에 대해서, 짓밟힌 문화에 대해서, 허약해진 제도에 대해서, 몰수당한 토지에 대해서, 파괴된 종교에 대해서, 찢긴 위대한 예술적 창조물에 대해서, 난폭하게 지워져 버린 특별한 **가능성**에 대해서 말하고 있다. …… 나는 신들과 토지와 관습과 삶을 빼앗겨 버린, 생명과 춤과 지혜를 빼앗겨 버린 수많은 이들에 대해서 말하고 있다. 나는 악의적 의도에 의해 공포에 떨고 있는 이들에 대해서, 열등감을 느끼도록 설득당한 이들에 대해서, 두려움에 떨도록, 무릎을 꿇도록, 절망하도록, 그리고 하인처럼 행동하도록 교육받은 이들에 대해서 말하고 있다. …… 나는 파괴된 자연 **경제**(조화롭고 자생력 있는 **경제**), 즉 원주민들의 필요에 적합한 경제에 대해서, 파괴된 수확물에 대해서, 벗어날 수 없는 영양실조에 대해서, 순전히 식민지 본국만을 위한 농업 발전에 대해서, 재화와 원료의 약탈에 대해서 말하고 있다.

— 에메 세제르(Aimé Césaire), 『식민주의에 대한 담론』(*Discours sur le colonialisme*), 1955

서구 사유의 '핵심'은 '직선적 시간성'을 토대로 하는 이성이다. 소크라테스에서 칸트까지, 그리고 헤겔에서 맑스에 이르기까지 서구 이성은 직선으로 나아간다. 서구는 이러한 이성을 중심으로 세워진다. 그리고 이렇게 해서 원자폭탄을 만들어 냈다. …… 신세계의 사유는 '인류를 말살하는 이성'이 아니고 '우주적 이성' 혹은 생명을 살리는 이성이다. …… 신세계의 사유는 마야-잉카의 사유, 즉 원주민의 사유이다.
— 파우스토 레이나가(Fausto Reinaga), 『인디아 아메리카와 서구』(La América India y Occidente), 1974

되돌아갈 수 없는 지점: 파차쿠티에서 혁명으로

1776~1830년 사이에 대서양 세계에서는 세계 역사의 방향을 결정할 전례 없는 일련의 사건들이 발생했다. 내가 '전례 없는'이라고 표현한 것은 16세기 이전에는 그러한 사건에 영향을 받을 만한 근대적/식민적 구조가 존재하지 않았기 때문이다. 60년이 채 안 되는 기간 동안 '독립혁명들'이 가져온 변화는 그 당시에는 알아차릴 수 없는 혁명, 즉 케추아 원주민과 아이마라 원주민이 파차쿠티(Pachakuti)라고 부르는 격렬한 전도(顚倒)였다.

파차쿠티라는 개념은 1장에서 언급한 바 있다. 여기서 다시 파차쿠티라는 개념으로 돌아가자. 그리고 오랫동안 부정해 온 파차쿠티라는 유령의 그림자를 통해 라틴아메리카로 들어가 보자. 1장에서 지적했던 것처럼, 파차(pacha)의 여러 가지 의미 중의 하나는 (가이아 이론의 가이아 Gaia가 의미하는 것처럼) '어머니 대지'의 의미와 유사하다. 그러나 세계라는 개념이 (유럽어에서의 '자연'이자 생명의 원천으로 이해되는) '대지'를 모든 유기체와 연결하는 실마리가 '생명'이라는 전제 위에 성립하기 때문에, 파차는 '세계'를 뜻하기도 한다. 쿠티(kuti)는 안정된 질서에 극적이고 갑작스럽게 발생하는 변화를 가리키는데, 마치 달리던 자동차가 균형을 잃고 몇 바퀴를 구르다가 뒤집혀서 멈추는 경우와 같다. 그것은 스페인 사람들이 아메리카를 정복하고 원주민들의 삶과 사회조직을 자기들 방식대로 바꾸어 버렸을 때 원주민들이 경험했고, 오늘날까지도 계속해서 경험하고 있는 과정으로, 원주민들은 이 과정을 파차쿠티라고 불렀다.

지금까지 아메리카의 정복과 식민화는 '혁명'으로 생각되지 않았다. 유럽의 관점에서 볼 때, 그 과정은 단지 그 뒤를 잇는 혁명의 '토대'일 뿐이었다. 그러나 정복자 프란시스코 피사로(Francisco Pizarro)가 도착한 뒤에 타완틴수유 원주민들의 입장에서 보면, 혹은 에르난 코르테스(Hernán Cortés)가 도착했을 때 (오늘날의 멕시코시티에 해당하는) 세메나우악(Cemenahuac)에 거주했던 사람들의 입장에서 보면, 혹은 콜럼버스가 첫발을 내딛었던 카리브 해의 섬에 살았던 타이노(Taíno) 원주민들의 입장에서 보면, 정복과 식민화의 과정은 일단의 낯선 자들이 도착해서 대지에 발을 딛자마자 원주민들을 죽이고, 겁탈하고, 착취하는 과정이며, 엄청난 파괴와 이전에 존재했던 삶의 방식을 통째로 바꿔 놓는 혁명으로 인식되는 경험이다. 이렇게 스페인의 군주들, 부르주아들, 상인들이 자신들의 예정된 운명을 완수하도록 해준 혁명의 '토대'가 타완틴수유와 아나우악의 원주민들에게는 파차쿠티 — 난폭한 침략, 잔인한 파괴, 대륙에 존재했던 삶의 방식에 대한 무시, 한마디로 모든 실존적 차원의 전복이며 **근대/식민 세계의 상처가 새겨지는 순간** — 였다. 아메리카 대륙의 원주민들은 끊임없이 그 상처와 싸워 왔고, 그 상처는 오늘날 그들에게 자신들의 현존을 일깨워 주고 있다.

(특정한 시공간에서 연대기적으로 발생하는 사건들에 대한 공식적이고 정전적인 기록인) 역사는 유럽의 역사와 식민지의 역사가 마치 별개의 실

체인 것처럼, 유럽은 항상 앞서 가고 식민지는 그 뒤를 쫓아가는 것처럼 기술하고 있다. 독일에서 마치 자기 귀로 들은 것처럼 보편사를 서술했던 헤겔과는 달리 과거의 식민지의 관점에서 말하는 우리는, 비록 필연적으로 동일한 장소에서 일어나지는 않았지만, 권력의 차이가 만든 구조에 의해 서로 연관 관계를 맺으면서 동시에 발생하는 사건들을 본다. 1장에서 이미 살펴본 것처럼, '권력의 차이'는 부의 축적이자 목숨을 건 전쟁 기술이며 삶, 경제, 인간 존재와 노동의 개념에 대한 규정도 포함한다. (헤겔을 무시할 수 없는 것도 사실이지만) 헤겔과 논쟁을 벌일 시간도 없다. 지금은 소련의 붕괴가 역사의 종말이라고 믿었던 때와는 다른 양상이 펼쳐지고 있다.

근대성의 상상력이 미치는 범위 안에서 생각해 볼 때, 역사의 직선적 발전 과정에서 규모와 영향력 면에서 핵심적인 사건들을 중요한 순서대로 배치한다면, 명예혁명이 맨 앞이고 그 다음이 프랑스 혁명일 것이다. 그 다음은 미국의 독립혁명, 스페인과 포르투갈 식민지의 독립혁명, 그리고 마지막으로 아이티 혁명이 될 것이다(마지막 두 혁명은 시간적으로 뒤에 올 뿐만 아니라 역사의 기관차를 뒤쫓아 가는 혁명일 뿐이지만). 그럼에도 불구하고 식민적/제국적 확장에 의해, 근대성의 수사학에 의해, 그리고 식민적/제국적 확장이 정당한 것으로 인식되는 식민성의 논리에 의해 동시에 형성된 매듭에서 역사적 사건들 사이에 우선권은 존재하지 않는다. 왜냐하면 모든 역사적 사건은 제국의 중심부와 주변부의 식민지를 연결시키는 역사적-구조적 이질성에서 동일한 규모와 영향력을 행사하기 때문이다. 무엇보다도, 제국의 중심부는 식민지 없이 존재할 수 없다. 근대성과 제국의 관점에서 이해한다면, 즉 직선적이고 진보적이며 제한적이고 유럽 중심적인 역사 서술의 부분으로 이해한다면, 프랑스 혁명은 유럽 역사의 내적 현상으로 이해할 수 있다. 그렇지만 어떻게 식민지의 플랜테이션 덕분에 영국과 프랑스가 부를 축적할 수 있었다는 사실과 별개로 명예혁명과 프랑스 혁명을 생각할 수 있단 말인가? 명예혁명과 프랑스 혁명이 식민지에 '의존했다'는 것은 명백한 사실이다.

(식민지 본국의 역사가들이 서술하듯이) 식민지 본국에 대한 이야기와 식민지에서 벌어진 식민의 역사를 별개로 보지 않고, 역사적 사건이 식민지 본국과 식민지에서 동시에 일어난 것으로 이해하면, 사건의 양면 사이에 존재하는, 더 나아가 근대성/식민성의 양면 사이에 존재하는 (시간이 공간화됐다기보다는 공간이 시간화된) 이질적인 역사적-구조적 연관 관계를 발견할 수 있다. 사실상, 식민지가 독립할 수 있었던 것은 유럽의 경제와 정치에 구조적인 변화가 발생했기 때문이다. 1776~1830년 사이에 스페인, 포르투갈, 영국, 프랑스의 아메리카 대륙 식민지에서 일어난 독립 '혁명들'은 개별적 상황을 넘어서서 대서양 세계의 사회경제적 구조에 발생한 변화의 관점에서 보아야 하고, 유럽의 혁명들과 연관 지어 생각하되 유럽의 혁명들과는 구별해야 한다. 예를 들어 명예혁명은 독점적 중상주의에 대해 자유무역이 승리를 거둔 사건이었다. 에릭 윌리엄스(Eric Williams)는 카리브 세계의 관점에서 명예혁명을 다음과 같이 설명한다.

> 1688년 명예혁명과 스튜어트 왕조의 추방이 가져온 중대한 결과 중의 하나는 자유무역의 원리가 추진력을 갖게 되었다는 것이다. 1698년에 왕립아프리카회사(Royal African Company)는 독점권을 상실했고, 노예 거래가 영국인들의 기본적이고 천부적인 권리임이 인정되었다. 같은 해에 런던의 모험상인조합(Merchant Adventurers)이 가지고 있던 섬유 독점권이 폐지되었고, 1년 후에는 모스크바 회사(Muscovy Company)

가 해체되면서 러시아와의 교역이 자유화되었다. 노예와 다른 종류의 상품 거래가 자유화되면서 한 가지가 달라졌는데 인간이 거래될 수 있는 상품이 되었다는 것이다.[1]

물론 인간의 생명을 상품으로 만든 책임이 영국 정부와 상인들에게만 있는 것은 아니다. 정도의 차이만 있었을 뿐, 그 당시 스페인 사람들, 포르투갈 사람들, 프랑스 사람들, 네덜란드 사람들도 마찬가지로 행동했다. 사실상 16세기부터 21세기가 시작된 오늘날까지 대서양 경제는 자본 축적에 도움이 되지 않는 것들을 점차적으로 평가절하하는 방식으로 발전해 왔다. 군사적 방어와 정치제도들은 인간의 생명이 세계 경영 구상을 위해서 희생될 수 있다는 전제 위에 성립되었다. 스페인과 포르투갈이 탐욕스럽게 아메리카 대륙을 착취했던 것처럼 영국과 프랑스는 카리브 지역을 착취했다. 스페인의 부패에 관한 '흑색선전'(Black Legend)[2]은 스페인 왕국을 악마로 몰아붙임으로써 17세기 대서양 경제를 장악하기 위해 영국이 사용한 전략이었으며, '신세계'의 (학문과 기술을 포함한 지식의 축적과 통제라는 의미의) 경제적·정치적·지적 부(富)를 차지하기 위해 유럽 국가들이 벌인 투쟁의 일부였다. 18세기 내내 지속되었고 '라틴'아메리카라는 개념을 만들어 낸 **제국적 차이**가 여기서 유래한다.

---

1) Eric Williams, *Slavery and Capitalism*, Chapel Hill, NC: University of North Carolina Press, 1944, p.32.
2) 16세기 이래 영국을 중심으로 한 북유럽 국가들은 스페인의 아메리카 정복을 잔혹한 학살과 수탈의 역사로 그려 낸 소위 '흑색선전'을 유포시켰다. 특히 네덜란드의 판화가 드 브리(Theodor de Bry)의 「아메리카」는 '식인종 원주민과 학살자 스페인'의 이미지를 굳히는 데 크게 기여했다. ─ 옮긴이

영국의 명예혁명으로 경제와 금융 분야에서 변화를 겪었던 서유럽에 프랑스 혁명으로 정치와 법률 분야에서 또다시 근본적인 변화가 발생했다. 프랑스 혁명은 시민과 개인의 권리 개념을 크게 변화시켰을 뿐만 아니라, 아메리카 대륙의 독립혁명에 많은 영향을 끼친 개인과 집단의 독립, 자율성, 해방, 자유 같은 사상의 틀을 마련했다. 계몽운동을 해방으로 해석한 칸트 철학은 아메리카에 큰 영향을 주었던 사상들 중의 하나였다. 「계몽이란 무엇인가?」라는 글에서 칸트는 다음과 같이 설명한다.

계몽은 인간이 스스로 초래한 미성년 상태에서 벗어나는 것이다. 미성년 상태는 다른 사람의 도움 없이는 자신의 오성을 사용하지 못하는 것이다. 그 원인이 오성의 결여 때문이 아니라 다른 사람의 가르침 없이 자신의 오성을 사용하려는 결단과 용기의 결여에 있다면 이 미성년 상태는 스스로 책임져야 하는 것이다. 따라서 과감히 알려고 하라(사페레 아우데Sapere aude)! 너 자신의 오성을 사용하려는 용기를 가져라! 이것이 계몽의 표어다.[3]

칸트의 말은 오늘날까지도 자유와 민주주의 그리고 '자유' 시장의 의미에서 대해서 나누는 일상적 대화에서 흔히 들을 수 있다. 칸트의 주장은 근대성의 수사학을 구성하는 근본 요소가 되었지만 주장의 내재적 모

---

3) Immanuel Kant, "Beantwortung der Frage: Was ist Aufklärung?" [1784], in ed. Peter Gay, *The Enlightment: A Comprehensive Anthology*, New York: Simon & Schusters, 1954, p.384[「계몽이란 무엇인가에 대한 답변」, 『칸트의 역사철학』, 이한구 옮김, 서광사, 2009]. 에두아르도 멘디에타(Eduardo Mendieta)에 따르면 칸트가 사용한 용어 'Unmudigkeit'의 올바른 스페인어 번역은 "스스로 부과한 성숙"(madurez autoimpuesta)이다.

순에 대한 비판이 빠져 있다. 즉 칸트의 권고를 극단까지 밀고 나가면 '다른 사람의 길잡이 없이 오성을 사용하는 것'과 칸트 자신의 말을 '길잡이로 받아들이는 것'이 모순 관계에 놓이게 된다. 달리 말하면, 다른 사람의 가르침 없이 오성을 사용하는 것은 칸트의 가르침을 받아들이는 것을 암시한다. 따라서 지식을 탈식민화하는 것은 칸트의 주장을 **받아들이는** 동시에 **비판하는** 것이며, 여기서 중요한 것은 **지식의 탈식민화로서의 비판적 경계 사유(critical border thinking)**이다.

(아이티 혁명 6년 후인) 1810년부터 남아메리카가 스페인과 포르투갈로부터 독립하기 위한 전쟁이 확산되면서 프랑스에서 수입된 공화국 사상이 유럽계 크리올, 그리고 아이티와 나중에 도미니카 공화국이 될 지역에 거주하는 아프리카계 크리올의 몸과 마음을 빼앗았다. 그러나 아프리카계 크리올은 또 다른 짐을 짊어지고 있었다. 스페인과 포르투갈의 후손들이 독립의 권리를 어느 정도 '인정'받는 것은 훨씬 용이했다. 그러나 당시에 흑인들이 자신들의 운명을 결정할 수 있는 권리가 있다는 것을 인정하는 것은 쉽지 않았다. 흑인과 물라토, 노예와 해방된 노예의 자유는 백인에게 '승인받아야만' 했다. 따라서 칸트의 언명은 단지 선택적으로만 적용될 뿐이다. 그럼에도 불구하고, 아메리카 독립혁명은 자유를 위해 투쟁하는 흑인들에게는 칸트가 필요 없다는 것을 보여 주었다. 사실 칸트의 사상에 기대는 것은 자신들의 창조성과 독자성을 유럽의 백인 철학자의 권위에 의지하는 것이기 때문에 아이티 사람들에게는 좋을 것이 없었다.

해방은 새롭게 등장한 사회계급인 부르주아에게 해당되었다. 부르주아는 대부분 백인이었으며 기독교의 우주관과 르네상스 시기 대학의 교과목을 교육받았고, 대학이 곧바로 계몽 시기 대학으로 바뀌면서 칸트와 훔볼트를 중심으로 한 계몽주의 사상을 교육받았다. (특히 영국이나 독일보다 정교 분리가 더 뚜렷했던 프랑스에서) 군주제와 교회라는 이중의 멍에에서 벗어나 경제적·정치적 자유를 얻은 세속적 부르주아와 부르주아 지식인들이 이번에는 세계의 다른 지역에 거주하는 비유럽인들을 해방시킬 권리를 손아귀에 쥐게 된 것이 계몽의 '해방'이 가져온 결과들 중의 하나였다. 일반적으로 부르주아 노선은, 직접적이거나 간접적으로, 식민주의와 제국주의라는 두 가지 형태를 취했다. '라틴성' 혹은 '라틴아메리카'라는 개념의 등장은 자본주의 경제와 비유럽 세계를 해방시키려는 욕망을 바탕으로 성장한 유럽 제국주의의 역사와 연관 지어 이해해야 한다.

라틴성: '식민지 크리올 바로크 에토스'에서 '국민적 크리올 라틴아메리카 에토스'로

라틴아메리카는 두 부분이 하이픈(-)으로 연결된 복합적 개념이지만, 하이픈은 아대륙의 본체론이라는 마술적 효과 뒤에 숨겨져 있다. 19세기 중반까지는 하나였던 아메리카 개념은 당시 생겨나기 시작한 국민국가들에 의해서가 아니라 서반구의 상이한 제국의 역사에 따라 두 개의 아메리카로 분리되기 시작했는데, 그 결과 북쪽에는 앵글로아메리카가, 남쪽에는 라틴아메리카가 자리 잡게 되었다. 당시의 라틴아메리카는 아메리카 남쪽에 남부-가톨릭-라틴 유럽의 '문명'을 복원하고, 동시에 식민 초기의 원주민과 흑인이 존재하지 않는다는 것을 표명하려는 의도에서 선택된 이름이었다. 독립 이후의 라틴아메리카 역사는 지역의 엘리트들이 자발적이든 비자발적이든 다양한 방식으로 근대성과 하나가 되려고 시도하는 동안 원주민·흑인·메스티소는 더 가난해지고 더 주변화된 역사이다. 라틴아메리카는 근대성에 편입된 것을 기념하기 위해 크리올 엘리트들이 선택한 개념이지만, 실제로는 점점 더 식민성의 논리에 빠져들었다.

19세기 후반에 탄생한 '라틴'아메리카 개념은 프랑스에서 발전된 '라틴성' 개념에 의존했다. 라틴성이라는 용어는 과거 스페인과 포르투갈의 식민지였던 지역의 정체성이 (유럽인과 아메리카인 모두에게) 새롭게 등장한 근대/식민 세계질서 안에 자리 잡고 있다는 것을 표명하는 이데올로기였다. 처음 등장했을 때 라틴성 개념은 유럽의 제국적 갈등 안에서 특수한 목적을 가지고 있었고, 제국적 차이를 새롭게 규정하는 역할을 담당했다. 16세기에 라스 카사스(Bartolomé de las Casas)는 제국적 차이를 통해 기독교와 오스만터키 제국의 차이를 구별했다. 19세기에 그러한 차이는 북쪽으로 이동하여 기독교를 믿는 자본주의 국가들을 구분하는 데 이용되었다. 과거 스페인과 포르투갈 식민지에서 라틴아메리카라는 개념은 제국 사이의 갈등 때문에 생겨났다. 프랑스는 남아메리카를 문명화하는 임무를 정당화하고 미국에 맞서 이 지역에 영향력을 강화하기 위해 라틴아메리카라는 이름이 필요했다. 종교개혁에 참여한 국가라는 점에서 프랑스는 영국, 독일과 동일한 그룹이었다. 그럼에도 불구하고 우세한 것은 라틴어였고, 이 때문에 역사적으로 앵글로색슨 세계와 대립했다.

19세기 말에 프랑스는 인도와 아프리카의 일부를 식민화하고 남아메리카의 상품과 금융 시장의 지배를 강화하는 과정에 있던 영국과 충돌했다. 영국이 경쟁력을 위해 개입한 증거는 몇몇 라틴아메리카 국가에 영국이 건설한 철도망이 지금도 남아 있다는 사실에서 찾아볼 수 있다. 그 당시 프랑스가 취했던 공식적인 입장은 지금도 바뀌지 않았고, 그것은 오늘날의 유럽연합과 유럽의회 내의 갈등·긴장·공모에서 드러난다. 프랑스의 지식인과 관리는 아메리카에 이해관계가 있는 라틴 국가들(이탈리아, 스페인, 포르투갈, 프랑스) 사이에서 주도권을 잡고 (나폴레옹 통치기에 루이지애나를 매입하고 멕시코로부터 광대한 영토를 전유한 사실에서 명백히 드러난) 미국의 계속적인 팽창에 맞서기 위해 '라틴성'이라는 개념을 이용했다. 남아메리카와 스페인어를 사용하는 카리브 도서 지역에서 백인과 메스티소 크리올 엘리트들은 포스트식민적(postcolonial) 정체성을 창조하기 위해 독립 이후 '라틴성'을 채택했다. 내가 주장하는 것은 라틴아메리카가 아대륙이 아니라 크리올-메스티소 엘리트들의 정치적 기획이라는 점이다. 그럼에도 불구하고 이름은 양날의 칼로 변했다. 한편으로, 라틴아메리카라는 이름은 대륙에 새로운 단일성의 개념 — 16세기에 통용되었던 사각형에 첨가된 다섯번째 변 — 을 부여했다. 다른 한편으로, 유럽 혈통의 주민이 지배계급이 되었고 원주민과 아프리카 흑인은 지워져 버렸다. 따라서 **라틴**아메리카라는 독립적 실체가 먼저 존재했고, 다음에 근대성이 도착하고 정체성에 대한 물음이 등장한 것이 아니었다. 이와는 정반대로, **라틴**아메리카는 유럽의 해방과 아메리카 대륙의 탈식민화라는 이중의 과정에서 유발된 근대/식민 세계가 재배치된 결과이다.

19세기 콜롬비아 지식인인 호세 마리아 토레스 카이세도(José María Torres Caicedo)는 라틴아메리카라는 개념을 정당화하고 전파시킨 핵심 인물이었다. 카이세도의 말을 인용하면 "앵글로색슨 아메리카, 덴마크 아메리카, 네덜란드 아메리카가 연속적으로 존재한다. 마찬가지로 스페인 아메리카, 프랑스 아메리카, 포르투갈 아메리카도 존재하는데, 이들에게 적용될 수 있는 과학적 명칭은 '라틴'이다."[4] 열렬한 친(親)프랑스파였

---

4) Arturo Ardao, *Génesis de la idea y el nombre de América Latina*, Caracas: Coedición Centro de Estudios Latinoamericanos Rómulo Gallegos, 1980, p.19.

던 토레스 카이세도는 프랑스에서 오랫동안 살았고 프랑스 권력층과 우호적인 관계를 유지했다. '라틴아메리카'가 제일 먼저 그의 머릿속에 떠오른 이름들 중의 하나이기는 했지만, 그 이름을 선택한 것은 그 이유 때문만은 아니었다. 그는 공통된 지정학적 입장을 내세워 프랑스의 제국적 이해관계를 옹호했다. 물론 카이세도가 그 시기의 사유 전체를 '대표'하지는 않지만, 프랑스가 그때까지도 여전히 정치와 문예의 이상을 '대표'한다고 생각하는 인텔리겐치아 집단을 '대표'하는 것은 확실하다. '라틴성'은 스페인 정부와 포르투갈 정부, 그리고 이베리아 반도에 등을 돌리고 프랑스를 선망했던 교육받은 아메리카 시민사회를 지칭하게 되었다. 존 로크, 데이비드 흄, 토머스 홉스와 그 밖의 영국 사상가들이 미국의 정치문화와 관계있는 것처럼, 루소, 볼테르, 몽테스키외는 라틴아메리카의 정치문화와 관련이 있다.

    스페인으로부터 독립하면서 많은 국민국가가 등장하기 시작한 19세기 전반에 우세했던 개념은 '라틴'아메리카가 아니라 '스페인' 아메리카였다. 만일 '라틴성'이 단지 프랑스가 생각하고 실행한 세계 경영 구상일 뿐이라면, 시몬 볼리바르(Simón Bolívar)의 '스페인아메리카국가연방'(Confederación de Naciones Hispanoamericanos)을 밀어내고 그 자리를 차지할 수 있었을까? 몇 년 전에 우루과이 출신의 명망 있는 지식인인 아르투로 아르다오(Arturo Ardao)는 라틴아메리카라는 개념이 프랑스, 스페인, 스페인계 아메리카 지식인들이 삼각 편대를 이루어 공모한 결과로 구체화되었다는 그럴듯한 해석을 내놓았다. 아르다오의 의견에 따르면, 18세기에 스페인이 근대로 향하는 열차에 올라타지 못하고 프랑스가 스페인 지식인들이 추종하는 모델이 된 이후에, 프랑스의 후원을 받은 크리올 엘리트들이 주도적으로 라틴아메리카라는 개념을 등장시켰다는 것이다.[5] 많은 것을 시사하는 아르다오의 견해에서 깊이 있게 분석되지 않은 점은 독립 이후에 스페인 혈통의 크리올에게 통합의 구심점을 제공한 라틴아메리카 정체성의 주체적 토대가 이미 17세기 말 식민지에서 형성되고 있었다는 사실이다. 17세기 말 스페인 통치하의 식민지는 **식민지** 바로크 시기였고, 스페인, 이탈리아, 프랑스 혹은 독일의 **대륙** 바로크와는 매우 달랐다. 스페인아메리카국가연방이 정치적이고 행정적인 동일성이었다면, 라틴아메리카는 코드가 달랐다. 라틴아메리카라는 코드는 주체성에 호소했고 새롭게 등장하는 크리올 엘리트의 **에토스**가 되었다. 이렇게 해서 식민지 **바로크 에토스**는 국민적 **라틴아메리카 에토스**로 바뀌었다.

유럽의 예술사와 사상사에서 바로크 시기는 르네상스와 계몽주의를 잇는 17세기 황금세기이다. 회화에서의 형식적 대칭과 문학에서의 인본주의가 르네상스의 특징이고, 세속주의, 이성 숭배, 새로운 사회계급과 새로운 통치형태인 국민국가의 등장, 자유무역, 중상주의의 극복과 관련된 정치경제를 계몽주의의 주된 특징으로 들 수 있다면, 바로크의 특징은 넘쳐 흐름(exuberance)이다. 사상사에서 바로크는 교회와 신뿐만 아니라 그리스와 로마의 고전 작가들의 정통성과 비교하여 자율적인 주체가 강화된 시기이다. 그러한 시대적 토양에서 바로크는 '고요'의 시기였고, 뒤이어 '혁명의 폭풍'이 밀려왔으며, 앞서 인용한 칸트의 저술에서 나타난 해방의 요구가 이어졌다. 스페인 바로크 문학의 대표적 작품 중 하나가 세르반테스의 『돈키호테』이다. 『돈키호테』의 서문에서는 과거의 권위에

---

5) Arturo Ardao, *Génesis de la idea y el nombre de América Latina* 참조. 같은 저자의 다음 책도 참조하라. *América Latina y la latinidad. 500 años después*, México: UNAM, Centro Coordinador y Difusor de Estudios Latinoamericanos, 1993.

대해 의문이 제기되고, 2부에서는 작중 인물인 돈키호테가 1부에서 펼쳐진 자신의 모험을 읽는 장면을 통해 작가의 권위에 대해 의문을 제기한다. 미셸 푸코가 잘 지적했듯이, 거울 효과는 서구 사상사와 문화사에서 말과 사물(지시체)의 관계에 의문을 제기하는 인식론적 단절을 보여 준다. 바로크는 근대성의 '탄생'으로 이어진다고 말하는 사람들도 있다. 17세기에 유럽 경제는 — 특히 스페인, 포르투갈, 프랑스, 영국에서 — 식민지(스페인과 포르투갈의 식민지였던 '서인도'Indias Occidentales, 영국의 식민지였던 '서인도'West Indies, 프랑스의 식민지였던 '앤틸리스 제도' Antilles)에서 유입된 부 덕분에 엄청난 풍요로움을 누렸다. 유럽과 그 식민지의 예술과 사상의 찬란함은 식민지의 금광과 은광, 사탕수수·커피·담배·면화 플랜테이션, 빼앗은 토지, 원주민과 흑인으로부터 착취한 노동력이 가져다준 경제적 발전과 밀접한 관계가 있다. 16세기에 신대륙의 발견으로 제국의 힘을 가졌던 나라는 스페인과 포르투갈뿐이었고, 부의 대부분이 귀금속의 채굴에서 얻어진 것이었다면, 17세기에는 노예무역과 카리브 지역의 플랜테이션 농업이 성장했으며, 대서양으로 진출한 유럽의 국가들은 식민지의 값싼 노동력으로부터 엄청난 혜택을 누렸다.

식민지에도 바로크 운동이 있었는데, 특히 멕시코와 페루의 부왕령(副王領, virreinato)에서 활발했다. 바로크 건축은 과테말라, 에콰도르의 키토, 그리고 브라질의 사우바도르 데 바이아와 오루프레투(Ouro Preto)에서 발견된다. 얼핏 보면 **식민지** 바로크는 스페인의 **대륙** 바로크의 일반적인 경향을 모방한 것처럼 보인다. 그러나 식민지에는 '두 개의 바로크'가 있었다. 첫번째 바로크는 국가적 판본으로, 식민지로 이주해서 식민지 경제에서 산출되는 부를 향유했던 스페인과 포르투갈의 권력 엘리트들이 '이식'(transplantation)한 바로크였다. 국가적 판본의 바로크는 이베리아 반도의 권력 엘리트의 소비 양식과 동일했다. 17세기 중반경에 식민지에는 다양한 인종이 거주하는 중요한 도시들이 만들어졌다. 테노치티틀란의 폐허 위에 멕시코시티가 건설되었고, 페루에서는 잉카 제국의 건물의 토대 위에 쿠스코가 세워졌다. 그러나 본국의 권력 엘리트와 식민지 관료들의 통제를 넘어선 공간, 즉 거리와 광장, 시장, (수도원, 신학교, 리마와 멕시코시티의 대학 같은) 지식 생산의 중심을 벗어난 주변에서는 다른 것들이 싹트고 있었다. 거기에는 원주민, 메스티소, 흑인, 물라토, 그리고 권력의 주변으로 밀려난 크리올이 함께 거주했다(136쪽 그림을 볼 것). 식민지 바로크는 사회적이고 경제적으로 권력에서 밀려난 스페인 혈통 크리올의 반항과 저항의 표현이기도 했다. 즉 식민지 바로크는 식민적 상처의 아픔을 느끼는 백인 크리올의 절규였다.[6]

이렇게 볼 때, 두 개의 식민지 바로크 — 국가적 바로크와 시민사회의 바로크 — 는 유럽의 바로크와 똑같이 취급될 수 없다. 식민지 바로크는 아메리카로 이주한 스페인 권력층 엘리트와 권력에서 소외된 식민지 크리올 간의 **식민적 차이**에서 생겨났다. 본국에서 온 스페인 엘리트에게 바로크는 모방[흉내 내기]이었고, 식민지의 백인 크리올과 메스티소에게는 분노의 표현이면서 탈식민의 충동이었다. 엄밀히 말해서 식민지 바로크는 '다른 바로크'였다. 즉 근대/식민 세계의 복합 구조가 만들어 낸 역

---

6) 스페인 식민지에서의 크리올 의식의 등장에 대해서는 다음 책을 참조하라. Sam Cogdell, "Criollos, gachupines, y 'plebe tan en extremo plebe': retórica e ideología criollas en Alboroto y motín de México de Sigüenza y Góngora", in ed. Mabel Moraña, *Relecturas del barroco de Indias*, Hannover: Ediciones del Norte, 1994, pp.245~280. 포르투갈 식민지의 크리올 의식에 대해서는 다음 책을 참조하라. Lucía Helena Costigan, "La cultura barroca y el nacimiento de la a conciencia criolla en el Brasil", in ed. Mabel Moraña, *Relecturas del barroco de Indias*, pp.303~324.

사적이고 구조적으로 이질적인 상황의 표현이었다. 17세기 초 원주민 엘리트의 저항이 최종적으로 패배로 끝난 이후에,[7] 신흥 크리올 집단은 식민적 상처를 느꼈고 경제적·정치적·사회적·인종적 차원의 식민적 차이에 맞선 투쟁을 벌였다. 물론 언제나 그렇듯이 권력을 차지한 본국의 엘리트들 사이에서 그들의 문화를 받아들이고 인정받기 위해 무엇이든 하려는 크리올들이 있었다. 동화는 식민적 차이에 대한 여러 가지 반응 중의 하나였고 지금도 여전히 그렇다. 식민지 주민은 본국 출신이 아니며, 본국 출신처럼 되는 방법을 찾기 때문이다. '식민적 상처'에 대한 또 다른 반응은 거역이다. 동화는 식민적 상처를 억제하는 반면에, 거역은 반란의 출발점이며 사유의 방식을 바꾸는 출발점이기도 하다. '식민지 바로크'는 식민적 상처와 차이가 철학적이고 예술적인 분노의 표현으로 드러난 것이었다. 따라서 식민지 바로크는 크리올 비판의식의 표출이었다.

에콰도르의 철학자이자 문인인 볼리바르 에체베리아(Bolívar Echeverría)는 크리올 정체성이 스페인과 포르투갈과 연관된 것이 아니라 스페인-아메리카나 포르투갈-아메리카의 특성을 나타내고 있다는 점을 자세하게 설명했다. 에체베리아는 다음과 같이 말한다.

> 하층계급의 크리올, 원주민, 아프리카계 혼혈인들은 자신들도 모르는 사이에 베르니니(Gian Lorenzo Bernini)처럼 고전적 규범을 따라 그림을 그렸다. 다시 말해서, 하층 출신의 다양한 집단들이 **가장 생명력 있는 문명, 즉 지배 문명이었던 유럽 문명을 복구하려고 시도했다.** 그들은 유

---

[7] 수많은 예들 중의 하나가 과만 포마 데 아얄라(Guamán Poma de Ayala)의 경우이다. 이에 대해서는 3장을 보라.

럽 문명을 잠에서 깨워 원래의 생명력을 불어넣으려고 시도했다. 그렇게 했을 때, 스페인 이전 코드의 잔해를 넘어 유럽의 코드에 활력을 불어넣었을 때, 자신들이 본래의 의도와는 다른 것을 만들고 있다는 것을 깨달았다. 그들은 자신들이 하기 전에는 결코 존재하지 않았던 유럽, 다른 유럽, '라틴아메리카' 유럽을 일으켜 세우고 있다는 것을 깨달았다.[8]

이 글에서 '라틴아메리카'라는 용어를 사용한 것이 시대착오적이라는 점 이외에도(식민지에는 그런 '라틴'아메리카는 존재하지 않았다. 단지 '서인도'라는 이름으로 통합된 부왕령이 있었을 뿐이다), 실제적이고 의식적인 면에서 그 당시의 정치적 기획은 아직도 함께 살고 있었던 원주민과 흑인들을 무시했던 스페인과 포르투갈 크리올 엘리트의 손아귀에 있었다는 사실을 밝혀 둘 필요가 있다. 스페인-아메리카 전역과 어떤 면으로는 브라질까지 확장되었던 다양한 정치적 기획의 기본적인 행위자로 에체베리아가 지목했던 혼합된 사회적 하층 그룹은 백인/크리올이 확실하게 관리하고 억압할 수 있었던 인구 집단이었다. 사실 크리올의 의식은 오히려 **그들이 되려고 하는 존재가 되어서는 안 된다는 의식**, 즉 유럽인이 되어서는 안 된다는 이중적 의식이었다. 실제로 되어서는 안 되는 그 존재는 **존재의 식민성**의 표식이다. 아프리카계 크리올과 원주민은 그런 문제를 갖지 않는다. 그들이 비판하는 것은 자신들이 **인간으로** 여겨지지 않는다는 것이지, 유럽인으로 여겨지지 않는다는 것이 아니기 때문이다.

20세기 들어 미국의 영향력이 점차 강해지면서 이러한 상황은 더 복

---

8) Bolívar Echeverría, *La modernidad de lo barroco*, México: Era, 1998, p.82. 강조는 필자.

잡해진다. 3장에서 보겠지만, '라티노'가 미국화되면서 다른 문제가 불거지게 된다. 미국에 거주하는 라티노는 '미국 태생 크리올'이 되기를 원치도 않고 될 수도 없기 때문이다. 라틴아메리카의 크리올과 메스티소와 달리 그들은 유럽과 묶여 있는 고르기아스의 매듭을 끊어 버렸다. **이 점이 미국에 거주하는 라티노와 남아메리카에 거주하는 라티노의 차이이다.** 전자는 유럽 출신이고, 후자는 그렇지 않다. 미국의 라티노는 (남아메리카의) 라티노를 여전히 유럽과 묶고 있는 탯줄을 잘라 버렸다. 1970년대 이후에 '히스패닉' 혹은 '라티노'가 미국에서 소수자(즉 사회적 하층 그룹)라는 것이 인정되면서 이러한 긴장 관계가 변화되었다. **제국의 상상력 안에서** 라틴아메리카인이 이등 유럽인보다 하층계급인 것처럼 미국의 라티노는 이등 시민이다. 요약하면 19세기에 이 용어가 만들어졌을 때부터 '라틴성'은 존재를 식민화하는 이데올로기적 범주였으며, 지금 미국의 라티노는 '라틴성'을 탈식민 프로젝트로 변화시키고 있다(3장 참고).

이 문제는 여기서 접어 두고 크리올의 하위주체 정체성 형성의 문제로 돌아가자. 볼리바르 에체베리아는 책에서 어떻게 라틴아메리카라는 개념이 원주민과 흑인뿐만 아니라 유럽 사람과도 다른 크리올/메스티소 이데올로기와 주체성을 형성하게 되었는지 설명한다. 독립 이후에 자기 자신을 만들어 가야 할 입장에 놓였던 다양한 크리올/메스티소 공동체—다양한 사회계층에 속하고 젠더와 성적 취향이 다른 다양한 종파의 가톨릭교도들, 다양한 신념의 자유주의자들, 온갖 종류의 사회주의자들—는 원주민 문명도 아니고 흑인 문명도 아닌, (에체베리아의 용어를 사용하자면) '가장 생명력 있는 문명'인 유럽 문명의 복구를 통해 그 목적을 이루고자 했다. 원주민 문명은 폐허로 변했고 신대륙에 도착한 아프리카 문화는 자기 자신의 정체성을 택했다. 아프리카에 기원을 둔 종교들, 즉 브라질의 칸돔블레(Candomblé), 스페인 카리브의 산테리아(Santería), 프랑스 식민지의 부두(Voodoo), 그리고 이들보다 더 후에 영국 식민지의 라스타파리아니즘(Rastafarianism) 등은 크리올의 비판적 의식의 등장으로 비극적으로 전멸된 매우 강하고 밀도 있는 문명의 에너지를 가지고 있다.

독립운동은 크리올 바로크의 비판적 의식이 싹튼 후 150년 뒤에 일어났다. 독립이 선언되고 크리올은 식민지 스페인 엘리트의 억압에서 벗어나 권력을 잡게 되었다. 그리고 그들은 포스트식민 엘리트로 변했다. 19세기에 들어와 바로크 에토스를 성립시켰던 신학은 설 자리를 잃었고, 데카르트의 근대적 주체가 세속적 정치이론의 중심을 차지했다. 식민지 크리올 바로크 에토스가 포스트식민 크리올 라틴아메리카 에토스로 변화하는 과정에서 라틴아메리카라는 개념이 등장했다. 이 과정에서 스페인은 퇴조했고 프랑스와 영국이 포스트식민 크리올의 정신과 호주머니를 차지했다. 스페인 제국이 식민지를 관리·통제·유지했던 식민지 이데올로기가 쇠퇴하고 공화주의와 자유주의가 그 자리를 차지했다. 라틴아메리카 에토스는 신학과 종교적 정신주의의 우월성이 자아학(egology)과 세속적 물질주의로 교체되고, 바로크 에토스의 비판적이고 하위주체적인 의식이 포스트식민 크리올 엘리트의 의식으로 변화하는 과정의 산물이자 결과물이었다. 여기서 언급하는 '포스트식민'은 스페인이 지배하던 식민지 정권이 해체되고 크리올이 다스린 국민 정권으로 대체되는 기간을 가리킨다. 이러한 변화를 통해 내적 식민주의가 등장했고, 정치적·윤리적 기획인 '라틴아메리카'는 내적 식민주의의 에토스가 되었다.

크리올이 피지배 집단에서 지배 엘리트로 바뀌었을 때, 그들이 유일하게 의지할 수 있는 것은 그 시점에서 더 이상 정치적 에너지의 원천이 아니고 단지 희미한 기억으로만 남아 있던 바로크 에토스였다. 그들의 기억에 선명하게 남아 있는 것은 18세기 후반 예수회가 아메리카에서 추방되는 계기가 되었던 '신대륙에 관한 논쟁'이었다. 크리올이 껍질을 벗고 나올 수 있는 조건을 만들어 준 것이 바로크였다면, 예수회의 추방(사실상 모든 크리올의 추방)은 스페인 식민 당국뿐만 아니라 스페인 왕과 가톨릭 교회 사이에 이루어진 연합에 대한 증오를 불러일으켰다. 무장투쟁을 통해 독립을 쟁취한 이후 사회적 질서가 필요해지자 크리올 엘리트는 과거를 옷장 속에 걸어 둔 채 '국가 제도'(res publica)로서 공화제를 채택하고, 정의롭고 평화로운 사회를 만드는 데 국가의 역할을 강조하는 프랑스에서 새로운 정치적 이상(마키아벨리, 보댕, 홉스를 포함할 뿐만 아니라 플라톤까지 거슬러 올라가는 오랜 전통을 갖는 이상)을 찾았다. 또한 크리올은 로크와 명예혁명을 통해 전파되었고 국가의 관리보다 개인의 자유와 자유무역을 촉구했던 애덤 스미스의 이론을 통해 새로운 학설로 등장한 영국의 자유주의와도 상면했다.[9] 그럼에도 불구하고, 스페인과 포르투갈

---

9) 정치이론사에 익숙하지 않은 독자에게는 공화주의와 자유주의에 대한 이러한 규정이 혼란스러울 수 있다. 현대사의 경험에 비추어 볼 때, 이러한 개념들은 본래의 규정들이 가리키던 것과는 반대처럼 느껴진다. 조지 W. 부시 정권을 분석해 보면, 신자유주의는 양자의 혼합이라고 결론내릴 수 있다. 즉 신자유주의는 자유무역과 자유기업이 국가의 안전, 외교정책, 군사적인 면에서 나머지 세계를 통제하는 국가와 결합된 것이다. 그러나 여기에 첨가해야 할 요소가 있는데, 그것은 세속적 공화주의와 자유주의의 유산이 세속적 보수주의(즉 기독교의 도덕적 가치에 뿌리를 내린 이데올로기)와의 결합이다. 다시 말해, 세속적이고 애매한 담론으로 위장한 교회와 국가 간에 흥미로운 용해가 발생했는데, 국가 집중화는 강력한 자유무역 정책과 한통속을 이룬다. 이러한 복합적 상황에서 진짜 문제가 되는 것은 개인의 자유를 위한 자유주의적 지원이다. 개인의 자유는 여러 가지 국면에서 위축되고 있는데, 때로는 국가의 안전을 구실로 개인의 자유를 통제(예를 들면 인종적이고 지정학적인 면에서 이민을 통제)하기도 하고, 때로는 정권의 도덕적 가치를 내세워 개인의 자유를 통제(예를 들면 동성 간의 결혼을 금지함으로써 젠더와 성을 통제)하기도 한다.

혈통의 크리올 엘리트에게 프랑스는 영국보다 더 친근했고 공화파와 자유파를 막론하고 사상의 중심에 있는 인물은 몽테스키외였다.[10]

내가 이런 이야기를 하는 것은 두 가지 이유 때문이다. 첫째는 스페인 사람의 과거, 원주민의 과거, 흑인의 과거를 자신의 것이라고 주장할 수 없는 크리올이 독자적인 의식을 갖기 위해 역사적 토대를 세우는 투쟁을 보여 주려는 것이다. 사실상 과거와 단절하고 역사 없는 현재에 살고 있다는 공통점 때문에, 스페인과 포르투갈 혈통의 크리올은 자신들이 생각했던 것보다 훨씬 더 아프리카 흑인, 아프리카 혈통의 크리올과 가까웠다. 그러나 흑인들이 다양한 '종교'를 만들어 냈던 반면에, 백인 크리올은 스스로를 이등 시민이라고 생각하면서도 유럽 사람이라는 환상을 가지고 살았다. '바로크 에토스'와 예수회의 추방은 백인 크리올의 의식에서 사라져 가고 있었다. 19세기 중반에 이르러 새로운 시대가 밝았음을 확실하게 알려 준 것은 영국의 철도였다. 식민지 기간에 형성된 크리올 정체성은 사장되었고, 엘리트들은 공화주의와 자유주의의 기획을 받아들이고 적용하는 과정에서 스스로를 소외시켰다. 유럽의 공화주의와 자유주의는 한편으로는 개인의 자유를 제한했던 군주제, 전제 권력, 가톨릭 교회와 맞서고, 다른 한편으로는 신흥 사회경제 계급에게 엄청난 이익을 가져다주는 자유무역의 성장을 가로막는 중상주의 경제의 통제에 맞서기

---

10) 19세기 아르헨티나에 관한 훌륭한 연구로는 다음의 책을 참조하라. Natalio Botana, *La tradición republicana: Sarmiento, Alberdi y las ideas políticas de su tiempo*, Buenos Aires: Editorial Sudamericana, 1984. 좀더 광범위한 시각에서 19세기 라틴아메리카를 알려면 다음의 책을 참조하라. José Antonio Aguilar and Rafael Rojas eds., *El republicanismo en Hispanoamérica: Ensayos de historia intelectual y política*, México: Fondo de Cultura Económica, 2002.

위한 부르주아의 교리였다. 이런 조건들 중 어느 것도 스페인과 포르투갈 식민지에는 존재하지 않았다. 이런 의미에서, 크리올 엘리트는 상황을 정확히 보지 못했다. (유럽의 지식인들이 자신들을 둘러싸고 있었던 군주제, 전제 정치, 교회를 비판적으로 분석하는 데 전념했던 것과 달리) 크리올 엘리트는 식민주의에 대한 비판적 분석보다는 유럽의 지식인들을 모방하는 쪽을 택했다. 크리올 엘리트는 (영국과 프랑스와의 관계가 갈수록 더 얽혀 드는) 식민주의를 마루 밑에 감춰 놓은 채 영국과 프랑스를 모델로 받아들이면 자신들의 편협한 역사가 새로워질 수 있다고 생각했다. 공화주의적이고 자유주의적인 이념과 이상은 이처럼 라틴아메리카의 현실을 무시한 이론일 뿐이었다. 즉 식민주의를 비판하고 탈식민 기획을 실행하는 것은 공화주의적일 수도, 자유주의적일 수도 없었다. 이러한 실패는 거의 150년 동안 대륙 전체에 영향을 미쳤고 라틴아메리카 역사가 나아갈 방향성을 결정했다. 그 결과 반체제적 사회운동들, 특히 원주민과 아프리카계 주민들 — 공화주의적·자유주의적·사회주의적 사유 전통에 물들지 않은 이들 — 이 앞장선 사회운동들이 독립 이후 크리올과 라틴아메리카 사람들이 찾지 못했던 길을 찾기 시작했다.

이런 이야기를 하는 두번째 이유는, 오늘날 스페인어와 포르투갈어를 사용하는 남아메리카와 카리브 지역 국가에 근거를 둔 학자들과 지식인들, 미국 대학의 지역연구 학자들, 유럽의 '아메리카 연구자들' 모두가 공통적으로 가지고 있는 잘못된 인상 — 라틴아메리카는 이러한 모든 일들이 '일어났던' 지리적 실체라는 인상 — 을 해소하려는 것이다. 그와는 반대로, '라틴아메리카라는 개념'은 한편으로는 과거를 왜곡하고 근대/식민 기간을 주요한 국민적 역사로 규정했으며, 다른 한편으로는 그러한 개념이 만들어지고 적용된 뒤에 일어났던 역사적 사건들을 '라틴아메리카'의 일부로 포함시켰다. 이런 식으로 유럽 근대성의 지시에 따라 국민국가를 건설할 책임이 있는 크리올 엘리트는 자신의 정체성을 수정할 필요가 있었다. 앞에서 언급했던 것처럼, 나는 지금 '지역연구'의 틀 안에서 라틴아메리카에 '관해' 말하는 것이 아니라, 라틴아메리카가 어떻게 만들어졌는지에 대해서 말하고 있다. 이런 관점에서 보면, 공화주의자와 자유주의자(연방주의자와 단일정부주의자, 연방주의자와 중앙집권주의자, 보수주의자와 자유주의자 같은 많은 이름의 정당들이 있다) 사이의 논쟁은 아대륙의 정체성 탐색과 일치한다. '라틴아메리카라는 개념'은 크리올 엘리트로 하여금 스페인과 포르투갈의 과거와 멀어지게 했고, 프랑스의 이데올로기를 추종하게 했으며, 자신의 비판의식이라는 유산을 망각하게 했다. 이런 식으로 라틴아메리카 크리올은 원주민과 흑인에게 등을 돌리고 프랑스와 영국을 향해 돌아섰다.

항상 그렇듯이, 크리올 중에도 반체제 인사들이 있었다. 그 중의 한 사람이 칠레 사람 프란시스코 빌바오(Francisco Bilbao)였다. 빌바오 같은 지식인들은 공화파와 자유파가 규정한 세속 정치의 틀에 갇혀 있었다. 칼 맑스도 알려지지 않았고, 프랑스 사회주의의 창시자인 생시몽이 19세기 초에 발전시켰던 이념도 널리 알려지지 않았다. 동시대의 지식인들과 마찬가지로, 빌바오는 행동에서는 프랑스와 영국의 지식인을 필연적으로 모방하기를 원하지 않았지만, 사유에서는 그들을 모방했다. 이것이 포스트식민 학자와 지식인이 최악의 실수를 저지른 이유 중 하나였다. 다시 말해, 행동보다 사유에 중점을 두었으며, 그 결과로 국지적 역사의 맥락에서 행동과 사유를 접목시키는 데 중점을 두었다. 이것이 미국의 앵글로 크리올과 남쪽의 라틴 크리올의 두드러진 차이 중의 하나이다. 라틴 크리올이 프랑스, 독일, 영국의 (정치적·경제적·지적) 종속 관계에서 벗어나지 못한 반면에, 앵글로 크리올은 토머스 제퍼슨이 꾸며 낸 '서반구'(the Western Hemisphere) 개념을 받아들여 즉각적으로 아메리카와 유럽을 구분했다. 크리올과 라틴아메리카 사람들은 유럽에 대한 주체적 종속을 끊을 수 없었거나 끊고 싶어 하지 않았다. 원주민이 자신의 과거를 필요로 하듯이, 그리고 흑인들이 아프리카와 노예제도하에서 고통을 당했던 기억을 필요로 하듯이, 그들에게는 유럽이 필요했다. 이렇게 본다면 원주민, 아메리카의 남쪽과 카리브 지역의 아프리카계 후손, 그리고 미국에 거주하는 라티노는 자신들이 처한 조건과 정체성을 규정하는 작업을 통해 200년 전에 유럽 혈통의 크리올이 했어야 할 일을 하고 있는 셈이다.

빌바오는 이 점을 지적했으며, 새로운 인식적 관점을 제안하고 지역의 역사에 토대를 둔 지식의 지정학을 부각시키는 작업을 성공적으로 수행했다. 빌바오는 유럽의 군주제와 전제정치가 남긴 유산과는 다른 관점에서 신대륙의 식민 유산을 분석하고 해결책을 모색해야 한다고 주장했다. 물론 지역의 역사들(과거 식민지의 역사와 계몽 이후의 유럽 역사)은 서로 독립된 것이 아니라 분명한 권력 구조로 결합되어 있는 것이었고, 라틴아메리카라는 '개념'은 새로운 국민국가들이 형성된 이후에도 사라지지 않은 근대/식민 구조의 결과물이었다. 미국을 포함한 대륙 전체에서 독립은 외적 식민주의의 종식이었고, 외적 식민주의는 내적 식민주의로 대체되었다. 아메리카와 아이티의 크리올 엘리트는 스페인, 포르투갈, 프랑스, 영국의 지배자들이 비워 놓고 간 자리를 차지했다. '종속'은 사라지지 않았다. 단지 구조적으로 재배치되었을 뿐이다. 이것이 '식민주의'(colonialism)와 '식민성'(coloniality)의 차이이다. 식민주의는 다양한 역사적·지리적 장소에서 일어난다. 식민성은 독립 이후에도 미국, 남아메리카, 카리브 지역에 유지되었던 식민적 권력 매트릭스의 토대를 의미한다. 식민적 권력 매트릭스는 손만 바뀌었을 뿐 그 자리에 그대로 있었다.

라틴아메리카라는 개념은 (새로운 세계지도가 그려지고 있다는 의미에서) **지식**과 (새로운 정체성이 등장하고 있다는 의미에서) **주체성**의 문제를 건드리는 식민적 권력 매트릭스의 영역에 속한다. 새로운 반체제적 주체성과 세계질서의 재배치가 교차하는 지점에서 빌바오는 유럽, 미국, 러시아의 제국적 야망을 비판했는데, 특히 스페인이 역사의 무대에서 퇴장하고 영국이 아시아와 아프리카에 집중하는 상황에서 멕시코에 진출해서 라틴아메리카 전체를 지배하려고 시도했던 프랑스가 비판의 대상이 되었다. 1856년에 출판된 책 『아메리카의 주도권』(*Iniciativa de la América*)에서 빌바오는 다음과 같이 썼다.

> 오늘 우리는 전 세계의 지배라는 오래된 이념을 또다시 추구하는 제국들을 보고 있다. 러시아 제국과 미국은 지리적인 관점에서 지구의 끝 부분에 있으며, 정치적으로도 주변에 위치해 있다. 러시아 제국은 범슬라브주의의 가면을 쓰고 농노제를 확대하려고 시도하고 있으며, 미국은 양키 개인주의의 깃발 아래 지배권을 확장하고 있다. 러시아는 발톱을 감춘 채 숨어서 기다리고 있다. 반대로 미국은 남쪽에서 시작한 사냥의 범위를 날마다 넓히고 있다. 우리는 이미 구불구불 말린 몸을 풀고 있는 매력적인 보아뱀이 아메리카의 일부분을 턱까지 삼키고 있는 것을 보았다. 처음에는 텍사스였고, 그 다음은 멕시코의 북쪽이었다. 그리고 그 다음은 태평양 지역이 새로운 주인에게 바쳐질 것이다.[11]

1856년에 빌바오가 두번째 독립이 필요하며, 이번에는 '라틴아메리카 인종'(the Latin American Race) 혹은 남아메리카가 일체가 되어 독립을 쟁취해야 할 필요가 있다고 느낀 것은 매우 흥미로운 일이다. 1863년에 출판된 책 『위태로운 아메리카』(*La América en peligro*)에서 빌바오는 프랑스가 문명화의 임무로 내세운 제국적이고 지구적인 경영 구상과, 아르헨티나의 도밍고 파우스티노 사르미엔토(Domingo Faustino Sarmiento) 같은 '토착민'이 앞장서서 전파한 문명화 임무에 대항했다. 그 시기에 이미 빌바오는 문명화의 이상과 문명화를 향한 피할 수 없는 전진인 진보의 이념이 승리의 행진을 하는 과정에서 인간을 지구상에서 제거하고 '독립적인 민족의 존엄성, 번영, 형제애'를 후퇴시켰다는 사실을 감추고 있는 궤변이라는 것을 깨달았다. 빌바오는 멕시코의 침략 뒤에 숨겨진 문명의 오류를 강조했고, 그러한 침략을 장려한 사르미엔토와 아르헨티나 법학자인 후안 바우티스타 알베르디(Juan Bautista Alberdi) 같은 사람을 비난했다. 19세기 중반에 빌바오는 오늘날까지도 유효한 사실을 알고 있었다. "보수주의자들은 스스로를 진보주의자라고 규정한다. ······ 그리고 원주민의 말살을 문명화를 위해 불가피한 일이라고 주장한다."[12]

빌바오는 식민지 확장을 정당화하기 위해 문명화의 임무를 내세웠던 자유주의 이데올로기 안에서 작업하고 사유할 수밖에 없었다. 그러나 그는 주는 쪽이 아니라 받는 쪽에 있었다. 프랑스와 유럽에서 근대 자유주의는 (틀림없이 탈식민화의 역사는 아니었던) 유럽 역사의 자체적인 문

---

11) Miguel Rojas Mix, *Los cien nombres de América Latina: Eso que descubrió Colón*, San José: Editorial Universitaria de Costa Rica, 1991, p.352. 빌바오에 대한 최근의 연구는 다음을 참조하라. Walter D. Mignolo and Madina Tlostanova, "The Logic of Coloniality and the Limits of Postcoloniality", in eds. Revathi Krishnaswamy and John Hawley, *The Postcolonial and the Global: Connections, Conflictos, Complicities*, University of Minnesota Press, 2008.

12) Miguel Rojas Mix, *Los cien nombres de América Latina*, p.350.

제를 풀기 위한 해결책으로 등장했다. 주변부에 속한 자유주의 비평가로서 빌바오는 프랑스와 미국이 지구적 경영 구상을 위해 이용한 자유주의 이데올로기 안에서 스페인이 남긴 식민의 유산과 프랑스와 미국의 제국주의 움직임에 대해 비판해야만 했다. 투쟁의 과정에서 그는 새롭게 등장한 식민지 자유주의 정치철학의 단절을 드러냈는데, 그 이유는 그가 근거없는 자유주의, 즉 맥락을 잃어버린 자유주의의 판본을 가지고 현실에 참여할 수밖에 없었기 때문이다. 이렇게 빌바오를 통해 드러난 단절은 19세기에 '라틴성'이라는 개념을 통해 권력의 식민성이 광범위하게 재배치되고 있는 현실을 드러낼 수 있는 비판적 전망을 연다.

지금 빌바오의 글을 다시 읽어 보면 19세기의 지식인, 관료, 정치가에게 '근대성'은 진보와 문명을 기준으로 계산되었다는 것을 알 수 있다. 스페인과 포르투갈 제국의 굴레에서 벗어나 새로운 나라를 건설해야 하는 사람들에게 진보와 문명은 최종적 목표였지만, 그들의 식자 문화의 중심은 여전히 라틴어였다. 18세기에 스페인과 포르투갈은 프랑스, 독일, 영국이 선도하는 서유럽 문명의 의기양양한 행진에서 뒤처지기 시작했다. 이렇게 문명화의 목표를 달성하는 데 장애물이 등장했는데, 그것은 문명과 진보가 스페인어와 포르투갈어를 공식 언어로 사용하지 않는 나라에서 시작되어 퍼져 나간다는 것이다. 미국의 탈식민화는 사실상 영국에서 시작되었던 것의 연속이었고, 그런 의미에서 영어는 장애물이 아니라 도구였다. 아이티에서 언어 문제는 **크리올어**를 국어로 선택하는 결과를 가져왔다. 스페인어와 포르투갈어는 헤게모니 제국 언어에서 하위주체 제국 언어로 강등되었고 프랑스어, 독일어, 영어로 대체되었다. 그 당시에는 언어와 지식의 인종적 분류가 위험스러운 일이라는 것을 아무도 깨닫지 못했다(우리가 알고 있듯이 인종적 분류는 단순히 피부색에 국한되지 않고 다양한 수준에서 작동한다). 언어와 언어의 위계적 배치는 언제나 문명화 기획과 진보 이념의 일부분이었다. 실제로 언어는 기독교 복음화, 문명의 전파, 그리고 기술 발전의 과정에서 핵심적인 도구였다. 예를 들어 남아메리카에 거주하는 케추아와 아이마라 원주민은 계몽 시기에 고안된 지식의 위계에서 두 번씩이나 제거되고 지워졌다. 멕시코 역사철학자 레오폴도 세아(Leopoldo Zea)가 고전이 된 자신의 책 『역사에서의 아메리카』(América en la historia)에서 명료하게 밝히고 있는 것처럼, 근대적이 되려고 희망하지만 동시에 근대성의 주변부에 뒤처져 있다는 딜레마에 부딪힌 라틴아메리카 지식인들에게 언어는 항상 장벽이었다.[13]

주변부의 주변부에서 자본주의와 자유주의 역사에서 일어나는 변화들을 지켜봤던 빌바오는 프랑스와 미국의 제국적 구상과 더불어 정통 러시아의 절대주의를 비난했다. 달리 표현하자면, 빌바오는 식민적 차이 — 스페인이 근대성에서 뒤처지고 남아메리카는 그 결과를 경험하고 있는 시점에 스페인으로부터 독립했던 남아메리카 국가들의 역사적 위치 — 를 체감하면서 (프랑스, 러시아, 미국의) 세계 경영 구상의 제국적 차이를 비난했다. 또한 빌바오는 문명화의 임무를 옹호한 사르미엔토를 비난하고, 문명화의 임무를 제국을 확장하는 새로운 도구라고 불렀는데, 이것은 1960년대에 와서야 '내적 식민주의'[14]라고 지칭하게 된 것을 그

---

13) Leopoldo Zea, *América en la historia* [1957], ed. and intro. Amy A. Oliver, trans. Sonja Karsen, *The Role of the Americas in History*, New York: Rowman and Littlefield, 1992.
14) Rodolfo Stavenhagen, "Class, Colonialism and Acculturation", *Studies in Comparative International Development*, 1:7, 1965, pp.53~77; Pablo Gonzalez Casanova, "Internal Colonialism and National Development", *Studies in Comparative International Development*, 1:4, 1965, pp.27~37.

당시에 이미 공론화시켰던 셈이다. 즉 그는 제국적 확장을 옹호함으로써 스스로를 식민화하는 토착 엘리트(여기서는 스페인 혈통의 크리올)의 공범 행위가 얼마나 파괴적인지 깨닫고 있었다.

종족-인종 오각형의 다섯번째 변: 남부 유럽의 라티노와 남아메리카·카리브 지역의 라티노

남아메리카와 카리브 지역에서 '라틴성'은 자신들을 프랑스 정치철학의 계승자라고 여겼던 스페인과 포르투갈 식민지를 하나로 묶는 초국가적(transnational) 정체성이었다. 여러 가지 다른 이유로, 프랑스계 카리브는 항상 라틴아메리카의 주변부였다. 유럽에서 '라틴성'은 자신들을 라틴어와 라틴어에서 파생된 로망스어(프랑스어, 이탈리아어, 스페인어, 포르투갈어)에 배태된 '라틴' 에토스를 공유하는 로마 제국의 직접적인 계승자라고 여겼던 남유럽 국가들을 하나로 묶는 초국가적 정체성이었다. 그러나 남아메리카에서 '라틴성'은 흥미롭게도 로마 제국과는 틀림없이 거의 관계가 없는 지구적 종족-인종 오각형의 다섯번째 변이 되었다. 라틴아메리카는 확실히 로마 제국보다는 로마 제국의 식민지와 더 가깝다. 아메리카의 '라틴인'은 유럽의 '라틴인'이 자신들 것이라고 정당하게 요구했던 로마의 유산으로부터 아주 멀리 떨어졌다. 그럼에도 불구하고, 아메리카의 '라틴인'은 로마가 자신의 유산이라는 환상에 사로잡혀 있었고, 독립 이후에도 벗어나지 못하는 300년 동안의 식민주의를 무시했다. 칸트는 지구상의 다섯 개의 대륙을 그곳에 거주하는 사람들의 피부색과 연결시켜 종족-인종 오각형을 만들었는데, 그 당시에는 남아메리카와 카리브 지역의 '라틴성'이 오각형의 다섯번째 변에 해당한다는 사실이 확실하지 않았다. 인종에 대한 자신의 인류학적 관점에 따라, 칸트는 아시아와 황인종, 아프리카와 흑인종, 아메리카와 적(赤)인종, 유럽을 백인종과 연결시켰다. 물론 칸트는 이성의 우월성, 아름다움과 숭고함의 감각을 유럽인(특히 독일인, 영국인, 프랑스인)의 특성으로 인정했다.[15]

남아메리카의 '라틴인'은 한 가지 이상의 피부색을 가지고 있었기 때문에 19세기 인종 모델에는 들어맞지 않았다. '라티노'가 미국의 종족-인종 오각형에 들어갔을 때 그러한 유산은 미국으로 이전되었다(이것은 3장에서 언급할 것이다). 라틴아메리카는 혈통이나 피부색에 의해서가 아니라 남유럽과의 관계에서, 그리고 종족-인종 오각형의 다섯번째 변의 그림자 속에서 (지리적 위치와 언어 같은 수많은 표지에 의해 결정되는) 주변적 신분에 의해 갑작스레 새로운 '인종적' 범주가 되었다. 이런 맥락에서 (예컨대 라틴계 프랑스인과 달리) 라틴아메리카인은 충분히 백인이 아니었고, 이것은 오늘날 미국에 이주하는 '백인' 라틴아메리카인의 경우를 보면 명백해진다. 남아메리카에서 백인종과 연관된 '라틴성'은 식민지 인종 풍경(colonial racial landscape)을 약간 바꿔 놓았다. 휘튼과 키로가[16]는 에콰도르의 새로운 인종 스펙트럼을 보여 주는 매우 유익한 도형을 그렸는데, 이는 약간만 수정하면 스페인 식민 기간 전체에 적용될 수 있다.

---

15) 다음 책의 4장을 참조하라. Immanuel Kant, *Beobachtungen über das Gefühl des Schönen und Erhabenen* [1764], trans. John T. Goldthwait, *Observations on the Feeling of the Beautiful and Sublime*, Berkeley: University of California Press, 1960 [임마누엘 칸트, 『아름다움과 숭고함의 감정에 관한 고찰』, 이재준 옮김, 책세상, 2005].
16) Norman E. Whitten, Jr. and Diego Quiroga, "Ecuador", in ed. Pedro Pérez-Sarduy and Jean Stubbs, *No Longer Invisible: Afro-Latin Americans Today*, London: Minority Rights Publications, 1995, pp. 287~318.

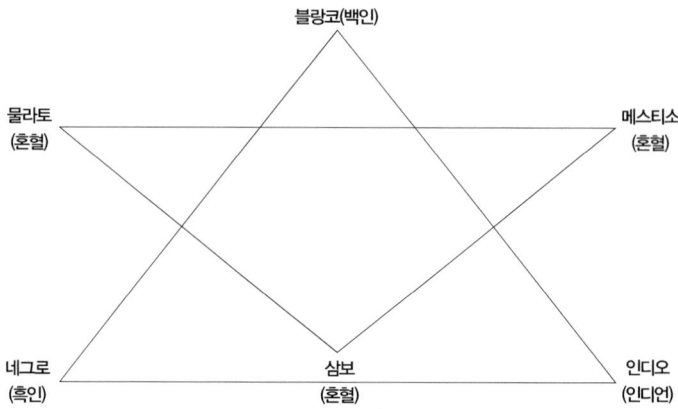

혼혈에 의한 17세기 남아메리카의 인종 분류가 상식을 뛰어넘을 만큼 엄청나게 많은 범주를 가지고 있다 할지라도, 기본적인 종류는 이 도형에 나타나는 것들이다. 남아메리카의 '백인'은 로마 가톨릭교도였고 라틴어(혹은 로망스어)를 사용했다. 이러한 분류는 이미 신교를 믿는 앵글로색슨 '백인'으로 대체되고 있었다. 미국에서 이 도형은 백인과 흑인으로 축약되어 훨씬 간단해졌다. Norman E. Whitten, Jr. and Diego Quiroga, "Ecuador", in ed. Pedro Pérez-Sarduy and Jean Stubbs, *No Longer Invisible: Afro-Latin Americans Today*, London: Minority Rights Publications, 1995, pp. 287~318에서 인용.

19세기에 백인은 거의 유럽 혈통의 '라틴' 인종에 속하는 크리올이었다. 예를 들어, 1750~1810년에 누에바그라나다(Nueva Granada) 부왕령은 '혈통의 순수성'의 원리를 유지하고 있었고 스페인에서 유대인과 무어인을 종교적으로 탄압했던 것처럼 피부색을 차별의 원리로 도입했다.[17] 지배적인 기독교의 관점에서 볼 때, 이베리아 반도에서는 유대인과 무어인이 잘못된 종교를 가지고 있었다는 것을 문제 삼았다면, 원주민(그리고 아프리카 흑인)은 종교를 가지고 있지 않다는 점이 문제로 부각되었다.[18] 거기다가 반도 출신의 스페인인과 크리올은 백인으로 간주되었지만 스페인과 식민지의 가계(家系)에 따라 신분이 결정되었다. 이렇게

---

17) 17세기 콜롬비아의 인종 형성에 대한 최근의 연구에 대해서 산티아고 카스트로-고메스(Santiago Castro-Gómez)와 나눈 개인적 대화.

혼혈 문제는 종교적 믿음의 영역에서 피부색으로 옮겨 갔다. 칸트가 피부색과 대륙에 따라 인간을 구별했을 때, 그는 원리를 순수이성으로부터 도출한 것이 아니라 스페인이 신세계에서 식민지를 경영하면서 얻었던 경험으로부터 도출한 것이 틀림없다. 스페인의 종교재판소가 무어인과 유대인을 기독교인과 분리시켜 지배하기 위한 정당한 원리로 내세운 것이 '혈통의 순수성'이었다면, 크리올 엘리트는 신세계에서 같은 목적을 달성하기 위해 사회적 계서제를 두었는데, 피라미드의 최상층은 스페인 혈통의 크리올이 차지했고, 그 다음 층에는 메스티소와 물라토가 위치했으며, 제일 밑바닥은 인디오, 삼보, 흑인의 자리였다. **식민적 상처**는 틀림없이 인종적 담론의 결과물이다. 프란츠 파농(Frantz Fanon)은 식민적 상처의 경험을 '질식'이라고 표현했고 글로리아 안살두아(Gloria Anzaldúa)는 '벌어진 상처'("국경은 벌어진 상처이다" — 이에 대해서는 3장에서 언급한다)라고 표현했다.[19] 파농과 안살두아에게 식민적 상처는 지식이 생산되는 새로운 위치를 뜻하는 것인데, 이때 지식이란 지정학적 지식과 몸 중심적 지식을 뜻한다. (라틴)아메리카는 아직도 식민적 상처를 치유하지 못했고 '내적 식민주의'와 '제국주의적 종속'에서 벗어나지도 못했다.

---

18) 이브라힘 무사(Ebrahim Moosa)와 월터 미뇰로가 2004년 듀크 대학교 여름학기에 지도한 '제국의 붕괴'(The Clash of Empires) 과정에서 넬슨 말도나도-토레스(Nelson Maldonado-Torres)가 발표한 내용.

19) 파농은 다음과 말했다. "인도차이나가 저항할 수 있었던 것은 자기 자신의 문화를 발견했기 때문이 아니다. 그들이 저항했던 것은 숨을 쉴 수가 없다는 '너무나 단순한' 이유 때문이었다"(Frantz Fanon, *Peau noire, masques blancs* [1952], trans. Charles Lam Markmann, *Black Skin, White Masks*, New York: Grove Press, 1967, p.226 [『검은 피부, 하얀 가면』, 이석호 옮김, 인간사랑, 1998]). 같은 맥락에서 안살두아는 다음과 같이 언급했다. "미국과 멕시코 국경은 제3세계가 제1세계에 부딪혀 삐걱거리며 피를 흘리는 벌어진 상처이다"(Gloria Anzaldúa, *Borderlands/La Frontera*, San Francisco: Aunt Lute Books, 1987, p.25).

아메리카가 남과 북으로 나뉜 것처럼 유럽에서도 비슷한 상황이 벌어졌고, 이 분열의 상황에서 프랑스는 자신의 입장을 '라틴성'으로 규정했다. 헤겔의 역사철학이 출판될 당시까지 유럽은 기본적으로 (프랑스 혁명 이후에 알려졌던 것처럼 세 개의 종교 대신에) 두 개의 인종, 즉 프랑스인(Franks)과 프랑스계 이탈리아인(Gallo-Romans)으로 이루어진 대륙이었다. 간단하게 말하자면, 라틴 문화와 게르만 문화가 대립하고 있었다. 물론 유럽의 로마 인종과 게르만 인종 사이의 '인종적 갈등'을 중재할 수 있는 이점을 가지고 있었던 프랑스가 주도권을 잡고 있었다. 1831년 프랑스 역사학자 미슐레(Jules Michelet)는 다음과 같이 말했다. "로마는 두 개의 이방 인종, 즉 에트루리아 인종과 라틴 인종의 적대적인 권리를 수용했다. 고대 법률에서 프랑스는 루아르 강까지 게르만 인종의 땅이었고, 강의 남쪽은 로마 인종이 차지했다. 프랑스 혁명은 두 개의 인종을 현재의 시민사회로 통합했다."[20]

물론 우리(친애하는 독자들, 그리고 필자)는 오늘날 이러한 관점을 지지하는 프랑스 지식인이 거의 없다는 것을 알고 있다. 그러나 이것은 흥미로운 문제이고 유럽의 정체성에 관한 담론에서 이러한 분리의 흔적이 여전히 남아 있다는 점을 분석해 볼 필요가 있다. 최근에 출판되어 큰 성공을 거둔 책에서 레미 브라그(Rémi Brague)는, 때로는 직접적이고 때로는 간접적으로, 유럽연합에서 차지하는 프랑스의 위치를 정당화하고 공고화하려고 시도한다.[21] 브라그는 유럽은 본래 로마에 속하며 로마와 국경을 접하는 지역들은 로마와의 관계 속에서만 스스로를 규정할 수 있기

---

20) Jules Michelet, *Histoire et philosophie* [1831], París: Denoël, 1900, pp.73~74.
21) Rémi Brague, *Europe, la voie romaine*, París: Gallimard, 1999.

때문에 '라틴성'을 갖는 지역으로 포함된다고 주장한다. 브라그는 다음과 같이 말한다. "유럽은 단지 그리스적도 아니고 헤브라이적도 아니며, 또한 단지 그리스-헤브라이적도 아니다. 유럽은 무엇보다도 로마적이다. '아테네와 예루살렘'이 유럽에 있는 것도 사실이지만 로마가 유럽에 있는 것도 사실이다. …… 유럽을 구성하는 세 가지 요소는 로마, 그리스, 그리고 기독교다."[22] 브라그는 더 나아가 유럽의 경계를 결정짓는 '일반적인 로마인의 행동방식'이 있다고 주장한다(여기서 크리올이 자신의 정체성으로 주장하는 '바로크 에토스'의 의미에 대해서 내가 언급한 것을 기억할 필요가 있다). 이러한 주장을 뒷받침하기 위해서 브라그는 유럽과 구약성경을 연결하는 것이 로마라는 것을 보여 주려고 시도한다. 다시 말해, 유럽은 기독교적이고 '라틴적'이라는 것이다. 이것이 유럽이 이슬람 세계와 다르다는 사실에 대한 증거이기도 하다. 브라그는 고대 그리스와 연관이 있는 유럽이 로마/라틴적이기도 하며, 이 때문에 이슬람과 다를 뿐만 아니라 비잔틴 세계와도 다르다는 것을 독자들에게 설득시키려고 무척 애를 쓴다.

'로마성/라틴성'으로 규정된 유럽에는 시간적 차원이 있는데, 브라그는 그것을 '로마인의 행동방식'이라고 부른다. 그는 유럽이 그리스와 로마로부터 물려받은 것은 그리스인과 로마인이 야만인으로부터 얻은 것을 향상시키는 그리스인과 로마인의 행동방식이라고 믿는다. 그의 말을 들어 보자.

---

22) Rémi Brague, Ibid., p.40.

유럽의 역사를 움직이는 것은 이와 동일한 추동력이다. 그리고 이것이 바로 내가 '로마인의 행동방식'이라고 부르는 것이다. …… 예를 들어 아프리카에서 위대한 발견을 한 이후에 유럽이 식민지를 개척해 가는 모험은 로마가 식민지를 건설하던 방식을 다시 보는 것 같은 느낌을 준다. 프랑스 역사에는 고대 로마의 마그레브 정복과 최근에 프랑스의 마그레브 식민지 개척의 유사성을 묘사하는 풍부한 기록들이 적혀 있다. …… 이탈리아 르네상스 이후의 유럽의 식민지 건설과 인문주의를 그리스인과 유대인과 비교해서 유럽인이 느끼는 열등감에 대한 보상으로 생각할 수 있을까? 다음과 같은 가정은 대단히 위험하다. 르네상스 이후에 유럽이 식민지를 정복하고 건설하려는 충동을 느끼기 시작한 것은 열등한 민족을 지배함으로써 르네상스 인문주의자들이 닮고 싶어 했던 고대 유럽인과 비교해 현대의 유럽인들이 느끼는 열등감을 보상받고 싶은 욕망과 필요 때문이었다는 가정 말이다. …… 또 다른 위험한 가정은 제2차 세계대전이 끝난 이후에 전 세계의 다양한 지역에서 탈식민화 운동이 벌어지면서 유럽이 가지고 있었던 고전 연구의 지배적 역할이 종말을 맞게 되었다는 것이다.[23]

'로마인의 행동방식'의 의미에 대해 생각해 볼 필요가 있다면, 또 하나 반드시 염두에 두어야 할 것은 프랑스와 영국의 지적·경제적 지배에서 벗어나 독립한 나라들은 물론이고, 원주민과 아프리카 흑인 노예, 미국의 라티노, 스페인의 식민 지배를 받았던 크리올들의 '식민적 상처'이

---

23) Rémi Brague, *Europe, la voie romaine*, p.53.

다. 이제 우리는 르네상스로부터 제2차 세계대전 말까지 로마적이고 라틴적인 유럽의 청사진, 즉 인식 지도(cognitive map)가 무엇인지 안다. 그러나 우리는 아메리카에 '라틴성'을 공고하게 하기 위해 프랑스와 협력했던 크리올 엘리트들이 활성화했고 브라그가 이용한 것과 동일한 인식 지도보다 더 앞선 판본을 발견할 수 있다. 1852년 후안 바우티스타 알베르디는 고전이 된『국가 건설을 위한 토대와 출발점』(*Bases y puntos de partida para la organización nacional*)의 서두에서 다음과 같이 썼다.

> 문명화된 유럽 인종들은 아메리카를 발견하고 정복하고 그곳에 이주했다. 유럽 인종들을 추동한 것은 이집트 민족이 자신들이 살던 땅을 떠나 그리스로 이동하게 만든 것과 같은 법, 나중에 그리스 거주민들이 이탈리아 반도로 이주해 그곳을 문명화시키도록 추동한 법, 그리고 결국에는 그리스인들이 로마의 유물인 기독교에 의해 야수성이 순화된 독일의 야만족을 문명화시키도록 추동한 그 법이다.[24]

독립 이후 아르헨티나 독립국가 건설의 역사에서 핵심적인 지식인이었던 알베르디는 유럽의 역사에서는 '자연스러웠던' 주체의 형성과 사상의 계보가 — 과거에 식민지였던 — 라틴아메리카에서 재생산되는 방식을 보여 주는 좋은 예이다. 인종집단(ethnicity)이라는 의미에서 인종을 인종차별주의와 혼동해서는 안 되는 것처럼, 유럽의 역사와 유럽인의

---

24) Juan Bautista Alberdi, *Bases y puntos de partida para la organización nacional* [1852], Buenos Aires: La Cultura Argentina, 1915. 알베르디가 자기 자신을 이집트인들이 이주했던 그리스에 위치시키고, 이집트인들이 그리스로 이주한 동기와 그리스인들이 이탈리아 반도를 문명화하는 동기가 동일하다고 생각하는 것은 매우 흥미로운 사실이다.

주체 형성을 유럽 중심주의와 혼동해서는 안 된다. 유럽 중심주의는 유럽(그리고 20세기 후반의 미국)의 특정한 역사적 시기에 등장했고, 그 시기에 형성된 유럽 중심적 주체 개념이 보편적 모델로 장려되고 강제되었으며, 식민지 주체들은 자신들과는 관계없는 그러한 주체 개념을 모델로 받아들였다. 존재의 식민성은 (이상적 기독교도, 문명과 진보, 근대화와 발전, 서구적 민주주의와 시장으로의) 개종과 전환의 방식으로 이루어지거나 (식민지 태생의 엘리트들이 식민지 주체 형성으로 연결되는 제국의 구상과 가치를 기꺼이 수용하는) 적응과 동화의 방식으로 이루어진다. 다시 말해, 온갖 종류의 진통제를 사용해 식민적 상처를 마취시킴으로써 존재의 식민성에 안주하는 것이다. 이 이야기는 잠시 접어 두고 '라틴'아메리카라는 개념이 등장한 19세기 초반으로 돌아가 보자.

스페인-아메리카에 '라틴성'을 각인시키는 데 기여한 사람은 미슐레의 추종자였으며 사실상 그 당시에 거의 알려지지 않았던 프랑스 지식인 미셸 슈발리에(Michel Chevalier)였다. 1806년 리모주(Limoges)에서 태어난 슈발리에는 1833년 미국으로 건너갔고 1835년까지 그곳에 체류했다. 그의 여행의 종착지는 멕시코와 쿠바였다. 1836년에 슈발리에는 미국에 체류하는 동안에 썼던 편지를 『북아메리카에 관한 편지』(*Lettres sur l'Amérque du Nord*)라는 제목의 두 권의 책으로 출판했다. 이 책에는 1~2세기 뒤의 미래에 대한 슈발리에의 정확한 예언이 들어 있다. 여기서는 아메리카에 관한 사항만 언급하려고 한다. 미슐레에게 그랬던 것처럼, 슈발리에에게도 '우리 유럽'(our Europe)은 라틴(로마) 유럽과 튜턴(게르만) 유럽이 합쳐진 것이었다. 라틴 유럽은 남부 유럽의 국가와 사람들로 이루어졌고, 튜턴 유럽은 영국을 포함한 북부 유럽 국가와 사람들로 구성되었다. 라틴 유럽은 구교를 옹호했고 튜턴 유럽은 신교를 옹호했다. 아메리카에서 구교와 신교의 분리에 대해 슈발리에는 다음과 같이 썼다. "라틴과 게르만이라는 두 개의 분파는 신대륙에서도 그대로 되풀이되었다. 남부 유럽처럼 남아메리카는 라틴 구교도로 이루어졌으며, 반대로 북아메리카는 앵글로색슨 신교도로 이루어졌다."[25] 볼리바르가 제안한 '스페인 아메리카국가연방'과 제퍼슨이 주창한 서반구 개념이 그 당시에 확산되고 있었다는 사실을 염두에 둔다면 슈발리에가 앵글로아메리카와 스페인-아메리카에 대해 언급했다는 것은 놀라운 일이 아니다. 그러나 스페인-아메리카에 대한 슈발리에의 전망은 그다지 희망적이지 않았다.

> 비록 공화제 원리가 스페인-아메리카에서 궁핍한 공화국들을 만들기는 했지만 미국을 만든 것도 공화제 원리였다. …… 문명의 요람이 동양에서 서양으로 이동한 이후에 앵글로아메리카는 우리 유럽 문명이 성취한 진보를 외세의 간섭을 받지 않고 곧바로 계승했다. …… 반면 스페인-아메리카는 북쪽의 앵글로아메리카나 동쪽으로부터 풍요롭고 새로운 피를 수혈받지 않는 한 미래가 없는 무능력한 인종에 불과한 것처럼 보인다.[26]

슈발리에의 언급에는 매우 흥미로운 지정학적 이미지가 드러나 있는데, 마지막 문장의 '동쪽'은 동양을 가리키는 것이 아니기 때문이다. 이에 대해 좀더 이야기를 할 필요가 있다. 슈발리에는 사회적으로 상승하는 부르주아지와 새로운 유럽의 정치경제학을 대변하는 이데올로그 중의

---

25) Arturo Ardao, *Génesis de la idea y el nombre de América Latina*.
26) Arturo Ardao, Ibid., pp. 153~167.

한 사람이었다. 그는 1842년부터 1850년까지 콜레주 드 프랑스(Collège de France)에서 정치경제학 입문을 가르쳤다. 그의 지정학적 관심은 새로운 세계질서에 대한 낭만적 상상력이 아니었다. 유럽이 라틴 유럽과 튜턴 유럽으로 갈라진 것은 그에게 더 이상 문젯거리가 되지 않았다. 그 대신 그가 직면한 문제는 역사상 가장 위대한 두 개의 문명인 동양 문명과 서양 문명의 대립이 19세기에 어떻게 자리매김할 것인가라는 것이었다. 그가 특히 관심을 가진 것은 그러한 대립 과정에서 프랑스와 '라틴의 씨앗'을 품고 있는 나라들의 역할이었다. 그는 라틴 사람들과 앵글로색슨 사람들을 의미하는 '우리 유럽'을 잠식하기 시작한 세번째 집단이었던 '슬라브 인종'의 등장에 대해서도 알고 있었다. 그는 앵글로색슨 국가와 슬라브 국가가 동양 및 아시아와 교역을 하고 있다는 사실을 알고 있었으며 라틴 국가들이 그 경쟁에서 패배할까봐 염려했다. 그 당시에 슈발리에는 동양과 서양을 잇는 다리가 아메리카가 될 거라고 예측했다.

> 멕시코와 남아메리카에는 유럽 문명의 뿌리에서 자라나 아시아와 유럽을 향해 성장하는 새로운 가지들이 빽빽하다. 머지않아 미국은 양 대양으로 뻗어나갈 것이다. …… 이런 의미에서 아메리카는 두 개의 문명 사이에 위치하며, 이 때문에 특권적 운명을 가진 대륙이다.[27]

프랑스는 '라틴성'과 문화적 제국주의를 접속시킴으로써 특권적 운명을 가진 이 지역에서 프랑스의 존재를 지속시켜야 한다는 것이 슈발

---

27) Arturo Ardao, *Génesis de la idea y el nombre de América Latina*, p.54.

리에의 주장이다. 슈발리에의 주장은 다음의 언급에서 확실히 드러난다. "프랑스는 유럽과 아메리카의 모든 라틴 국가의 운명을 책임지고 있다. 프랑스만이 게르만족이나 색슨족 혹은 슬라브족이 라틴 형제 국가를 슬금슬금 잠식해 와 통째로 삼켜 버리는 것을 막을 수 있다."[28]

프랑스가 유럽과 아메리카 대륙에서 '라틴성'을 지킬 의무를 지게 된 것은 스페인이 완전히 주변국으로 전락했기 때문이었다. 레오폴도 세아가 언급했던 것처럼,[29] 18세기 이후 스페인과 러시아는 서로 다른 이유로 지리적이고 지정학적인 면에서 서양의 주변부로 전락했다. 스페인(그리고 이베리아 반도)이 구교도였고 러시아가 정교도였다면, 전 지구적으로 식민성을 확장해 가던 과정에서 주도권을 잡은 것은 신교도였다.

최근에 '라틴성'이라는 개념의 '기원'은 남아메리카의 역사적 사건과 관계된 또 다른 기원의 결과라는 주장이 등장했다.[30] 그 역사적 사건이란 1850년 파나마를 둘러싼 분쟁과 긴장과 갈등을 뜻한다. 파나마를 둘러싼 문제는 국경 분쟁이라기보다는 대서양과 태평양을 관통하는 지역의 통제권에 관한 것이었고, 1898년 스페인과 미국 간의 전쟁을 알리는 서막이었다. 파나마 분쟁과 갈등은 그 당시 용어로 '앵글로색슨 인종'과 '라틴 인종'이라고 불린 두 개의 적대적 세력 간의 긴장이었다. 그 당

---

28) Arturo Ardao, ibid., p.165.
29) Leopoldo Zea, *The Role of Americas in History*, pp.121~136. 갈리시아 출신의 학자인 앙헬레스 우에르타 곤살레스(Ángeles Huerta González)가 같은 주제를 다룬 것은 우연이 아니다. Ángeles Huerta González, *La Europa periférica: Rusia y España ante el fenómeno de la modernidad*, Santiago: Universidad de Santiago de Compostela, 2004.
30) Aims McGuinness, "Searching for Latin America: Race and Sovereignty in the Americas in the 1850s", in eds. Nancy P. Appelbaum, Anne S. MacPherson, and Karin Alejandra Rosemblatt, *Race and Nation in Modern Latin America*, Chapel Hill, NC: University of North Carolina Press, 2003, pp.87~107.

시 파리에 거주했던 콜롬비아 작가이자 외교관인 호세 마리아 토레스 카이세도는 파나마 분쟁에 대해 알고 있었고 여러 번 자신의 의견을 표명했다. 1850년 남북아메리카 간 갈등의 결정적인 순간은 볼리바르의 '스페인아메리카국가연방'의 꿈이 '라틴 인종'이 지배하는 지역이라는 의미의 '라틴아메리카'로 해석되기 시작한 시점이었다. 에임스 맥기니스(Aims McGuinness)는 유럽의 남북 분할이 아메리카 대륙에서 되풀이되는 상황을 분석하고 다음과 같이 썼다.

> 토레스 카이세도가 언급한 '북아메리카'와 '남아메리카' 간의 적대 관계는 '앵글로색슨 인종'과 '라틴 인종' 간의 대립 관계에서 비롯된 것이다. 따라서 '북아메리카'와 '남아메리카' 간의 적대 관계는 볼리바르의 사상 때문이라기보다는 1850년대에 떠돌던 인종 이론 때문이고, 인종 이론에는 미셸 슈발리에 같은 생시몽 추종자들이 제안한 범라틴 인종 통일 개념이 포함된다. 1850년대 중반경 …… 슈발리에는 북유럽의 게르만 민족이나 앵글로색슨 민족과 동유럽의 슬라브 민족을 상대로 (벨기에, 스페인, 포르투갈을 포함하고 당연히 프랑스가 이끄는) 유럽의 라틴 민족이 승리할 수 있는 범라틴 외교력에 대한 비전을 발전시켰다. 라틴 민족과 앵글로색슨 민족 간의 '인종' 대립과 유사한 대립이 1856년 토레스 카이세도가 쓴 시편 「두 개의 아메리카」에도 나타난다. ……
>
> 라틴아메리카 인종은
> 자신들의 자유와 나라를 파괴하려고
> 위협하는 위험한 적인
> 색슨 인종과 정면으로 맞선다[31]

맥기니스의 결론은 제국의 리더십에 생긴 변화가 '어떻게 식민성의 논리를 재조직하고 세계를 재편성했는지'에 관한 나의 주장을 요약해서 보여 준다. 북유럽과 남유럽을 구별 짓는 차이는 북아메리카와 남아메리카를 구별 짓는 차이처럼 단순히 '문화적' 차이가 아니었다. 북유럽과 남유럽의 차이 뒤에는 처음에는 유럽을 건설했고 나중에는 아메리카를 정복했던 식민적 권력의 차이가 숨어 있었다. 일반적으로 '문화적 차이'로 이해되는 것이 사실상 선도적인 제국적 구상의 설계자들이 결정한 '제국적' 차이와 '식민적' 차이였음을 가르쳐 주는 것이 바로 권력의 차이이다. 유럽의 남쪽과 북쪽 간의 차이인 제국적 차이는 프랑스, 독일, 영국에서 발생했다. 유럽과 두 개의 아메리카 간의 차이인 식민적 차이를 처음으로 규정하고 서술하고 강요한 것은 스페인과 포르투갈이었고, 그 다음은 영국, 프랑스, 독일이었다. 제국적 차이와 식민적 차이는 동일한 원리로 작용하는데, 그것은 지배·착취·통제의 대상이 되는 사람들 ── **차이를 갖는 대상들(objects of the differences)** ── 의 인간 조건을 평가절하하는 것이다. 반면에 차이를 규정하는 것은 **차이를 갖는 주체들(subjects of the differences)**, 즉 하위의 제국적 목소리를 억압할 뿐만 아니라 무엇보다도 식민지의 목소리를 억압하는 제국적 목소리가 갖는 권력이다.

유럽과 아메리카의 차별화, 그리고 북아메리카와 남아메리카의 차별화는 공간적이면서 시간적이다. 16~17세기의 스페인 선교사와 지식인에게 완전히 이질적이었던 아메리카를 젊고 성숙되지 않은 신세계로 묘사한 것은 프랑스 계몽주의였다. 유럽인들에게 16세기의 아메리카 원

---

31) Aims McGuinness, "Searching for Latin America", p.99. 카이세도의 시는 1857년 2월 15일 파리에서 『엘코레오 데울트라마르』(*El Correo de Ultramar*)에 처음으로 실렸다.

주민들은 공간적으로는 '야만인'(barbarian)이었고 시간적으로는 '원시인'(primitive)이었다. 영국이 문명의 이름으로 라틴아메리카를 야만/원시의 개념으로 규정했다면, 미국은 발전과 시장의 이름으로 라틴아메리카를 저개발된 아대륙이라는 개념으로 규정했다. 이러한 모든 가정의 이면에는 헤겔의 사유가 자리 잡고 있다. 헤겔은 무의미한 경계들을 진지한 제안으로 변화시키는 놀라운 능력을 가지고 있었다.

> 세계는 구대륙과 신대륙으로 나뉜다. 아메리카와 오스트레일리아는 최근에 우리에게 알려졌기 때문에 신대륙이라는 이름이 붙었다. 그러나 이 지역은 구대륙과 비교해 상대적으로 신대륙이기도 하지만 육체적이고 정신적인 면에서도 본질적으로 새로운 대륙이다. …… 신대륙이 구대륙과 함께 바닷속 깊은 곳으로부터 솟아올랐다는 것을 부정할 생각은 없다. 그러나 남아메리카로부터 아시아로 이어지는 군도들은 **육체적으로 성숙되지 않았음**을 보여 준다. …… 뉴홀란드(New Holland)는 지리적인 특성에서 성숙되지 않았다. 왜냐하면 영국인들의 정착지로부터 내륙으로 들어가면 터널을 팔 수 없고 늪으로 변해 버리는 거대한 물줄기가 발견되기 때문이다.[32]

헤겔의 글을 읽으면, 제국의 관점에서 말하는 사람은 제국을 비판하기 위해서 말하는 때조차도 세계 어느 지역의 자연이 다른 지역의 자연보

---

32) Georg W. F. Hegel, *Vorlesungen über die Philosophie der Weltgeschichte* [1837], trans. J. Sibree, *The Philosophy of History*, Amherst: Prometheus Books, 1991, p.81 [『역사철학강의』, 권기철 옮김, 동서문화사, 2008]. 강조는 필자.

다 더 젊다고 말할 수도 있고, 대량 살상 무기를 찾아내지 못하고도 대량 살상 무기가 있다고 말할 수도 있다는 인상을 받는다. 헤겔은 '자연'의 개념을 바꾸었을 뿐만 아니라 대륙의 구분과 세계질서의 개념도 바꾸었다. 제국주의 국가들의 전 지구적 기획이 문명화 사명에서 발전으로 바뀌었을 때, 제3세계는 제1세계를 시간의 상상력의 세계로 진입하게 만든 '산업'과 '과학'의 진보가 아닌 '자연'과 동일시되었고 이는 지금도 마찬가지이다. 16세기에 '자연'이 지도에 표시되어야 할 대지와 토지이거나 창조주의 존재를 깨닫게 하는 광경으로 인식되었다면, 19세기 초부터 '자연'은 산업혁명, 진보를 향한 기계, 그리고 자본축적을 위한 연료와 원자재로 바뀌었다. 이러한 변화는 이미-존재하는 대륙에 우선권을 부여했고, '자연'은 갈수록 남아메리카, 아프리카, 아시아와 연관되었다. 따라서 '라틴'아메리카라는 개념은 남아메리카를 '자연'과 연관시키고 유럽의 새로운 제국주의 국가들을 '문화'의 기원과 연관시켰던 시기의 산물이었다.

식민주의, 은폐된 근대성 이데올로기, 그리고 라틴아메리카: 식민성 논리의 재구성

차이가 가치로 변형되고, 근대성이 거둔 성과로 식민적 권력 매트릭스를 가려 버리는 촘촘하게 얽힌 현실을 이해하기 위해서는 근대성의 수사학과 근대성의 어두운 면을 좀더 가까이에서 봐야 한다. 사회학자 이매뉴얼 월러스틴(Immanuel Wallerstein)은 '근대 세계체제'는 프랑스 혁명 이전까지 스스로의 개념적 일관성을 유지하는 사상[즉, 지구문화]을 구축하지 못했다고 말했다. 그는 근대 세계체제의 지구문화가 서로 경쟁적이면서 동시에 상보적인 관계에 있는 세 개의 이데올로기 — 보수주의, 자유주의, 사회주의 — 가 새롭게 등장하면서 가능하게 되었다고 말한다. 제국의 관점에서 식민지를 바라보거나, 혹은 근대성이 유럽에서 나머지 세계로 전파되는 시각에서 바라보면, 그가 언급하는 세 개의 이데올로기는 적절해 보인다.[33] 그러나 식민지의 관점에서 제국을 바라보거나, 혹은 유럽의 근대성이 나머지 세계를 침략하는 시각에서 바라보면, 서구 계몽주의가 만들어 낸 세 개의 이데올로기로 모든 것을 설명할 수 없다는 것은 확실하다. 라틴아메리카라는 '개념'을 이해하기 위해 핵심적인 이데올로기가 누락되어 있는데, 그것은 16세기까지 거슬러 올라가는 식민주의라는 이데올로기이다. 근대/식민 세계를 구성하는 네 개의 이데올로기를 한꺼번에 바라보면 월러스틴이 언급한 세 개의 이데올로기와 식민주의 이데올로기 사이의 단층이 드러나게 되고, 네 개의 이데올로기가 단지 서구의 정치이론과 인식론의 내부적 역사를 넘어서서 (근대성/식민성이라는) 지식의 지정학에서 어떻게 작용했는지 이해할 수 있게 된다.

    서구 정치이론과 인식론의 내부적 역사에서 바라보면 식민주의는 더 나은 세계로 가기 위한, 유쾌하지는 않지만 불가피한 과정일 뿐이다. 계몽주의 근대성의 성과로 인정된 세 개의 이데올로기와 근대성을 전파한다는 구실을 내세운 제국이 식민주의를 익명의 존재로 은폐시키는 과정에서 제국에 가려진 식민지는 시공간의 주변부로 전락했다. 네번째 이데올로기인 식민주의는 16세기 이래 유럽의 제국주의와 제2차 세계대전

---

33) 스페인의 보수주의자 호세 도노소 코르테스(José Donoso Cortés)는 1852년 프랑스에서 『기독교주의, 자유주의 그리고 사회주의에 대한 시론』(Ensayo sobre el catolicismo, el liberalismo y el socialismo)을 출판했다. 같은 해에 칼 맑스는 『루이 보나파르트의 브뤼메르 18일』(Der 18te Brumaire des Louis Napoleon)을 출판했다.

이후 미국의 제국주의를 이해하기 위한 뚜렷한 특질이다. 근대/식민 세계에 특정한 형태로 등장한 식민주의가 로마 제국이나 잉카 제국의 식민주의와 다른 것은 자본주의를 '사회적 삶과 조직 양식'의 원리이자 토대로 만들었다는 것이다. 다시 말해 중상주의, 자유무역, 산업경제와 관련을 맺는 한, 근대성/식민성과 마찬가지로 제국주의/식민주의는 하나이며 동일하다. 제국주의/식민주의가 (스페인, 영국, 혹은 러시아의 제국적/식민적 제국처럼) 역사의 특정한 시기에 한정된다면, 근대성/식민성은 제국적/식민적 제국의 틀이 형성되는 원리와 믿음을 가리킨다.[34] 식민주의가 지리-역사적으로 다양하게 드러난 제국주의의 구체적인 물증이었다면, 식민성은 일반적인 원리의 역할을 하는 근대성의 논리적 보완이었다. 식민주의 이데올로기를 실행하는 것은 식민성의 지배 논리이다.

두 가지 면에서 은폐된 이데올로기인 '식민주의'는 드러난 세 가지 이데올로기와 구별된다. 첫째, 식민주의는 누구도 찬성하지 않으며 모든 사람이 종식되기를 원하는 이데올로기이다. 식민주의는 가족의 명예를

---

[34] 나는 이 책에서 두 개의 다른 맥락(혹은 분석철학의 표현을 빌린다면 담론의 우주universes of discourse)에서 똑같이 식민주의라는 용어를 사용했다. 하나의 맥락에서 식민주의는 역사적 기획인 제국주의의 상보적 영역이다. 또한 지난 500년 동안 대서양 상권의 자본주의 경제에 토대를 둔 제국들(스페인, 네덜란드, 프랑스, 영국, 미국)에 대해 언급하기 위해 '제국주의/식민주의'라는 표현을 사용한다. 그 시기에 아메리카, 아시아, 아프리카에는 다양한 제국주의와 상이한 식민주의의 역사가 존재했다. 나의 전제는 식민주의 없이는 제국주의도 없다는 것이다. 즉 식민성이 근대성의 구성적 부분이듯이, 식민주의는 제국주의의 구성적 부분이다. 내가 식민주의라는 표현을 사용하는 또 다른 맥락은 근대/식민 세계의 은폐되고 위장된 이데올로기를 드러내려고 할 때이다. 16~17세기에 기독교와 군주제의 스페인 제국은 식민주의 대신에 '개종'과 '카스티야화'를 내세웠고, 세속주의와 제국주의 국민국가들(영국, 미국, 소련)은 문명화, 사회주의, 프롤레타리아 계급독재, 혹은 시장민주주의를 내세웠다. 또한 이러한 위장된 이데올로기들을 관통하는 것은 근대성의 수사학(구원, 진보, 모두를 위한 복지)과 식민성의 논리(착취, 억압, 주변부화, 토지의 전유, 권위의 통제)이다.

더럽히는 구성원이다. 그것은 항상 존재했으며 사람들은 그것에 대해 알지만, 양반 가문에서 재물에 대해 말하기를 거리끼는 것처럼, 그것에 대해 거론하기를 원하지 않는다. 이처럼 제국주의 지도자들과 세계 경영 구상의 설계자들도 식민주의를 자랑스러워하지 않으며, 그들은 공공연히 식민주의에 반대한다고 말했다. 식민주의는 문명, 발전, 혹은 민주주의 같은 긍정적인 용어로 표현되었을 뿐만 아니라, 식민화가 선(善)을 필요로 하고 그럴 만한 가치가 있는 사람들에게 선을 가져다주기 위해 필요한 과정이라고 생각하는 경우에도 식민주의라는 말은 결코 사용되지 않는다. 예를 들어 보수주의자, 자유주의자, 맑스주의자가 세계 곳곳에 전파하고 촉진하기를 원한 것은 '문명', '발전', '근대화', '사회주의'였지 식민주의가 아니었다(아마도 2001년 9·11 사태 이후 선의의 자유주의자들조차도 식민주의가 미국의 외교정책으로 필요하다고 인정한 것이 예외적인 경우일 것이다)! 이런 관점에서 본다면 전 세계의 번영, 민주주의, 자유를 가져오기 위해 식민주의는 필수불가결하다. 유럽 중심주의는 정확히 다음과 같이 정의될 수 있다. 유럽 중심주의는 근대성은 전통을 대체하는 것이고 식민주의는 더 나은 미래를 위한 수단이라고 주장하는 역사적 관점이다.

 둘째, 근대성의 행로에서 식민주의는 근대성이 제시한 이상과 다르거나 근대성의 진행 방향과 어긋나는 것들을 말살시켜 버리고 제거해 버림으로써 이데올로기적 자취를 감춘다. 따라서 근대성이 근대성의 논리(이것은 시간을 식민화하는 방식으로 역사를 중세, 근대 초기, 근대, 탈근대 등으로 나열하는 것이다) 안에서 근대성보다 앞선 시기를 말소했을 뿐만 아니라 근대성의 논리를 벗어난 것을 말소하는 잘못을 저지르지 않았더라면, 근대성은 '이성, 진보, 정치적 민주주의, 과학, 상품 생산, 새로운 시공간 개념, 급속한 변화'로 규정되고 인식될 수 있다.[35] 1960년대의 식민주의에 대한 파농의 언급은 오늘날의 새로운 형태의 신자유주의적 식민주의에도 여전히 유효하다.

식민주의는 단순히 피지배 국가의 현재와 미래에 식민주의의 규율을 강요하는 것으로 만족하지 않는다. **식민주의**는 피지배 국가의 국민들을 자신의 손아귀에 장악하고 그들 머릿속의 모든 형식과 내용을 박탈하는 것으로 만족하지 않는다. 식민주의는 **일종의 도착적인 논리**를 사용해서 억압받는 사람들의 과거를 비틀고, 왜곡하고, 파괴한다.[36]

서인도가 성립되기 이전에, 그리고 서인도와 공존했던 짧은 기간 동안에 고상한 사명을 내세운 제국주의는 아스테카 제국과 잉카 제국의 과거를 말소했다. 16~17세기에 기독교가 은폐했던 네번째 세속적 이데올로기인 식민주의는 다른 형식의 삶을 파괴하고 부숴 버리는 근대성의 비합리성을 드러낼 뿐만 아니라(예를 들어 사하라 이남 아프리카와 라틴아메리카의 현 상황을 보라), 합리성의 신화에, 그리고 산업화와 기술의 이름으로 해체하고 파괴했던(그리고 지금도 파괴하고 있는) 시간/공간/자연의 모습에 바탕을 둔 근대성의 전체주의적 경향성을 드러낸다. 물론 아메리카의 원주민, 아프리카에서 끌려온 노예들, 그리고 그 뒤를 이어 아프리카와 아시아 사람들은 근대성의 '도래'를 다양한 방식으로 받아들였다. 즉 근대화의 열차에 올라타는 기회를 잡으려는 시도에서부터 식민지에

---

35) Jorge Larrain, *Identity and Modernity in Latin America*, London: Blackwell, 2000, p.67.
36) Frantz Fanon, *Les Damnés de la Terre* [1961], trans. Constance Farrington, *The Wretched of the Earth*, New York: Grove Weidenfeld, 1991, p.61 [『대지의 저주받은 사람들』, 남경태 옮김, 그린비, 2005].

서 벗어나려는 고통스러운 과정에 이르기까지 근대성에 대한 반응은 다양했다. 그러나 어느 경우가 되었든 '근대화'는 스스로의 과거에서 얻어진 것이 아니라 외부로부터 '주어진 것'이었다. 다른 역사를 가지고 다른 언어를 사용하는 사람들이 세계 경영 구상을 어떻게 받아들였느냐 하는 점이 다를 뿐이었다.

아메리카 대륙의 첫번째 탈식민화의 물결은 이데올로기적 실천으로서의 식민주의에 대한 대응이었으며 또한 식민주의보다 더 근원적인 논리인 식민성에 대한 대응이었다. 탈식민화의 파도를 일으킨 모든 '혁명들'은 (서문에서 언급한 것처럼) 새로움의 패러다임보다는 공존의 패러다임에 포함된다. (아메리카 독립혁명이라고 불리는) 미국의 독립(1776년), 토마스 카타리(Tomás Katari)와 투팍 아마루(Túpac Amaru)가 이끌었던 (지금은 볼리비아가 된) 페루 지역의 반란(1780~1781년), 아이티 혁명(1804년), 그리고 스페인과 포르투갈 식민지였던 아메리카의 순차적 독립(1810~1830년)은 식민지를 지배했던 제국주의 이데올로기였던 '식민주의'에 대한 저항이었다. 제2차 세계대전 이후의 두번째 탈식민화의 시기처럼, 이 시기의 탈식민화는 정치적 측면이 강했고, 이보다는 미약하지만 경제적인 탈식민화를 포함하기도 했지만 인식적인 측면의 탈식민화는 아니었다. 역사적으로 정치이론과 정치경제학이 형성되는 토대가 되었던 신학적이고 세속적인 사유의 틀은 결코 의문의 대상이 되지 않았다. 이것이 세제르와 파농으로부터 시작되어 1990년대 이후에 구체화된 투쟁이 과거의 탈식민화 운동과 근본적으로 구별되는 지점이다. 오늘날 목격하고 있는 지식과 주체의 탈식민화는 자본주의의 대안에 대한 상상력, 그리고 근대 국가와 근대 국가가 의존하고 있는 군사력에 대한 대안의 상상력을 통해서, 또한 앞서 언급한 네 개의 이데올로기와는 다른 새로운 이데올로기의 창조에 대한 상상력을 통해서 모색되고 있다. 지금까지 아메리카 대륙에서 일어났던 모든 '성공적인' 탈식민화 운동은 스페인, 포르투갈, 영국, 그리고 아프리카계 크리올이 주도한 것이었기 때문에 유럽의 전통을 넘어서는 사유의 방식을 상상할 수 없었다. 탈식민적 기획의 핵심적인 타격 목표가 되는 이데올로기는 식민주의여야만 했다. 그러나 첫번째 탈식민화 물결의 목표는 제국으로부터 표면적인 독립을 쟁취하는 것이었고, 식민주의 이데올로기는 붕괴되지 않은 채 지속되었다. 다시 말해, 독립국가의 권력은 크리올 엘리트가 장악했지만 **식민성의 논리**는 그대로였다.

 탈식민화 운동이 식민지 지배자들을 영토 밖으로 축출하는 것을 의미하는 것이라고 할 때, 원주민이 주도했던 유일한 사회운동은 '실패'했다. 사실상 페루 부왕령의 인디오들은, 쇠퇴하기는 했지만 여전히 권력을 행사하고 있던 두 개의 집단인 크리올과 스페인 제국의 관료들을 상대로 싸워야 했다. 만일 투팍 아마루가 권력을 잡았다면, 오늘날 틀림없이 '라틴'아메리카는 존재하지 않았을 것이다. 미셸-롤프 트루요(Michel-Rolph Trouillot)가 설득력 있게 주장했듯이, 인식적 단절의 가능성을 제공했던 아이티 혁명은 오히려 침묵당하는 결과를 가져왔다.[37] 슈발리에가 유럽과 아메리카 대륙의 라틴 국가를 규합할 책임이 프랑스에 있다고 썼을 때도 아이티는 염두에 두지 않았다. 슈발리에에게 아이티는 '라틴성'을 갖지 않고 '아프리카성'을 갖는다고 생각되었다! 이상하게도 (혹은 이상하지 않을 수도 있지만) 아이티는 결코 '라틴'아메리카의 일부라고 생각된

---

[37] Michel-Rolph Trouillot, *Silencing the Past: Power and the Production of History*, Boston: Beacon Press, 1995.

적이 없었다. '라틴' 민족은 흑인이 아니라 백인 크리올이거나 혹은 적어도 유럽인의 사고방식을 가진 메스티소나 물라토라고 생각되었다.

(토레스 카이세도가 지적했던 것처럼) 스스로를 '라틴' 인종으로 인식하기 위해서 '라틴'아메리카 크리올은 식민적 차이를 새로운 형식으로 규정해야만 했다. 즉 원주민과 흑인을 지배하는 내적 식민주의자가 되었으며, 그럼으로써 식민성의 논리에서 벗어났다고 믿었다. 독립 이후 아메리카를 상징하는 내적 식민주의는 국민국가 형성과 직접적으로 연관이 있다. 식민지의 국민국가는 식민주의를 벗어나 근대성으로 진입했음을 알리는 표식이 아니었다. 미국의 독립과 그 뒤를 이은 라틴아메리카의 독립으로 실현된 근대성/식민성의 행로는 서로 달랐으며, 특히 아이티 혁명의 과정과는 확연하게 달랐다. 그럼에도 불구하고, 세 가지 경우 모두에서 탈식민화 이후에 등장한 국민국가는 내적 식민주의를 통해 식민성을 그대로 계승했다. 미국의 독립 역시 내적 식민주의로 귀결되었지만, 미국은 내적 식민주의 국가이면서 동시에 제국주의적 야망을 가진 포스트식민주의 국가였다는 점에서 라틴아메리카나 아이티와는 달랐다. 모국인 영국으로부터 제국주의적 야망을 물려받은 미국은 19세기의 세계질서에 커다란 영향력을 행사했다.

유럽에서는 인종적 차이가 내적 식민주의로 작용하지는 않았다. 유럽에서 근대적 국민국가가 등장한 것은 제국으로부터의 독립과는 관계가 없으며 정치적 탈식민화가 목표도 아니었다. 유럽의 탈식민화의 기원은 새로운 사회계급인 부르주아지의 해방을 위한 투쟁이었고 식민지 제2계급 집단을 위한 투쟁과는 달랐다. 유럽에서 내적 식민주의는 산업혁명과 연관된 계급 착취에 대한 은유로 사용되었지만, 불평등의 역사적 조건은 아메리카와는 확연히 달랐다. 아이티의 흑인들과는 달리, 유럽 부르주아지의 탈식민화는 전제군주로부터의 해방이 아니었기 때문이다. 산업혁명이 확산되고 국가의 구성과 지배가 강화되면서 유럽의 부르주아지 세력도 강화되었다. 새로운 사회계급이 국가와 경제를 지배하게 되면서 억압받는 사회계층인 프롤레타리아가 등장했다. 그러나 인종차별주의는 문제가 되지 않았다. 유럽의 정치적 상황을 좌우하는 것은 계급차별이었지 인종차별이 아니었다. 사회적 계급 정체성인 프롤레타리아를 규정하는 것이 인종 분류가 아니라 노동과 자본의 관계였다면, 식민지에서의 인종 분류는 합법화된 노동 착취의 근거가 되었다. 아메리카의 인종 분류와 내적 식민주의에서 확연하게 계급 차이가 드러나는 것은 아니지만, 계급 분류의 원칙이 유럽의 경우처럼 산업혁명 이후 공장에 고용된 노동자 집단을 가리키는 사회계급이 아니라 식민주의에서 비롯된 사회적 계층화라는 것은 의심할 여지가 없다. 사회적 계급화가 서로 다른 인간 집단에서 '자연스럽게 배태되는' 것이 아니라는 것은 확실하다. 그와는 반대로, 근대/식민 세계를 구축하는 데 토대가 된 인식적 분류에서 비롯된 것이다.[38] 식민적 권력 매트릭스는 인종차별주의, 그리고 식민지 사람들을 열등한 인간으로, 때로는 인간이 아닌 것으로 묘사함으로써 악마 취급한 인식적 담론과 떼려야 뗄 수 없다.

자메이카 출신의 철학자 루이스 고든(Lewis Gordon)은 근대성/식민성의 역사적 논리에 대한 유럽의 경험과 아메리카의 경험이 어떻게 다른지 잘 요약해 보여 주었다. 고든에 따르면, 계급은 유럽에서 나타난 **고유한 특성**으로 사회주의를 지향하는 노력으로 등장했다. 카리브 지역의 뿌

---

38) Anibal Quijano, "Coloniality of Power, Eurocentrism, and Latin America", *Nepantla: Views from South*, 1/3, 2000, pp. 533~580.

리 깊은 노예제도, 인종차별주의, 유럽의 식민주의의 역사 속에서 성장한 고든의 관점에서 바라볼 때, 유럽에서 계급은 숨 쉬는 공기처럼 '느껴지는' 것이었다. 아메리카에서는 인종이 신세계 사람들의 의식을 형성하는 고유한 주제가 되었고, 이 때문에 아메리카에서는 인종이 숨 쉬는 공기처럼 '느껴졌다'.[39] 그러나 여기서 중요한 것은 차이 그 자체에 있는 것이 아니라 그것의 결과에 주목하는 것이다. 이것이 오늘날 근대/식민 세계를 배경으로 만들어진 라틴아메리카라는 '개념'이 혁신되고 있는 이유를 이해하는 데 결정적이기 때문이다. 고든은 다음과 같이 언급한다.

> 따라서 오늘날 라틴아메리카 사람들이 경험하는 고통은 강화되는 계급 분할 때문이며, 또한 신세계 사람들의 의식이 되어 버린 인종차별주의 때문이다. ……
> 새로운 것이 만들어지고 있다. 유럽이 서쪽으로 (그리고 그 다음에는 동쪽으로) 확장했을 때 새로운 억압 관계가 등장했던 것처럼, 새로운 서쪽 [New West, 미국을 가리킨다]이 세계화를 추진하면서 또 다른 억압 관계가 등장하고 있다. 새로운 억압 관계는 인종차별주의인가? 고전주의인가? 아니면 성차별주의인가? 내가 보기에는, 이것들 중의 어느 하나가 아니라, 모든 차별주의를 타파하려는 **인본주의적 노력에 적대적인 광범위한 에토스**이다. 요약하자면, 반혁명과 반유토피아의 에토스다.[40]

---

39) Lewis Gordon, *Existentia Africana: Understanding Africana Existential Thought*, New York: Routledge, 2000, pp. 159~160.
40) Lewis Gordon, Ibid., pp. 159~160. 강조는 필자.

인용문은 16세기에 시작되어 21세기까지 지속되고 있는 근대/식민 세계의 지배적인 에토스를 함축적으로 보여 준다. '라틴아메리카'라는 개념은 19세기에 스페인과 포르투갈과 연결된 탯줄을 끊어 버리고 새롭게 등장한 제국의 일원이 되기를 열망했던 크리올 엘리트들을 대리인으로 내세워 (인식적) 의미와 자본을 지배하려는 제국주의 국가 간의 경쟁 관계 속에서 만들어졌다. 그러나 유럽 사람들의 삶과 제도를 형성한 것이 계급 분할이었다면, 식민지 — 프랑스와 영국의 새로운 식민지뿐만 아니라 독립 이후 국민국가를 형성해 가던 라틴아메리카까지 — 의 삶과 제도의 토대는 인종주의였다.

라틴성의 여러 가지 얼굴들

요약하자면 '라틴성'은 19세기 제국과 식민지 간의 갈등의 결과이며 제국적 차이와 식민적 차이가 만들어지는 방식이었다. 유럽에서 프랑스 정치인들과 지식인들이 경쟁 세력인 유럽의 앵글로색슨 민족(영국과 독일)과의 제국적 차이를 표현하기 위해 라틴성을 주장했다면, 남아메리카에서는 스페인 혈통의 크리올 지식인들과 정치인들이 경쟁 세력인 아메리카의 앵글로색슨 세계(미국)와 자신들을 차별적으로 규정하기 위해 라틴성 개념을 이용했다. 그러나 '라틴'아메리카는 역사-정치적이고 문화적인 면에서 새로운 세계질서의 하위주체가 되었다. 달리 말하자면, 스페인 제국의 이데올로그들이 아메리카의 식민화를 정당화하기 위해 조작한 식민적 차이를 새로운 독립 공화국의 이데올로그들이 똑같이 이용했을 뿐만 아니라 더 강화시켰다. 이렇게 독립 이후 공화국 형성 과정에서 식민적 차이는 '내적인' 식민적 차이로 재생산되었다. '라틴성'은 겉으로는 모든 사람들을 포함하는 역사적·문화적 정체성임을 내세웠지만, 실상은 배제된 사람들에게 침묵을 강요하는 '내적인' 식민적 차이를 감추기 위해 이용되었다. '라틴성'은 '라틴'아메리카에서 원주민들과 아프리카 혈통의 후손들을 투명인간으로 만들었다.

'라틴성'은 처음에는 크리올/메스티소 엘리트 공동체의 정체성을, 그 다음에는 19세기 중반에 아메리카로 이주한 유럽의 이민자들의 정체성을 규정하기 위하여 이용되었다. '라틴성'의 에토스는 유럽으로부터의 이주를 촉진시켰다. 유럽인의 이주는 진보와 문명화를 장려하고, 간접적으로는 국민국가를 백인화하기 위한 수단 중의 하나였다. 크리올 엘리트에게 경영권이 넘어간 열대 플랜테이션 경제를 보완하기 위해서 독일, 영국, 프랑스의 식민주의자들은 남아메리카에서 농업과 목축업을 중심으로 새로운 경제를 발전시켰다. 크리올 엘리트들은 '식민지적 착취'를 '근대적 수출'로 변화시켰다. 유럽이나 미국과 비교하면 라틴아메리카 국가들은 19세기 후반 이래 세계경제에서 지속적으로 추락하고 있다.

19세기 마지막 10년을 세계 역사의 전환점으로 만든 사건들은 '주변부'(스페인, 라틴아메리카, 미국, 그리고 일본)에서 발생했으며, 프랑스로부터 러시아 혁명과 여러 가지 방식으로 표출된 유럽의 전체주의에 이르기까지 승리를 거둔 근대성의 역사와 비교할 때 이런 주변부는 여전히 주변부로 머물러 있다. 그 시기에 스페인은 카리브 지역과 태평양(필리핀)에서 과거의 식민지를 상실했고 1898년 스페인-미국 전쟁에서 승리한 미국이 제국주의적 행보를 보이기 시작했으며, 1895년 중국을 침략한 일본도 제국주의적 지배를 시작했다. 1900년경의 세계질서의 판도에서 보면 경제적인 면에서나 북대서양 상상의 공동체에서 '라틴'아메리카의 위상은 더욱 추락했다. 즉 스페인-미국 전쟁에서 승리한 미국의 이데올로 그들이 전파한 백인 우월주의 담론이 점점 더 영향력을 발휘하면서 라틴 아메리카는 더욱더 어두워졌다. 북유럽 민족이 스페인 사람들을 무어인과의 혼혈로 피부색이 더 검은 사람들로 취급했던 것처럼, 라틴아메리카는 점점 더 검은 피부색을 가진 메스티소로 인식되기 시작했다. 물라토(mulato)와 촐로(cholo, 종족이나 계급으로 볼 때 원주민에 더 가까운 메스티소)는 말할 것도 없고, 원주민과 아프리카계 주민과 비교해서 자신들을 백인이라고 생각하는 크리올 엘리트 메스티소도 북유럽과 미국의 관점에서는 충분히 백인이 되지 못했다. 이런 인식은 제2차 세계대전을 거치면서 다음 단계로 가게 된다. 즉 라틴아메리카는 제3세계의 일원이 되었고, 원주민과 아프리카계 주민들은 여전히 투명인간이었다.

그러나 같은 시기에 쿠바의 작가이자 활동가였고 이데올로그였으며, 인생의 중요한 시기를 미국에서 보냈던 호세 마르티(José Martí)는 널리 알려진 정치적 선언인 '누에스트라 아메리카'[Nuestra América, 우리 아메리카]에서 새롭고 좀더 개방적인 관점의 '라틴성'을 언급했다. 마르티의 생각은 카이세도와 알베르디의 생각과 다르며, 유럽 역사의 토대가 되는 그리스와 프랑스도 외면한 채 '누에스트라 아메리카'의 역사적 토대의 상징으로 메소아메리카 문명(마야, 잉카, 아스테카)을 주목한다. 마르티와 1920년대 페루의 지식인이자 정치적 지도자였던 호세 카를로스 마리아테기(José Carlos Mariátegui) 이후에 종속이론과 철학자 엔리케 두셀(Enrique Dussel)의 해방철학이 등장한 1960년대에 이르러 라틴아메리카에 대한 개념은 급격한 변화를 겪었다. 또한 앞에서 인용했던 것처럼, 1960년대에는 식민주의에 대한 파농의 비판이 '라틴성'의 개념에 대해 프랑스의 제국주의적 구상이 자의적으로 규정해 놓은 대화의 틀을 변화시켰다. 냉전 기간에 식민성에 대한 역사적 관점에서 만들어졌던 '라틴'아메리카라는 개념은 프랑스가 규정한 '라틴성'이라는 개념으로부터 급격히 단절되었다.

『르몽드디플로마티크』가 격월간으로 발행하는 『마니에르드부어』(Manière de voir) 2003년 여름호(6~7월)의 기사처럼 오늘날 "라틴아메리카는 비등하고 있다". 그리고 실제로 그렇다. 최근 10년 동안 괄목할 만한 변화들이 일어났다. 아이마라 원주민 활동가이자 지식인인 빅토르 우고 카르데나스(Victor Hugo Cárdenas)가 1993년 8월에 볼리비아의 부통령으로 임명되었다. 카르데나스의 정치적 노선과 완전히 일치하지는 않지만 원주민 사회운동의 지도자이자 지식인인 펠리페 키스페(Felipe Quispe)와 에보 모랄레스(Evo Morales)는 부통령이 열어 놓은 개방적인 국정 운영에 참여했다. 사비에르 알보(Xavier Albó)는 「모두가 아이마라, 그러나 확연히 다른」(Todos aimaras, pero tan distintos)이라는 제목의 글에서 최근 10년 동안 볼리비아에서 진행되고 있는 변화의 과정에서 카르데나스, 모랄레스, 키스페가 맡은 역할을 분석했다. 볼리비아의 원주민 사회운동에서 발견되는 지도적인 역할과 미래에 대한 전망은 에콰도르에서도 발견된다. ([2005년 당시] 에콰도르 외무부 장관인) 니나 파카리(Nina Pacari)와 (농업부 장관을 역임했고 최근에 에콰도르원주민연맹회장에 재임명되었으며 원주민 상호문화대학인 아마우타이 와시Amawtay Wasi의 총장인) 루이스 알베르토 마카스(Luis Alberto Macas)의 지적이고 활동적인 지도력, 의회에 진출한 상당한 숫자의 원주민 출신 의원들, 그리고 30개 이상의 도시에 원주민 관료들의 힘이 서로 합쳐지면서, 아직도 형식적인 정권이 신자유주의 찬성론자들의 손아귀에 있음에도 불구하고, 에콰도르는 더 이상 '백인/메스티소' 엘리트가 지배하는 나라가 아니다.

아프리카계 흑인들이 주도하는 사회운동의 등장도 원주민 사회운동 못지않게 중요하며, 이들의 존재는 (라틴아메리카, 미국, 그리고 유럽에 있는) 우리들이 그저 라틴아메리카의 일부분을 구성하고 있는 어떤 것으로만 알고 있었던 것에 새로운 의미를 부여하고 있다. 안데스에서부터 멕시코까지, 그리고 아르헨티나에서부터 카리브까지, 대륙 전체에서 (전 세계에 라틴아메리카 음악으로 알려져 있는) 아프리카 리듬을 들을 수 있다. 브라질 북부와 콜롬비아 북동부, 그리고 카리브 도서 지역 전체에는 (칸돔블레, 산테리아, 부두, 라스타파리아니즘 같은) '이국적인' 종교 행위가 기독교보다 더 널리 퍼져 있다. 아프리카 종교를 인정하지 못하는 기독교인들이 계속해서 거부하거나 공포감을 느끼는 아프리카의 종교의식은 음악과 마찬가지로 '라틴성'에 포섭되지 않았고, 앞에서 살펴본 것처럼 기독교와 '라틴성'이 동전의 앞과 뒤인 라틴아메리카에서 오히려 기독교를 '흡수'하기도 했다. 이런 상황에서 (라틴아메리카 혹은 유럽 혹은 미국에 거주하는) 사람이 아프리카 종교의식이 억압에 대한 저항과 창조적인 생존에 핵심적인 요소라는 사실을 진지하게 받아들이지 않을 수 있을까? 모든 기독교인들이 라틴어를 사용하지는 않지만 근대 세계의 기독교의 토대는 '라틴어'였다. 데리다(Jacques Derrida)는 "우리는 모두 라틴어를 말한다"라는 사실을 상기시켜 주었고 "라틴어를 세계화해야 한다"라고 주장했다. 유럽과 라틴아메리카의 많은 사람들이 데리다의 주장을 열광적으로 지지한 반면에, 나는 데리다의 발언이 원주민, 아프리카계 안데스 주민, 그리고 아프리카계 카리브 주민에게 공감보다는 비판적 의식을 일깨웠을 것이라고 생각한다. 결국 대서양 경제를 세계화할 수 있는 원주민과 아프리카계 사람들의 역할을 억압한 것은 16세기부터 지금까지 주장해 온 '라틴성'의 세계화였다. (일일이 다 열거할 수는 없지만) 펠리페 키스페, 리고베르타 멘추(Rigoberta Menchú), 그리고 밥 말리(Bob Marley)는 틀림없이 데리다의 주장에 동의하지 않을 것이다.

지금까지 언급한 예들이 원주민과 아프리카계 주민의 사회운동이 인식적이고 정치적인 면에서 **되돌아갈 수 없는 지점**에 이르렀음을 보여 주는 데 부족했다면, 라틴아메리카에서 일어나고 있는 급격한 변화를 보여 주는 또 다른 예로 브라질에서 이냐시우 룰라 다 시우바(Ignácio Lula da Silva)가 거둔 민주적인 승리를 제시할 수 있다. 룰라 대통령은 국가가 나아가야 할 새로운 길을 선택하는 것이 가능하다는 것을 보여 준다. 포르투갈보다는 스페인의 문화적 색채가 훨씬 강한 라틴아메리카에서 시몬 볼리바르와 독립 전쟁의 시기 이래로 브라질은 의붓자식과 같은 신세였기 때문에 룰라의 행보는 라틴아메리카의 역사에 매우 중요하다. 더구나 미래를 향한 룰라의 새로운 선택은 '스페인' 아메리카의 지도자들뿐만 아니라, 식민지를 경험한 라틴아메리카에서 인종과 계급을 절속하는 데 큰 어려움을 겪었던 라틴아메리카와 유럽의 맑스주의자들에게도 많은 것을 시사한다. 룰라의 경우는 인류의 미래를 위해 레닌을 다시 한번 불러낼 수 있을지를 두고 유럽에서 벌어지고 있는 탈근대 논쟁이 더 이상 쓸모없음을 보여 준다. 룰라와 더불어 아르헨티나의 네스토르 키르츠네르(Néstor Kirchner) 대통령[2003~2007년 재임]도 과거의 제국주의 시대의 권리를 주장하는 국제통화기금, 세계은행, G8 국가들의 요구와는 다른 사회적이고 정치적인 조직 형태가 있다는 것을 보여 주는 중요한 조치들을 취하고 있다. 룰라는 유럽의 근대 역사와 산업혁명으로부터 만들어진 교범을 따르지 않고 브라질과 아메리카의 식민지 역사를 통해 사유하고 있다. 원주민과 아프리카계 주민의 사회운동을 이끄는 지식인들과 지도자들이 보여 준 것처럼, 세계의 진리를 설파하는 것처럼 보이는 사회학과 경제학 교과서들이 선전하는 역사보다는 식민지 역사와 차별적인 식민지 권력에 대해 숙고하는 것이 더 의미 있는 일이다. 룰라의 경우도 라틴아메리카가 급격하게 변화하고 있음을 보여 주는 충분한 증거가 될 수 없다면, (룰라가 속한 노동자당이 집권한 포르투알레그레에서 세 번 연속해서 개최된) 세계사회포럼(World Social Forum)을 주목해야 한다. 세계사회포럼이 보여 주는 변화하는 라틴아메리카의 모습은 톰 아저씨의 오두막에 누워 있는 허약한 희생자의 모습이 아니라 '또-다른 세계화'를 위해 지도력을 발휘하는 대륙의 모습이다.[41] (브라질, 남아프리카공화국, 인도로 구성되는) G3 경제블록을 구성하자는 룰라의 제안은 신자유주의 세계화의 상황에서 전 세계의 약 190개 국가가 수락할 준비가 되어 있는 것처럼 보이는 하위주체의 역할을 벗어나 '또-다른 세계화'를 추진하기 위해 주도적인 역할을 담당하겠다는 의사표현이다.

라틴아메리카는 토지와 노동력의 이용이라는 자본주의적 측면뿐만 아니라 주체성과 지식의 차원에서도 여전히 식민적 권력 매트릭스가 통용되고 있는 상황이지만, 남아메리카에서는 유럽의 식민주의 유산인 언어, 지식, 종교, [역사적] 기억이 원주민과 아프리카계 주민들의 전통에 의해 도전받고 대체되고 있다. 미국에서도 라티노들이 이론적이고 예술적인 창작을 통해 동일한 투쟁을 전개하고 있다. 국가적인 수준에서 남아메리카와 카리브 지역의 정치경제적 실권은 크리올의 수중에 있지만, 인종이나 젠더의 문제로 주변화되어 있던 사회적 집단 간의 열린 대화를 통해 국가를 변화시킬 수 있는 가능성이 새롭게 열리고 있다. 에콰도르가 이러

---

[41] Boaventura de Sousa Santos, "The World Social Forum", www.ces.fe.uc.pt/bss/documentos/fsm_eng.pdf.

한 변화를 보여 주는 좋은 예이다. 다음 장에서 보게 되겠지만, 유럽에 기원을 둔 자유주의, 신자유주의, 사회주의 정치 기획들은 라틴아메리카 대륙의 존재론과 일대일의 상관관계가 성립되지 않는다는 사실이 또 다른 변화들을 통해서 드러나고 있다. 라틴아메리카라는 이름과 현실의 불일치는 라틴아메리카를 탄생시킨 정치적 기획과 이러한 정치적 기획에 의해 스스로를 표현하지 못하도록 침묵당하고 '라틴' 에토스에 속하기를 원하지 않는 민중들의 기획이 공존해야 한다는 사실을 일깨워 준다.

3 라틴 아메리카 이후 : 식민적 상처와 인식론의 지정학적/몸 정치적 이동

3장 라틴아메리카 이후: 식민적 상처와 인식론의 지정학적/몸 정치적 이동

미국과 멕시코 국경은 제3세계가 제1세계와 부딪혀 삐걱거리며 피를 흘리는 **벌어진 상처**이다.
― 글로리아 안살두아(Gloria Anzaldúa), 『변경』(*Borderlands/La Frontera*), 1987

인식론과 지식 생산의 제한 속에서 어떻게 '상호문화성'을 접합시킬 수 있는가? 새로운 자료를 가지고 어떻게 인간 지식의 모험에 기여할 수 있는가?
루나 야차이쿠나 : 대답은 원주민 학문을 순환시키는 것이다. 이 순환의 목적은 원주민 지식을 사회화하는 것이며, 그렇게 해서 학생들은 자신들의 정체성을 재확인하고 자기 확신을 강화할 수 있다. 다시 말해, 존재하는 법을 배우는 것이다
― 루이스 마카스(Luis Macas), 아마우타이 와시(원주민 상호문화대학), 『볼레틴 ICCC-RIMAI』(*Boletin ICCC-RIMAI*), 2/19, 2000

급진적인 정치사상의 현 상태에 대한 설명은 여전히 1789년의 프랑스 혁명과 1917년의 러시아 혁명이라는 두 개의 역사적 사건 주변을 돌고 있는 서구의 인식론에 배태되어 있다. 유럽 중심주의의 사망을 선언하

는 사람들조차 여전히 이 두 개의 역사적 모델 안에서 급진적 사상을 전망한다.

— 앤서니 보그스(Anthony Bogues), 『검은 이교도, 검은 예언자: 급진적인 정치적 지식인』(Black Heretics, Black Prophets: Radical Political Intellectuals), 2003

위로부터 주어진 라틴아메리카: 편의점

오늘날 제국주의 국가들(미국과 유럽연합의 제국주의 국가들)에 의해 전파되고 있는 라틴아메리카에 대한 일반적인 생각은 투자를 기다리는 광활한 영토, 착취되는 값싼 노동력과 천연자원, 관광객을 기다리는 이국적인 관광코스와 환상적인 카리브 해안들이다. 이러한 이미지들은 라틴아메리카가 제3세계의 일원이 되고, 아우구스토 피노체트(Augusto Piochet, 1973년 취임) 장군 시절의 칠레로부터 시작하여 그 뒤를 이은 아르헨티나의 카를로스 메넴(Carlos Menem, 1989년 취임)과 볼리비아의 곤살로 산체스 데 로사다(Gonzalo Sánchez de Losada, 1993년 취임)에 의해 추진된 신자유주의 프로젝트를 위한 최적지가 되었던 냉전 시기에 만들어졌다. 오늘날 이런 식으로 많은 거대 첨단기업들이 미국에서는 1년에 5~6만 달러를 지불해야 하는 직종에서 1년에 1만 달러만 지불하면 기술자를 고용할 수 있는 (파산 이후의) 아르헨티나로 생산 설비를 이전하고 있다.

CIA 보고서 『글로벌 트렌드 2015』의 '라틴아메리카' 부분도 19세기 크리올 엘리트와 공모한 프랑스 이데올로그의 제국적 구상에서 유래한 '라틴아메리카의 개념'에 의존하고 있다. CIA는 다음과 같이 예견한다.

2015년까지 많은 라틴아메리카 국가들은 남반구 간, 국가 간 경제 교류의 증대, 정보혁명, 낮은 출산율로 인해 지금보다 더 풍요로움을 누릴 것이다. 민주적 제도화의 진전은 개혁을 강화하고 투자에 신뢰를 줌으로써 경제적 부를 촉진시킬 것이다. 브라질과 멕시코는 남반구 정세에 주도권을 잡는 신뢰할 수 있고 능력 있는 국가가 될 것이다. 그러나 이 지역은 해외금융에 대한 의존도가 높고 단일 상품 경제가 계속됨으로써 금융위기에 취약할 것이다. 라틴아메리카에서 특히 빈곤한 안데스 지역의 국가들은 더 뒤처지게 될 것이다. 대중의 요구, 범죄, 부패, 마약 밀매, 그리고 사회적 소요에 효과적으로 대처하지 못하면 몇몇 나라에서 민주주의 후퇴가 가속화될 것이다. 라틴아메리카 —— 특히 베네수엘라, 멕시코, 브라질 —— 는 2015년까지 점차 중요한 석유 생산국이자 새로운 대서양 유역 에너지 체계의 중요한 구성원이 될 것이다. 확인된 석유 매장량은 중동에 이어 두번째이다.[1]

그러나 사태를 관망하고 언급하는 많은 사람들의 견해에 따르면 상황은 조금 다르게 보인다. CIA 보고서는 많은 라틴아메리카 전문가의 말을 인용하고 있지만, 여기에는 남(南)에 대한 신자유주의적 침략을 비판하는 라틴아메리카 지식인은 한 사람도 포함되어 있지 않다. 예를 들어, 독립 뉴스 매체에 스페인어로 발표되어 알라이-암라티나(Alai-Amlatina)[2]가 출판한 논문들은 모든 글들이 영어로 쓰여지는 세계에는

---

1) *Global Trends 2015*, http://www.dni.gov/nic/NIC_globaltrend2015.html.
2) ALAI(Agencia Latinoamerica de Informació)는 라틴아메리카의 인권, 성 평등, 시민 참여 정책 입안 등에 개입하는 운동단체이다. ALAI는 민주사회와 사회정의를 위한 필수 조건으로 의사소통의 민주화에 역점을 두고 있다. 본부는 에콰도르 키토에 있다. —— 옮긴이

'존재'하지 않는 것이다. 이것이 라틴아메리카라는 개념의 일부분이다. 미래로 향하는 길을 만드는 것은 위에서 계획된 '발전'으로 충분하기 때문에 모든 사람의 목소리는 결코 다 들리지 않는다. '전문가의 의견'과 '전문가'가 되기 위해 훈련받은 경험은 기술을 새로운 식민의 도구로 이용함으로써, 기술을 자신들의 삶의 방식으로 포섭하고 자신들의 삶의 방식을 자본주의적 요구에 맞춰 변화시키지 않으려는 공동체의 '요구'와 '생생한 경험'을 위압적으로 지배한다. 맹목적인 CIA의 전문가들은 민중들과 함께하기를 꺼려 하고, 모든 사람이 그들이 쓴 각본대로 행동하기를 기대하면서 어슬렁거릴 뿐이었으며, 그 결과는 수많은 사회운동으로 되돌아왔다. 이것은 근대성/식민성의 양면성이 보여 주는 빛과 어둠이 두 배로 드러나는 노골적인 예증이다. 지식과 정보를 통제하고 다루는 CIA와 다른 기관들이 라틴아메리카 민중들을 침묵하게 만드는 것은 점점 더 어려워지고 있다. 여기서 핵심적 이슈는 저주받은 사람들(프란츠 파농 Frantz Fanon의 표현에 의하면 대지의 저주받은 사람들)의 요구에 응답하는 새로운 종류의 지식의 등장이다. 그들은 오늘날의 식민적 상처, 즉 점차 많은 사람들을 (16~17세기의 노예처럼) 상품화시키거나 심지어는 소모품으로 만드는 삶의 지배 원리에 의해 형성된 주체들이다. 되풀이되어 나타나는 식민적 상처로 인한 고통, 굴욕감, 그리고 분노는 급진적 정치적 프로젝트, 새로운 종류의 지식, 그리고 사회운동을 촉발시켰다.

냉전 기간에 라틴아메리카는 공산화(1959년 쿠바 혁명, 1970년 칠레에서 대통령으로 당선된 살바도르 아옌데Salvador Allende)되는 위험한 대륙이라는 이미지를 던졌다. 그러나 결과적으로는 근대화가 공산주의의 위협으로부터 세계를 구할 수 있는 방법(예를 들어, 1960년대의 푸에르토리코)이라는 미국의 주장에 따라 발전 정책이 실천되는 대상이 되었다.

근대화를 향한 라틴아메리카의 꿈은 1970년대에 복지국가 경제정책이 끝나면서 허무하게 사라졌다. 대신에 독재정권들(칠레의 피노체트, 아르헨티나의 호르헤 라파엘 비델라Jorge Rafael Videla, 볼리비아의 우고 반세르 Hugo Banzer)은 새로운 '신자유주의' 정치경제학의 모델을 받아들여 시행했다. 신자유주의 정치경제학은 정치이론에 시장을 사회구성의 주된 원리로 삼는 정치경제학을 결합했다. 따라서 1970년대 말 복지국가의 붕괴는 민영화와 시장 주도 국가통제의 빌미가 되었다.

CIA나 세계은행 같은 국제적 기관의 공식적 보고서에는 다음과 같은 수많은 상황들이 언급되어 있지 않다. 멕시코의 농부는 2에이커의 옥수수를 경작하기 위해 800달러를 지출해야 한다. 그가 그것을 팔면, 고작 400~600달러를 벌 수 있을 뿐이다. 첨단 기술의 지원과 정부 보조금을 받는 미국과 캐나다의 농부들이 경작한 옥수수가 싼 가격에 멕시코 시장에 쏟아져 들어온다. 이러한 거래로 인한 결과는 멕시코 정부에 대한 멕시코 농부들의 대규모 항의와 미국과 캐나다의 농부와 중간상인들에게 주어지는 대규모 이윤이다. 미국과 캐나다의 농부와 중간상인들에게 옥수수는 멕시코 농부들의 가난을 증가시키고 삶의 질을 악화시키는 대가로 이윤을 남기는 상품이 된다. 멕시코의 농부들은 좀더 평등한 교환을 위해 북미자유무역협정(NAFTA)의 조건을 바꿔 줄 것을 정부에게 청원한다. 비센테 폭스(Vicente Fox) 대통령은 농부들과 미국 정부 모두의 말을 듣지만, 미국 정부는 북미자유무역협정이 미주자유무역협정(FTAA)을 통해 아메리카 대륙 전체의 (이윤을 창출하는) 자유무역 통로를 열기 위한 더 큰 계획의 첫 단계이기 때문에 협정을 바꾸기를 거부한다.

미주자유무역협정이 내세우는 목표 중의 하나는 경제성장을 이룩하고 삶의 질을 향상시키는 무역 자유화이다. 그러나 분배의 평등에 대해서는 아무런 언급도 없다. 모든 목표는 성장과 (상품과 서비스 분야의 무역거래의) 증가를 강조한다. 그러나 '증가'가 의미하는 것은 자본축적일 뿐 전체 인구를 위한 삶의 질 향상이 아니라는 사실에 대해서는 아무런 언급이 없다. 협정이 주장하는 목표 중의 하나는 거래 당사자들에게 경쟁력을 부여하는 것이다. 그러나 여전히 경쟁력의 목표는 강자를 위한 자본축적일 뿐이고, 경제적 게임의 행위자들을 지배하는 것은 개별성의 원리이며 공동체의 원리는 무시된다(혹은 개인의 이득을 위해 착취된다)는 사실에 대해서는 아무런 언급이 없다. 또 다른 목표가 내세우는 취지는 거래 당사자들 간에 장벽을 없애는 것이다. 그러나 거래 당사자들은 평등한 조건에서 시작하지 않는다. 따라서 장벽의 제거는 산업적·기술적 생산의 중심부와 금융축적의 중심부만 이롭게 한다. 또한 제거되는 것은 무역거래의 '장애물'일 뿐이며, 남쪽[남반구]으로부터의 이주를 가로막는 '국경'은 강화된다는 사실에 대해서는 아무런 언급이 없다. 각각의 목표는 단지 현실의 절반만 이야기해 줄 뿐이다. 세계 경영 구상을 세우고 실행하는 사람들이 장님이고 발전에 대해 자신들이 사용하는 수사학이 전 세계 사람의 향상을 위한 것이라고 진정으로 믿거나, 아니면 거짓말을 숨기기 위해 그들이 수사학을 이용하고 있거나 둘 중의 하나이다. 지난 30년 정도의 세계사에 주의를 기울인 사람이라면 누구나 이러한 목표들의 함축적 의미를 이해할 것이며, 그러한 목표가 세계 인구의 대부분을 점점 더 주변부화하고, 그들의 삶의 질과 적절한 생활조건을 악화시킨다는 사실 역시 알 수 있을 것이다.

　　미주자유무역협정의 원리는 그것의 목표만큼이나 사람 눈을 속이고 현혹시킨다. 첫번째 원리는 협정을 통해 참가자들이 경제적 풍요로움을 추구하고, 우정과 협력을 강화시키며, 기본적인 인권을 지키는 일에 전념

할 수 있다고 주장한다. 그러나 이 원리는 매일 일어나는 일들과 모순된다. 경제적 풍요로움은 점점 더 소수의 사람에게 부가 집중되는 현상을 의미한다. 우정이란 협정 참가국의 국민들보다 지주계급, 주주, 은행가에게 이익이 되는 원리를 만들도록 압력을 가하고 실행을 강요하는 박해를 멋진 말로 바꾼 것이다. 협정의 원리와 목표는 16세기의 선교사들이 습관을 바꿔서 지금은 개종한 영혼의 수보다는 취득한 토지와 주식을 계산하고 있다는 사실을 분명하게 보여 준다. 솔직히 말하면, 우리가 미주자유무역협정에서 보는 것은 교활한 쌍둥이인 식민성을 감춘 채 앞으로 돌진하는 근대성이 사람들을 현혹하는 수사학의 예증일 뿐이다.

30여 년이 지난 오늘날, 신자유주의는 다양한 나라의 다양한 분야의 사람들이 제기하는 미주자유무역협정에 대한 반대에 부딪혀 있을 뿐만 아니라, 국제통화기금과 세계은행, 그리고 백악관이 사용하는 수사학의 기본적인 전제로부터 이탈하는 새로운 논리, 새로운 추론 방식에 직면하고 있다. 새로운 논리는 적어도 두 가지 다른 방향에서 나타나고 있는데, 그것은 국가와 풀뿌리운동이다. 대서양을 접하고 있는 라틴아메리카 국가들(베네수엘라, 브라질, 아르헨티나, 우루과이)은 국제통화기금을 외면하고, 대신에 중국과 협상을 시작했다. 중국의 대외 프로젝트는 '원조'를 받은 나라들의 외채를 증가시키는 국제통화기금의 아젠다와는 다른 정책 방향을 취하고 있다. 이성을 갖고 있지 않다고 여겨진 사람들의 집단적 항의와 행동도 또 다른 논리를 만들고 있다. '라틴아메리카라는 개념'에 변화를 요구하고 있는 또 다른 정치적 집단은 국가나 시장에 진입하지 못하는 분야의 사람들이며, 그들은 국가와 시장에 의해 끊임없이 억압되고 주변화되었다. 그러나 그들의 집단적 항의와 행동은 세계에 '자연스럽게' 적용되는 근대 과학, 철학, 정치경제학 이론과 정치이론, 윤리학, 미학의 '근거'가 되는 신념을 붕괴시키는 힘을 가지고 있다. 그러한 잠재력 — 인식적 잠재력[3] — 은 아리스토텔레스, 플라톤, 혹은 성경의 논리와 다른 방식으로 생각한다는 이유로 해고당하고, ('열등함'으로 해석될 수 있는) 인종차별을 겪고, (원주민, 흑인, 여성, 동성애자 등과 같은 조금 부족한 사람들의 열등한 가치를 향상시키려고 의도하는 우수한 존재들의 가치에 복속시키는) 식민화된 분야의 사람들에 의해 활발히 추진되고 있다.

21세기에 가장 급진적인 투쟁은 지식과 추론의 전장에서 발생할 것이다. 냉전 시기의 사회주의/공산주의 운동과 현재의 원주민 운동의 차이는, 원주민 운동은 더 이상 체제의 논리 내부에서 사유하고 행동하지 않는다는 것이다. 원주민 운동은 논리 내부의 내용을 바꾸려는 것이 아니라 논리 자체를 바꾸려고 한다. 카스트로(Fidel Castro)가 주변(인)화되고 아옌데가 패배한 것은 자본주의가 추구하는 세계 경영 구상이 자본주의의 확장을 가로막는 어떠한 가능성에 대해서도, 심지어 (체제 자체가 아니라 체제 내부의 내용을 변화시키려고 한) 사회주의나 공산주의처럼 **근대성 자체 내에서** 발생한 대안적 가능성마저도 어떻게 억압했는지 알 수 있는 두 개의 예증일 뿐이다. 오늘날 (대단히 복합적인 양상으로) 벌어지는 다양한 운동들은 민주주의가 독재에 의해 폭력적으로 팔아넘겨지고 있음에도 불구하고, 권력을 가진 사람들에 의해 상품화되고 정당화되는 민주주의, 자유, 그리고 발전의 수사학에 균열을 발생시키고 있다.

---

3) 이 책에서 사용되는 '인식적'(epistemic)이라는 용어는 사회과학과 인문학에서 받아들여진 원리, 개념화, 지식의 규범성을 뜻한다. 내가 설명하고 있는 '이동'(shift)은 제3세계와 미국의 소수집단의 지식 생산에서 발생하고 있다. 인종차별화된 공동체의 역사와 지리학은 지난 500년 동안 비서구 지식을 평가절하해 온 제국의 횡포에 맞서 제국주의의 지식을 연구하고 비판할 자신들의 권리를 요구하고 있다.

이제 아메리카를 가로질러 발생하고 있고, 아마존과 태평양 연안 토지의 점유, 노동 착취, 군사화, 그리고 미국과 유럽연합이 권력의 통제를 위해 전개하고 있는 또 다른 전략들을 잠시 연기시키고 있는 지식과 주체성의 변화로 시선을 돌려 보자. 삶을 위한 투쟁은 국가 간 체계와 초국가적 금융 흐름을 넘어서서 국가와 시장이(그리고 물론 교회도) 통제했던 지식과 주체성의 해방(혹은 탈식민화)을 위한 투쟁이 되고 있다. 몇몇 사회운동은 불평등한 권력의 분배를 떠받치고 있는 식민적 차이의 인식론에 대해 진지한 의문을 던지고 있다. 라틴 신학자들과는 다른 관점에서 시작된 해방신학이 20세기에 의식을 고양시키는 데 기여한 반면에, 오늘날의 비판의식과 해방(탈식민화)은 '라틴성'이라는 유럽 중심적 개념에서 벗어난 행위자들로부터 시작될 것이다. 원주민, 아프리카계 흑인, 유색 인종 여성, 게이와 레즈비언은 그러한 개념으로부터 이탈하여 '라틴'아메리카 이후를 건설하기 위해 첫발을 내딛고 있다. 리더십은 각각의 지역성, 그리고 지식과 존재의 식민성의 역사로부터 출발한다. 해방신학이든 사회주의적 맑스주의든 간에, 리더십은 더 이상 유럽 중심적인 해방의 기획에서 얻어질 수 없다. '진리'는 다른 곳에 있다.

아프로-안데스인과 아프로-카리브인은 반드시 '라틴' 인종은 아니다

대화는 이미 시작되었지만, 지금 우리는 여태껏 알려지지 않은 영역으로 들어서고 있다. 그것은 새로운 정체성으로 등장하고 있는 아프로-라틴성(Afro-Latinidad)에 관한 것이며, 아프로-라틴성은 원주민-라틴성(Indo-Latinidad)에 대해서도 질문을 시작한다. 새로운 정체성이 던지는 질문은 권력관계에 대한 것이며, 어느 정도는 권력관계의 역전에 대한 것이다. 즉 아프리카계 후손들은 자신들의 '라틴성'에 대해 권리를 요구하고 있으며, 따라서 '라틴성'을 아프리카계 흑인과 원주민과 구별되는 백인 크리올과 메스티소와 동일시하는 것에 대해 문제를 제기한다. 나아가 아프로-라틴성은 라틴아메리카 대륙, 특히 약 1,500만의 아프리카계 흑인의 후손들이 최근까지 문자 그대로 존재하지 않았던 안데스 지역에서 미지의 영토와 감춰진 역사들을 들춰 내고 있다. 아프로-라틴성은 과거 스페인과 포르투갈 식민지에서 아프리카계 후손과 동일시되는 범주이다. 2장에서 본 것처럼, 프랑스 정부와 거기에 소속된 지식인들이 만들어 낸 정체성의 표식인 '라틴성'은 과거 프랑스 식민지(과들루프, 마르티니크, 아이티)에서 아프리카계를 지칭하는 아프로-라틴성과 동어반복처럼 들린다. 그러나 남아메리카와 스페인어를 사용하는 카리브 지역에 등장한 아프로-라틴성은 프랑스어를 사용하는 카리브 지역의 아프리카계 흑인 주민들과 더 유사성을 갖는다. 20세기 초에 크리올 지식인들이 '원주민-아메리카'를 제안했지만, 원주민들은 자신들에게 원주민 라틴성이라는 표식을 아직도 사용하지 않는다. 백인 크리올은 국민적 정체성을 표명하기 위해 '인디헤니스모'[Indigenismo, 원주민주의]라는 범주를 제안했지만, 원주민들은 거기에 대해 해야 할 역할도 없었고, 할 말도 없었다.

비아프리카계 지식인들과 비원주민 지식인들 또한 특정한 지역이나 특정한 국가의 아프리카계 인구를 지칭하기 위해 새로운 표식(예컨대 아프로-안데스인이나 아프로-콜롬비아인, 아프로-에콰도르인, 아프로-브라질인 등)을 제안한다. 원주민들에게는 그에 해당하는 표식이 필요하지 않다. 안데스는 항상 원주민이 거주하는 지역이고, 아프리카계 주민이 거주하는 지역이 아니라고 생각했기 때문에 안데스 원주민에 대해 말하는 것은 동어반복처럼 들린다. 그러나 아프로-카리브성은 아프리카계 후손, 비아프리카계 학자들, 지식인들, 언론인들이 공유하고 있는 자기동일성이다. 카리브 지역(섬 지역, 그리고 브라질의 사우바도르 데 바이아로부터 사우스캐롤라이나의 찰스타운과 루이지애나의 뉴올리언스까지 카리브 해에 면한 대륙 지역)이 아메리카에서 아프리카계 후손들이 가장 일반적으로 거주하는 장소일지라도, 경제와 국가는 일반적으로 유럽-카리브 지역의 수중에 들어가 있다. 마지막으로 미국에 거주하는 약 4,000만 명의 라티노는 결코 적은 수가 아니며 상황을 더욱 복잡하게 만든다. 라티노는 더 이상 유럽의 후손이 아니라 '라틴'아메리카의 후손이다. 그러나 라티노 인구의 약간은 아프리카계와 원주민계로 구성된다.

이러한 상황을 염두에 두고, 19~20세기에 '라틴'아메리카라는 개념이 은폐했던 사회적 행위자들의 등장이 유발시키고 있는 사회적 변환으로 이동해 보자.

2004년 10월, 콜롬비아를 중심으로 태평양 연안의 안데스 국가들 출신이거나 그곳에서 연구 활동을 하는 수백 명의 학자들이 상원에서 2003년 승인한 법령 16조에 항의하는 서한을 알바로 우리베 벨레스(Alvaro Uribe Vélez) 콜롬비아 대통령에게 보냈다. 그 법률은 새로운 '토지구획법안'을 승인했고, 1993년의 법령 70조에 의해 인정되었던 아프로-콜롬비아 주민들의 문화와 토지에 대한 권리를 폐기했다. 공동토지와 그 토지를 운영하고 관리하는 합법적 단체인 (아프로-콜롬비아 주민들의) 공동체 협의회의 권한을 폐기한 것은 승인된 이전 법령의 조항을 위반한 것일 뿐만 아니라, 모든 콜롬비아 시민의 평등권을 인정했던 일련의 관련 법령에 대한 도전이었다. 법령 16조에 대한 격렬한 저항은 지속적으로 유지돼 왔던 식민적 권력 매트릭스(예를 들어 강제노동, 천연자원의 착취, 노동 착취,

증가하는 군사화, 젠더와 성에 대한 통제, 그리고 지식과 주체성에 대한 통제)를 위협하는 최근의 중요한 전환의 한 예일 뿐이다. **즉 침묵을 강요당했던 사람들이 불평등한 권력 분배를 유지시키는 식민적 차이의 인식론에 심각한 의문을 제기하고 있다.**

우리가 본 것처럼, 유럽의 제국적 설계와 공모한 '라틴성'이라는 '개념'은 신대륙의 경제와 권위를 통제하기 위해 서로 싸우고 있던 유럽의 정복자들이 신대륙의 원주민과 그곳에 이주한 유럽인, 아프리카 흑인들을 지배하기 위해 만든 식민적 권력 매트릭스에 대한 기억을 지워 버리려고 했다. 자메이카 출신의 지식인이자 학자인 실비아 윈터(Sylvia Wynter)는 신대륙 발견과 연관된 흑인들의 운명을 통해 아메리카 '발견'의 의미를 새롭게 분석했다. 그녀의 급진적인 글 「1492년: 신대륙 개관」[4]은 두 가지 면에서 기여했다. 첫째, 그녀는 침묵당하고 잊혀진 아프리카 흑인들의 존재를 새롭게 부각시킴으로써 라틴과 앵글로를 넘어서서 신대륙과 아메리카를 묘사한다. 아프리카 흑인과 원주민은 아메리카를 건설했던 노동력을 제공했지만, 지금까지 분석의 주된 초점은 토지를 제공한 원주민이었다. 따라서 유럽인과 원주민의 이분법을 타파하고 아프리카 흑인의 역사와 기억을 치밀하게 삽입시킴으로써, 윈터는 전례 없는 방식으로 지식 지도를 변화시킨다.

---

[4] Sylvia Wynter, "1492: A New World View", in eds. Vera Lawrence Hyatt and Rex Nettleford, *Race, Discourse and the Origin of the Americas: A New World View*, Washington, DC: Smithsonian Institution Press, 1995, pp.5~57. 이러한 개념들에 대한 더 발전된 최근의 연구에 대해서는 근대성/식민성 연구 프로젝트에 대한 대화 내용을 실은 그녀의 글을 참조하라. Sylvia Wynter, "Unsettling the Coloniality of Being/Power/Truth/Freedom", *New Centennial Review*, 3:3, 2003, pp.257~337.

아메리카에 사는 아프리카계 후손들의 눈으로 제국적/식민적 프로젝트를 바라보면 노예의 역사와 아메리카의 3대 종족-인종(원주민, 유럽인, 아프리카인)을 구성하는 아프리카계 주민들의 입장에서 아메리카를 바라볼 수 있다. 이렇게 되면 '라틴'아메리카와 '앵글로'아메리카(혹은 미국이라는 제한된 의미의 아메리카)는 더 이상 중심이 될 수 없고, 서구 기독교인들의 필요와 욕망에 의해 만들어진 대서양 경제로 초점이 이동한다. 15세기에는 포르투갈인들이 희망봉을 돌아 인도양으로 항해하면서 지중해와 아프리카 서해안 사이를 왔다갔다 하는 정도였다. (콜럼버스의 집착을 통해) 스페인인들이 대서양을 건너 신세계로 가는 문을 열었고, 그때부터 원주민, (라틴계와 앵글로계) 유럽인, 서아프리카에서 실려 온 아프리카인이 신세계의 기본적인 종족-인종을 구성하는 세 개의 꼭짓점이 되었다. 그러나 권력관계는 공평하지 못했다. 지금까지 '아메리카의 발견'이 '새로움의 패러다임'의 특이한 관점에 따라 다양하게 해석되었다면, 유럽인의 후손인 크리올뿐만 아니라 원주민과 아프리카인에 의해 주장된 아메리카의 '발명'은 통일된 다양성의 창조를 통해 '공존의 패러다임'을 제시한다.

첫번째보다 더 중요한 윈터의 두번째 기여는 근대성/식민성의 도래에 대한 다양한 관점과 해석을 동일한 틀로 수렴하는 헤게모니적 거대 서사가 되었던 정조(情調, frame of mind)의 형성에 대한 그녀의 논문이다. 새로움의 패러다임에서 공존의 패러다임에로의 전환이 대단히 중요하다는 사실을 이해할 수 있게 된 것은 그녀의 두번째 기여 덕분이다. 그 시기에 발생했던 지식 지도의 전환과 그러한 전환이 '전례 없는' 사건에 대한 유럽인의 해석을 원주민, 아프리카인, 그리고 백인 크리올의 관점보다 우세하게 만들었다는 사실을 이해하기 위해서 그녀는 15세기까지 거슬러 올라간다. 1장에서 본 O 안의 T 지도를 기억한다면 그녀의 논문을 이해할 수 있을 것이다. O 안의 T 지도에서 중심은 예루살렘이지만 그 지도는 유대교의 지도가 아니라 기독교의 지도이다. 윈터는 유대인이 이사벨 1세와 페르난도 2세 치하의 스페인에서 기독교의 통합 운동에 걸림돌이 되었던 15세기 후반까지 유대교와 기독교의 세계관은 상보적인 관계에 있었다는 사실에 주목한다. 더 정확히 말하자면, 바로 그 시기에 콜롬버스는 지팡구(중국)로 가는 서쪽으로의 항해를 위한 자금을 얻어 내기 위해서 스페인의 왕과 왕비를 설득하고 있었다. 새로운 대륙의 '발견'과 이베리아 반도에서의 유대인과 무어인의 추방이 동시에 일어남으로써 유럽의 기독교인들은 그들의 지엽적인 시각을 (1장에서 언급했던 메르카토르의 지도와 오르텔리우스의 지도 같은) 세계지도에서 볼 수 있는 보편적 시각으로 해석할 수 있는 기회를 갖게 되었다. 콜롬비아 철학자 산티아고 카스트로-고메스(Santiago Castro-Gómez)는 이 순간을 '영도의 휘브리스'의 등장이라는 말로 묘사했다.[5] 영도의 휘브리스는 유럽인이 관찰의 보편적 장소를 차지했으며 그로부터 세계와 그 안에 거주하는 사람들이 분류될 수 있다는 믿음으로부터 나온 위험한 확신이었다. 그 당시의 지식 지도에서 발생한 과격한 전환은 기독교인의 관점으로 다른 모든 관찰 장소들을 포섭하려는 시도였다.

 이것은 신학이 지식을 지배했던 상황과 똑같다. 이러한 상황은 '근대성'이라는 개념 자체가 물리적이고 개념적으로 세계를 점유하고 다른 모

---

5) Santiago Castro-Gómez, "La hybris del punto cero: biopolíticas imperiales y colonialidad del poder en la Nueva Granada(1750-1810)", 2003, 미발표 원고[이 책 1장 84쪽의 각주 31번을 참조하라. —옮긴이].

든 형태의 지식을 포섭함으로써 가능하기도 했지만, 다른 종교들에 대한 기독교의 승리, 신대륙의 발견, 항해술의 발전과도 떼어 놓고 생각할 수 없다. 윈터의 논문은 한편으로 16세기에 근대/식민 지식 지도의 변화가 어떻게 유럽을 제국으로 만들었으며 가차없는 식민지 확장을 가능하게 했는지 밝히고 있다. 다른 한편으로 윈터의 논문은 지금 일어나고 있는 탈식민적 전환을 조명한다. 즉 르네상스 근대성으로부터 계몽주의 근대성을 거쳐 탈근대성에 이르기까지 유럽의 역사를 직선적으로 바라보는 새로움의 패러다임이 공존의 패러다임으로 대체되고 있다는 것이다.

지식 지도를 바꾸기 위해서는 지식과 주체성이 근대성/식민성과 결합되어 있는 방식을 이해해야 한다. 지식이 생산되고 유통되는 방식을 결정짓는 것은 (언어를 대하는) 제국적 차이와 식민적 차이이다. 다시 말해, 지식과 주체성은 동전의 양면이다. 예를 들어, 정치이론과 정치경제학을 고안하고 전파시킨 사람들은 자신들이 사용하는 언어와 그 언어를 토대로 이루어진 문명 간의 갈등을 경험하지 않은 사람들이다. 지식만이 언어를 통해 이루어지는 것이 아니다. 사회질서, 조직, 가치의 위계 설정 역시 언어를 통해 가능하다. '과학적'이라고 불리는 정치이론, 정치경제학, 윤리학 그리고 지식은 언어의 개념적 짜임에 의해 모든 것이 결정된다. 다시 말해, 영어라는 언어와 『국부론』(*The Wealth of Nations*)과 『도덕감정론』(*The Theory of Moral Sentiments*)에 표현된 애덤 스미스의 정치경제학 사이에는 연속성이 있으며, 콩도르세(Marquis de Condorcet)의 프랑스적 주체성과 그의 책 『인간 정신의 진보에 관한 역사적 개요』(*Esquisse d'un tableau historique des progrès de l'esprit humain*) 사이에도 일종의 연속성이 존재한다. 그러나 아프로-카리브 주민에게는 국부, 도덕감정, 혹은 인간 정신의 진보가 절합될 수 있다는 관점은 제국주의적 승리의 느낌보다는 식민적 상처의 경험에서 비롯된 것이다. 토론을 통해 내가 주장해 온 것처럼, 제국주의적 승리의 감정과 식민적 상처의 경험은 단지 동일한 패러다임에 속하는 상이한 관점이 아니다. 양자는 식민적 권력 매트릭스에 의해 얽혀 있고 절합되어 있는 완전히 다른 두 개의 패러다임으로부터 얻어진 관점이다. 또한 이질적인 언어와 지식의 구조들이 역사 속에서 전개되는 과정에서 절속된 완전히 다른 두 개의 패러다임으로부터 얻어진 관점이다. **저주받은(damnés)** 사람들의 패러다임은 제국주의 언어를 사용하고 제국주의 문명의 무게를 감당하며 살아야 했던 사람들의 역사를 이루는 다양한 이질적 구조로 이루어진다. 즉 이것은 삶의 모든 면에서 식민적 상처를 경험했던 사람들의 패러다임이다.

그 자신이 아프로-마르티니크 출신이었던 파농은 『검은 피부, 하얀 가면』(*Peau noire, masques blancs*)의 서두에서 그 차이를 다음과 같이 적었다. "말을 한다는 것(여기에 쓰는 것도 덧붙일 수 있다)은 특정한 구문론을 사용하고 하나의 언어의 어형론을 포착할 수 있다는 것을 의미하지만, 무엇보다도 문화를 소유하고 있다는 것, 문명의 무게를 떠받치고 있다는 것을 의미한다."[6] 그는 아래 인용문에서 무엇이 문제인지를 좀더 자세히 설명한다.

> 앤틸리스 제도의 흑인은 프랑스어를 구사하는 정확성에 따라 보면 백인에 얼마나 가까운지 ─ 즉 그가 진짜 인간에 얼마나 더 가까운지 ─ 가

---

6) Frantz Fanon, *Peau noire, masques blancs* [1952], trans. Charles Lam Markmann, *Black Skin, White Masks*, New York: Grove Press, 1967, pp. 17~18 [『검은 피부, 하얀 가면』, 이석호 옮김, 인간사랑, 1998].

결정될 것이다. …… 모든 식민지 사람 — 달리 표현하자면, 그가 사는 지역의 문화적 독창성이 사장되면서 생긴 열등감에 사로잡힌 모든 사람 — 은 문명화된 민족의 언어를 직접적으로 대면하면서 자기 자신을 발견한다.[7)]

언어 사용과 지식과 주체성의 관계에 대한 파농의 관심은 이중 언어주의, 복수 언어주의 혹은 다문화주의의 문제를 뛰어넘는다. 그보다 많은 것을, 훨씬 많은 것을 건드린다. 언어의 경계, 인식의 경계, 그리고 주체성의 경계는 새로운 사유 방식의 토대, 즉 내가 다른 곳에서 언급했던 것처럼 또-다른 사유, 또-다른 논리, 또-다른 언어의 토대이다.[8)] 식민적 언어와 주체성에 대한 파농의 말에 귀 기울이는 것은 아메리카에 '라틴'과 '앵글로'가 행사하는 총체성의 효과(그리고 그 결과 발생하는 '라틴'과 '앵글로' 사이의 권력 차이)를 분권화하는 것을 의미한다. 파농이 지적하듯이, 이것이 아프리카 노예의 역사의 관점에서, 그리고 '흑인과 언어'의 문제의식을 가지고 '발견'을 새롭게 서술함으로써 시작된 전환을 이해하는 한 가지 방법이다. 이것이 식민적 차이와 식민적 상처를 간직한 주체성 위에 세워진 경계의 인식론의 시작이다. 또한 이것이 새로움의 패러다임으로부터 공존의 패러다임으로 이행하는 방식이다.

그러한 법칙은 식민적 차이의 인식론에 적용될 뿐만 아니라 제국적 차이에도 적용된다. 즉 **남아메리카의 식민 역사를 스페인어로 사유하는 것**

---

7) Frantz Fanon, *Black Skin, White Masks*, p.18.
8) (언어, 사유, 논리의) 공존의 패러다임에 대한 나의 주장은 다음의 나의 책을 참조하라. Walter Mignolo, *Local Histories/Global Designs: Coloniality, Subaltern Knowledges and Border Thinking*, Princeton, NJ: Princeton University Press, 1999, pp.318~338.

은 지식 지도를 전환시키기 위해 필수적인 실천이다. 스페인계와 포르투갈계 후손인 크리올은 자신들의 역사와 언어가 가지고 있는 문제를 아프리카계 흑인과 원주민처럼 아프게 느끼지 않았다. 그들은 종속의 감정보다는 자율성과 창조성의 감정을 더 많이 느꼈다. 호르헤 루이스 보르헤스(Jorge Luis Borges)의 글에 등장하는 스페인 학자이자 역사가인 아메리코 카스트로(Américo Castro)의 유명한 고발은 파농의 상황과 좋은 대조를 이룬다. 「아메리코 카스트로 박사의 놀람」(Las alarmas del doctor Américo Castro)라는 잘 알려진 글에서 보르헤스는 남아메리카에서 스페인어가 타락하고 있음을 염려하는 것을 조롱했다. 보르헤스의 글에서처럼, 원주민과 흑인의 감성을 통해 표현되는 식민적 상처는 '라틴'아메리카인에게는 대립적 우월감의 근원 또는 스페인어와 포르투갈어가 영어, 프랑스어, 독일어 다음으로 세계적 역할을 갖는다는 관심의 근원이었다. 영어, 프랑스어, 독일어는 이 세 가지 언어를 모국어로 사용하지 않는 사람들에게 지식과 주체성에 대한 세계적 표준으로 제시되었다. 이런 의미에서 스페인어와 포르투갈어가 아니라 영어가 학술, 무역, 미디어에 사용되는 세계적 언어라는 사실만으로 스페인 아메리카와 포르투갈 아메리카는 대영제국의 식민지였던 인도, 오스트레일리아, 뉴질랜드, 남아프리카와 비교해서 불이익을 갖는다. 그러나 지금 우리는 제국적 차이에 관해 말하고 있다. '흑인과 언어'에 대한 파농의 언급은 식민적 차이의 문제를 제기한다. 따라서 그의 관찰은 제국주의적 언어·지식·주체성과 저주받은 사람들의 조건인 식민적 하위주체성(제국/식민 세계질서에 의해 상처 입은 사람들) 사이의 다양한 경계에 동시에 적용된다. 또한 제국적 수준에서 언어와 주체성의 문제(예를 들어, 영어와 비교해서 스페인어의 하위 주체적 위치)를 이해할 수 있는 이론이기도 하다.

종속이론과 해방신학/철학은 스페인어와 포르투갈어를 사용하는 라틴아메리카 내부의 지식 지도를 변화시켰다. 이런 맥락에서 종속이론과 해방신학/철학은 파농의 인식론적 전환과 같은 역할을 했고, 시기도 (1960년대로) 같았다. 그러나 그보다 전에, 아프리카의 역사와 카리브 지역의 아프리카계 주민의 디아스포라에서 '네그리튀드'(Negritude), '앤틸리스 제도의 특성'(Antillaneité), '크리올적 특성'(Creolité)이 갖는 급진적 철학이 지식 지도에 또 다른 전환을 시작했다. 냉전 초기에, 아프리카와 카리브 지역 출신의 지식인들과 활동가들이 파리에서 『프레장스아프리켄』(Présence Africaine)을 중심으로 모였다. 이 모임의 창시자인 알리우네 디오프(Alioune Diop), 레오폴도 세다르 셍고르(Leopoldo Sedar Senghor), 에메 세제르(Aimé Césaire)가 그들 중 일부였다. 유대인 문제에 관심을 가졌던 장-폴 사르트르는 그들의 말에 귀를 기울였다. 사르트르가 그 당시의 상황에 관해서 있는 그대로 생각할 수는 없었겠지만, 아마도 무의식적으로 무언가가 변화하고 있다는 것, 지식과 이해에 있어서 커다란 전환이 발생하고 있다는 것을 느꼈을 것이다. 무딤베(Valentin Mudimbe)가 설명한 것처럼, 『프레장스아프리켄』의 기본 취지는 서구 문명의 제국적 야망에 이의를 제기하는 것이었다. "『프레장스아프리켄』이 원하는 것은 식민지에서 부정되고 있었던 타자의 존엄성의 문제를 프랑스 권력과 문화의 한복판에 세워 놓은 것이었다."[9)]

우리의 토론이 특정한 언어들의 범주와 역사에 코드화된 인식론의 한계에 대한 것이라면, 이 글을 읽는 독자는 만일 아프로-카리브 지역의

---

9) V. Y. Mudimbe ed., *The Surreptitious Speech: Présence Africaine and the Politics of Otherness. 1947-1987*, Chicago: Chicago University Press, 1992, p.xvii.

철학이 그리스에서 유래했고, 라틴어와 관련되었으며, 르네상스 이후에 유럽 대학에서 학문분야로 새롭게 규정되는 과정을 겪지 않았다면 지금 어떤 모습일까라는 질문을 던질 것이다. 이 질문에 대답하기 위해서는 질문에 대한 질문을 해야 한다. 아마도 대답을 찾는 기본적인 과정은 그리스와 18세기 유럽의 철학에 대한 정의를 살펴보고, 그 다음에는 아프로-카리브 지역의 철학이 그러한 표준과 어울리는지 판단을 내리는 것이다. 이렇게 하는 대신에, 우리가 첫번째 해야 할 일은 그리스 사람들이 철학이라고 이름 붙인 것은 어떤 종류의 인간 활동이었고, 그리스 철학이 그런 인간 활동을 사유하는 유일한 방식인지 질문을 던지는 것이다. 단지 그리스 사상가들이 그들이 하고 있는 것과 그것을 하는 방식에 철학이라는 이름을 붙였다는 이유 때문에, '사유'를 감행하는 사람이라면 누구나 그리스 원전이나 독일, 프랑스, 혹은 영국에서 서양 철학을 지키는 문지기들의 허락을 받아야 하는가? 누군가 철학을 '발견'한 것이 그리스 사상가들이었다고 주장할 수 있다. 혹은 모든 인간이 관련된 공통된 행위에 철학이라는 이름을 붙인 것은 그리스 사상가들이었으며, 그들 덕분에 제도화되고 보편화되었다고 주장할 수도 있다. 결과적으로, 보편적인 인간 활동이 서구 문명의 지역적 잣대에 의해 철학으로 형성된 이래로, 철학은 '사유'를 평가하는 표준이 되었을 뿐만 아니라, 문명화된 인간을 상징하는 **사유**의 모델이 되었다. **저주받은** 사람들의 영역에서 사유를 위해 요구되는 것은 틀림없이 식민적 상처이다. 라틴아메리카라는 일반화된 '개념'은 '사건들(민주주 혹은 그것의 결여, 부패와 카르텔, 원주민과 사업을 위한 기회)이 벌어지는' 장소에서 얻어진 개념이다. 이러한 개념으로부터 사람으로, 국가로, 언어로 내려갈수록 '사유'의 가능성과 요구는 점점 더 낮아진다. 이것이 남아메리카와 카리브 지역의 원주민들과 아프리카계 주민이 직면하고 있는 가장 중요한 도전 중의 하나이다. 즉 서구 근대성의 범주틀로부터 이탈하여 새로운 관점을 도입하는 것이다.

서구의 사유와 철학, 그리고 과학의 전통에 매몰된 독자는 그것들을 뛰어넘는 또-다른 사유의 형식이 진실로 존재할 수 있는지 놀랄 것이다. 예를 들어 19세기 이후 서구의 사유의 범주와 상호 관련을 맺은 이후에 중국의 표준 중국어와 그것에 내장된 오래된 기억을 정말로 생각할 수 있는가? 마오쩌둥 혁명 이후에 중국 사람들은 독일어와 러시아어로 생각할 수 있는가? 중국인들이 영어로 생각하는 것은 자본주의적 경제가 중국을 변화시키고 있기 때문일까? 중국의 경우와는 탐색의 경로가 상당히 다를지라도, 아랍-무슬림 국가에 대해서도 같은 질문을 할 수 있다. 사실상 내가 던지고 있는 질문은 서구 역사가 팽창하는 과정에서 서구의 삶의 방식과 전 세계에 걸친 지역의 역사가 보여 주는 풍요로운 다양성과 삶의 방식의 경계에서 형성되는 모든 지역의 역사에 적용된다. 라틴아메리카는 그러한 역사를 가진 지역 중 한 곳이며, 세계의 나머지 지역과 제국적/식민적 경계와 식민적 차이의 경험을 공유한다. 다시 아프로-카리브 지역 철학자에게 돌아가면, 그들이 영어와 프랑스어로 글을 쓰고 있음을 알 수 있다. 그러나 그들은 '영어와 프랑스어로 생각'하는 것일까? 이 질문에 대답하기 위해서는 필연적으로 지식의 지정학을 변화시키는 질문 자체에 대해 질문하는 것이 필요하다. 다른 방법으로는 그리스어와 라틴어, 그리고 여섯 개의 근대적/식민적 유럽 언어로 코드화된[쓰여진] 지역의 앎의 방식이 전부인 것처럼 부풀려지는 거품 현상을 제거할 수 없다. 물론 나는 누군가가 스와힐리어나 아이마라어로 글을 써야만 한다고 말하는 것이 아니라, **영어로 쓰고 아이마라의 관점에서 아이마라어**(혹은 사유의 도구로 부적절하다고 판정된 다른 언어)**로 생각**할 수 있다는 것을 말하는 것이다. 제국적/식민적 지역의 역사는 경계 사유의 조건이다. 제국적 지역의 역사는 단일 논제적(monotopic)이고 영토적이며, 부분적인 사유의 조건일 뿐이다.

다시 말하지만, 이런 추가적 설명이 필요한 것은 신 중심적이고 자아 중심적인 지식 정치의 헤게모니에 맞서 지식 지도와 지식의 지정학에 근본적인 변화를 일으키기 위해서였다. 아프로-카리브 지역의 철학으로 돌아가기 위해서 파제 앙리(Padget Henry)를 살펴보자. 주목할 것은 그는 카리브 지역의 영국 식민지와 아프리카계의 역사에 속하기 때문에, '라틴' 철학자가 아니라 '앵글로' 철학자에 속한다는 사실이다. 그의 사상의 뿌리는 이러한 역사이다. 그는 그 역사를 **바라보고** 그 역사의 관점에서 **생각함으로써** 유럽의 철학사와 대결적 입장에서 대화를 시도한다. 마르틴 하이데거 철학의 토대가 그리스 철학자와 칸트였던 것처럼, 혹은 남아메리카의 '라틴' 철학자들의 사유의 토대가 칸트와 하이데거였던 것처럼, 앙리에게 사상의 계보학의 토대는 『프레장스아프리켄』이 남긴 지적·정치적 유산이며 그 결과물들이다. 하이데거가 아프리카와 『프레장스아프리켄』으로부터 멀리 떨어져 있던 만큼이나 앙리는 그리스와 독일로부터 멀리 떨어져 있다. 그러나 하이데거가 새로움의 패러다임에 속한다면, 앙리는 공존의 패러다임에 속한다.

앙리는 아프로-카리브 철학에 대한 포괄적인 안내서를 출간했다.[10] 그에게 아프로-카리브 지역의 철학은 무릇 모든 철학이라는 것이 그렇듯이 '문제들의 집적', 즉 상식적이고 진화되어 가는 문제 설정으로부터

---

10) Padget Henry, *Caliban's Reason: Introducing Afro-Caribbean Philosophy*, New York: Routledge, 2000.

배태된 일련의 담론이다. 그러나 아프로-카리브 지역 철학의 특징 중 하나는 "그것의 형성과 현재의 구조가 카리브 사회의 광범위한 담론의 장을 수용하는 문화적 체계를 이룬 **제국적 역사**를 반영한다"[11]라는 것이다. 그에 따르면, 카리브 지역의 철학에 내포된 광범위한 문제들은 "네 개의 사회적 주류 집단 — 유럽계 카리브인, 아메리카 원주민, 원주민계 카리브인, 아프로-카리브인 — 사이의 식민지 지배 프로젝트를 둘러싼 일련의 논쟁"[12]이었다. 불평등한 제국적/식민적 담론의 장에서 탄생한 아프로-카리브 지역의 철학은 "카리브 지역의 철학이 나아가야 할 방향성에 커다란 전환"[13]을 가져왔다. 아프로-카리브 지역의 철학의 방향성은 카리브철학협회의 첫번째 모임(2004년 5월, 바베이도스)의 제목인 "이성 지도의 전환"(Shifting the Geography of Reason)에 잘 드러나 있다.

아프로-카리브 지역의 철학이 일으킨 '커다란 전환'은 '라틴'아메리카라 부르는 지역과 아메리카라 부르며 "앵글로인의 땅"[14]으로 인식되는 지역의 무풍지대의 이데올로기를 흔들고 있다. 아이티의 독립은 감히 생각하지 못했던 탈선행위였고, 이 때문에 아이티는 라틴아메리카 지도

---

11) Padget Henry, *Caliban's Reason*, p.3.
12) Padget Henry, Ibid., p.3.
13) Padget Henry, Ibid., p.3.
14) 새뮤얼 헌팅턴(Samuel Huntinton)이 제시한 앵글로아메리카 정체성 정치와 히스패닉/라티노에 대한 그의 두려움은 그의 책 『우리는 누구인가?』(*Who Are We? The Challenges to America's National Identity*, New York: Simon and Schuster, 2004)의 9장을 참조하라[『새뮤얼 헌팅턴의 미국』, 형선호 옮김, 김영사, 2004]. 독자들이 기억하고 있겠지만, 헌팅턴은 빌 클린턴 대통령 시절 하버드 대학에서 『문명의 충돌』(*The Clash of Civilizations and the Remaking of World Order*, New York: Simon and Schuster, 1996)을 출판했으며, 돌이켜보건대 이 책은 정치 분석이라기보다는 예언서처럼 보인다[『문명의 충돌』, 이희재 옮김, 김영사, 1997]. 이 두 책에서 헌팅턴은 이슬람을 서구 문명의 적으로, 라티노를 미국의 앵글로아메리카인의 적으로 설정했다.

에서 언제나 신중한 태도로 배제되었다. 아이티의 독립은 라틴아메리카에서 최초의 '일탈'이었고, 독립을 통해 스스로의 행로를 선택했기 때문이다. '아이티'는 라틴도 아니고 앵글로도 아닌 개념이다. 아이티(Haiti) 섬의 본래 이름은 섬의 원주민 언어로 '산이 많은 땅'을 의미하는 '아이티'(Ayiti)였다. 아프로-아이티 주민의 혁명은 스페인식 이름과 프랑스식 이름 대신에 본래 이름을 '정복' 초기의 대량 학살로 숨진 희생자들에게 바치는 전리품으로 획득했다. 스페인 사람들은 아이티를 산토도밍고(Santo Domingo)라고 불렀고, 프랑스의 점령 시기에는 생도맹그(Saint Domingue)로 바뀌었다. 아이티에는 스페인 식민 지배의 흔적이 강하게 남아 있음에도 불구하고, 아이티는 '라틴아메리카'라는 개념에서 사라지지는 않았을지라도 여전히 주변부에 머물러 있다.[15] 아이티라는 이름은 혁명을 통한 역사적이고 인식적인 전환의 표시이고, 식민지 노예 시기와 프랑스의 제국적 점령 시기로부터 벗어났음을 알리는 표시이다. 아이티의 경우에서 볼 수 있는 것처럼, 언어와 호명의 힘은 '인식의 혁명'을 위한 근본적인 잠재력이다. '라틴'은 아프리카계 혈통이 아니라 유럽계 혈통이라고 생각했기 때문에(그리고 메스티소라고 하더라도 원주민의 우주관이 아니라 유럽의 우주관을 수용한다고 생각했기 때문에), 아이티는 역설적으로 라틴아메리카의 패턴에 들어맞지 않았다! 남아메리카와 카리브에 백인 하위주체 정체성을 만들어 낸 사람들이 보기에 아이티는 '라틴성'보다는 '아프리카성'에 의해 포착되었다. 오늘날 라틴아메리카라는 '개념'

---

15) 아이티에 관한 참고 목록은 많이 있다. 나의 주장과 관련해서 다음의 책을 참조하라. Michel-Rolph Trouillot, *Silencing the Past: Power and the Production of History*, New York: Beacon Press, 1995. 그리고 다음의 글도 참조하라. Susan Buck-Morss, "Hegel and Haiti", *Critical Inquiry*, 26:4, 2000, pp.821~865.

은 점차 증가하는 아프로-안데스의 영향으로 발생하고 있는 또 다른 '커다란 전환'을 경험하고 있다. 아프로-카리브인은 프랑스인과 영국인과 같다고 생각되었기 때문에, 약간의 예외는 있었지만, '라틴어'를 말하는 스페인인과 포르투갈인은 이를 카리브의 아프리카인들을 외면하는 구실로 삼았다. 오늘날, 최근까지 보이지 않는 존재였던 안데스 지역의 아프리카계 혈통은 지식, 철학, 인식론에 대한 자신들의 권리를 주장하고 있으며, 이 때문에 라틴아메리카라는 개념을 성립시키고 유지해 온 전제가 흔들리고 있다.

크리올 프랑스어보다 스페인어를 사용하는 아프로-안데스인들은 자신들의 오래된 앎의 방식과 기억을 활성화시키고 있다.[16] 그들은 '자신들의 뿌리'와 '고유성'과 같이 스스로를 규정하는 이론적 개념들을 만들어 냄으로써, 그들이 사용하는 스페인어를 통해 그들의 무의식에 불가항력적으로 스며든 서구 사상과 비판적 대화를 시작했다. 여기서 우리는 비제국적이고 탈식민적인 지식의 지정학과 몸 정치학의 실천을 목격할 수 있다. 즉 데카르트나 하이데거가 제국적 갈등에 대한 개인적이고 역사적인 경험과 긴장으로부터 사유를 시작했던 것처럼, 아프로-안데스인들은 식민적 상처에 대한 개인적이고 역사적인 경험으로부터 사유하고 있다.

---

16) 안데스시몬볼리바르 대학(Universidad Andina Simón Bolívar)의 협력으로 에콰도르 북서쪽 지역에서 수행된 연구에 대해서는 다음의 책을 참조하라. Juan García Salazar ed. and prologue, *Historia de Vida Papá Roncón*, Quito: Fondo Documental Afro-Andino, 2004. 그는 역사를 활성화하고 지식의 지정학에 또-다른 인식론을 삽입하는 아프로-에콰도르 연구의 중심 인물이다. 캐서린 월시(Catherine Walsh)와 에디슨 레온(Edizon León)이 공동저자로 발표한 다음의 글도 참조하라. Catherine Walsh and Edizon León, "Afro-Andean Thought and Diasporic Ancestrality", paper delivered at the meeting of the Caribbean Philosophical Association, "Shifting the Geography of Reason", Barbados, May, 2004.

예를 들어 아프로-안데스인들이 '자신들의 뿌리[조상]'의 개념을 새롭게 정립하려고 하는 것은 '[대문자로 쓴] 역사', 즉 하나의 일괄적 개념으로 전 세계 모든 사람들의 역사적 기억을 통제하는 규범의 함정을 피하기 위한 것이며, 또한 타자의 기억과 경험을 유럽의 전통을 통해 그러한 '역사'로 해석하는 과정에서 무시되었던 노예제, 억압, 인종차별, 주변부화, 몰인정, 비인간화의 흔적을 되살려 내는 것이다. 이와 마찬가지로, '고유성'이란 '본질적인 것들'을 모아 놓은 박물관을 가리키는 것이 아니다. 즉 유럽 중심적 해석이 그랬던 것처럼, '우리에게만 속하는 본체론적인 어떤 것들'이 아니다. 아프로-안데스 지식인들에게 '고유성'이란 식민적 상처를 통해 개념이나 사상을 새롭게 정의하고 '승인'하는 틀이다. 스스로 경험하지 않은 개념적 틀로 사유함으로써 스스로를 '소외'시키는 대신에, 스스로의 경험과 사상을 통해 개념을 정의한다. 이것이 탈식민화를 통해 자유로워질 수 있고, 더 이상 교회, 자본주의 국가, 혹은 사적 영역(물론 모두에게 좋은 것을 제시한다고 주장하는 정직한 자유주의자, 맑스주의자, 혹은 기독교를 믿는 지식인과 활동가를 포함한다)이 지시하는 미래가 아니라 진정으로 가능한 미래를 위해 일할 수 있는 힘이다. 파농이 지적했던 것처럼, 용어[개념]를 새롭게 해석하고 정의하는 것은 손상되고 왜곡된 역사와 언어를 피해자의 관점에서 원상태로 되돌리는 작업이다.[17] 이것이 위에서 언급했던 지식의 지정학과 몸 정치학을 전환시키는 실천이다.

안데스 지역과 카리브 지역에서는 억압과 착취에 대한 흑인들의 어

---

17) Frantz Fanon, *Les Damnés de la Terre* [1961], trans. Constance Farrington, *The Wretched of the Earth*, New York: Grove Weidenfeld, 1991, pp. 39~40 [『대지의 저주받은 사람들』, 남경태 옮김, 그린비, 2005].

두운 기억과 역사를 통해서 철학적·정치적·윤리적 프로젝트가 출현해 왔다. (강연, 워크숍, 학부와 대학원의 세미나, 혹은 개인적인 대화에서) 청중에게 이와 유사한 언급을 할 때마다 "그것은 순전히 이론적이고 단순한 본질주의는 아닌가?"라는 질문을 받는다. 자기-규정적이고 진보적인 사람들이 이런 질문을 던지는 것은, 근대성의 패러다임에 사로잡힌 사람들처럼, 진보적인 사람들도 근대적인 지식과 이해의 원리 바깥에서 사유하는 것이 어렵기 때문이다. 그러한 질문 밑에는 여러 가지 억측이 자리 잡고 있다. 첫째, 아프로-카리브 혹은 아프로-안데스에서 출현한 프로젝트는 카리브 지역 그리고/혹은 안데스 지역의 모든 흑인들을 '대표'[재현, represent]한다는 전제이다. 더 나아가 많은 사람들이 '대표'[재현]에 대한 근대적 신화는 그러한 프로젝트가 단지 흑인들을 위한 것이라고 추정한다. 근대적이고 서구적인 지식의 원리(즉 근대성이 보여 주는 뿌리 깊은 총체성의 신화)가 갖는 한계는 흑인들이 근대적/식민적 세계에서 겪은 노예의 경험으로부터 출현한 프로젝트가 반드시(혹은 심지어 바람직하다고 해도) ① **모든** 흑인을 대표하지 않으며, 또는 ② 흑인에게 국한되지 않는다는 생각을 무시한다. 내가 카리브철학협회나 아프로-에콰도르 사회운동이 제시하는 프로젝트를 찬성하고, 참여하고, 격려하고, 지지하는 것은 내가 흑인이기 때문이 아니라, 그것이 자유와 인식적 탈식민주의의 프로젝트라고 생각하기 때문이다. 백인의 경험과 요구를 담고 있는 학술적이고 정치적인 프로젝트도 백인에게만 국한되는 것은 아니다. 지식을 탈식민화하고 억압에 맞서서 투쟁하는 데 기여하는 (백인의) 정치를 찬성하기 위해서 당신이 원주민이거나 라티노일 필요는 없으며, 단지 그것을 정치적 프로젝트로 인정하면 된다. 이것은 흑인의 경우에도 마찬가지이다. 흑인을 해방시키고 억압과 착취를 되풀이하는 지식과 주체성을 탈식민화하기 위한 학문적이거나 정치적인 프로젝트에 참여하기 위해 당신이 흑인일 필요는 없다. **인종적, 이데올로기적, 혹은 종교적 문제에서 안전한 장소는 없는 법이다.** 제국적 프로젝트나 탈식민적 프로젝트에 참여하기 위해 기독교도·자유주의자·맑스주의자가 되는 것으로 충분하지 않고, 유대교도나 무슬림이 되는 것으로 충분하지 않으며, 흑인종·황인종·갈색인종·백인종이 되는 것만으로도 충분하지 않다. 이성애자나 동성애자라는 것으로 충분하지 않은 것처럼 말이다. 결국 이것은 윤리적 문제이며 피부색, 종교, 혹은 이데올로기로 정당화될 수 없다. 당신이 수용하고 있는 지식의 원리, 당신이 추종하는 이성의 구조가 헤게모니를 잡은 근대성의 수사학의 소산이고, 근대성과 동시에 탄생한 식민성의 논리를 숨기고 있다면, 당신은 근대성에 대한 대안을 상상할 수 없다. 근대적 인식론에 포함된 다양성(정치이론의 다양성, 정치경제학 분야의 의견의 다양성, 철학의 다양한 학파)은 또-다른 사유가 아니다. 또-다른 사유는 용어와 내용 그리고 질문에 있어서 변화를 요구한다. 이러한 차이를 더 잘 이해하기 위해서 원주민들이 지식의 지정학에 가져온 변화를 살펴봐야 한다.

원주민은 반드시 '라틴' 인종은 아니며 순전히 '아메리카' 인종도 아니다

CIA가 2000년 12월 18일 공개한 보고서 『글로벌 트렌드 2015』는 안데스 지역, 칠레, 중미, 멕시코 남부의 원주민의 잠재적 도전을 2015년 중요한 글로벌 트렌드 중의 하나로 주목했다. (1994년 멕시코에서 시작되어) 지금까지 지속되고 있으며 사회적·경제적·일상적 삶에서 새로운 '트렌드'를 만들어 내고 있는 사파티스타 봉기는 착취와 지배와 식민화를 반대하는,

특히 근대적 인식론이 내세우는 총체성의 망상을 반대하는 원주민 투쟁의 500년 역사에 결정적인 전환점이었다. 사파티스타 운동은 지식의 지정학과 몸 정치학에 근본적인 전환을 가져왔다.[18] 주로 볼리비아와 에콰도르에서 발생하고 있는 원주민 운동은 이러한 전환에 대한 실질적인 증거를 제시했다. 원주민 운동의 가장 중요한 도전은 (볼리비아와 에콰도르에서 벌어졌던) 도로 점거나 대통령의 강제적 사임이 아니다. 아프로-카리브와 아프로-안데스 지역의 운동에서처럼, 지식은 점차 투쟁의 핵심이 되고 있다. 사실 잉카와 아스테카의 영토였던 타완틴수유와 아나우악이 식민지가 된 이래로 지식을 위한 투쟁은 계속되고 있다. 식민지 페루의 투팍 아마루(Túpac Amaru)로부터 신자유주의 정책을 수용한 멕시코에서 봉기한 사파티스타에 이르기까지 라틴아메리카에는 수많은 반란과 봉기가 있었다. 라칸돈 정글에서 봉기한 사파티스타는 선언문 첫 줄에서 자유와 지식의 탈식민화를 위한 500년 동안의 투쟁을 강조했다.

그러나 오늘날 사회운동의 중심이 되고 있는 지식의 통제에 대한 저항에서 (프랑크푸르트 학파의 비판이론에 상보적이면서 동시에 인식의 식민적 차이를 가로지르는) **탈식민적 비판이론**이 축적되고 있다는 사실은 잘 눈에 띄지 않는다. 스페인 사람들이 멕시코와 안데스를 정복했던 초기부터 반식민적 저항, 특히 탈식민적 프로젝트와 유토피아주의가 존재했다. 지식은 단지 유럽과 미국에만 **축적된** 것이 아니고, 거기로부터 전 세계로 퍼졌다. 지식은 모든 곳에서 생산되었고, 축적되었으며, 비판적으로 사용되었다. 그러나 이는 돈과 모든 종류의 지식을 통제하는 제국적 지식의

---

18) Walter Mignolo, "The Zapatistas' Theoretical Revolution: Its Historical, Ethical and Political Consequences", *Review*, XXV: 3, 2002, pp.245~274.

힘을 유지하는 데 기여한 기술(책, 도서관, 인쇄술, 인터넷, CD-R)이 없는 사회에서는 어려운 일이다. 하지만 지배적인 것이 반드시 헤게모니를 갖는 것은 아니라는 각성이 일어나고 있다. 그리고 헤게모니는 마치 주식시장처럼 다양화되고 있다. 그러나 이런 투쟁들이 알려지지 않으면 '라틴' 아메리카라는 개념은 아프로-안데스와 아프로-카리브에서 그랬던 것과 똑같은 방식으로 계속해서 원주민의 지식을 억압하고 무시할 것이다. 그리고 세계은행 같은 기관들이 남아메리카, 카리브, 아프리카, 오스트레일리아, 뉴질랜드의 원주민과 흑인의 이해를 '대표'할 것이다. 그러나 제국적 지식에 의해 만들어진 것과 비슷한 사상의 계보학을 세우기 위해서 잃어버리고 침묵당한 자료를 찾아보도록 하자.

이중의 식민적 혁명(예를 들어 스페인의 정복, 그리고 안데스인들의 관점으로 볼 때 역성혁명이었던 파차쿠티)을 치른 식민지 페루에서 과만 포마 데 아얄라(Guamán Poma de Ayala)의 비판적 탈식민 사유는 산업혁명 이후 인간해방을 위한 맑스의 비판적 사유와 같은 위치에 있다. 다시 말하지만, 맑스가 새로움의 패러다임을 변화시킨 반면에, 과만 포마 데 아얄라는 공존의 패러다임을 새롭게 제시했다는 차이가 있을 뿐이다. 과만 포마와 맑스가 나름대로의 해결책(과만 포마가 원주민에게 권력을 되돌려주는 사회조직을 제안했다면, 맑스는 프롤레타리아 계급의 전 세계적 독재를 상상했다)을 제시했다는 것보다 더 중요한 사실은 이들이 식민적 지배 논리(과만 포마)와 산업자본의 착취 논리(맑스)의 정체를 드러냈다는 것이다. 그들이 결과를 잘못 계산했다고 하더라도 자본주의를 형성하는 **두 개의** 역사적 토대 ─ **식민화와 산업혁명** ─ 가 저지른 폭력적 행위에 대해 비판적 분석을 **시도**했다는 점은 매우 중요하다. 독일 유태인 가정에서 성장했고 계몽주의 원리를 교육받은 맑스와 달리, 1540년경 원주민 혈통 혹은 원주민과 스페인인의 혼혈로 태어났다고 추정되는 과만 포마는 (1532년에) 타완틴수유가 정복되고 부왕령이 설치되었던 페루에서 80년을 살았다. 파차쿠티의 경험은 과만 포마의 삶 전체를 지배했다. 그는 아이마라어와 케추아어에 오랫동안 쌓여 왔던 지식이 무시되는 분위기에서 살았다. 1615년경 완성되어 펠리페 3세에게 전달된 800쪽이 넘는 『새로운 연대기와 좋은 정부』(*Nueva Crónica y Buen Gobierno*)는 과만 포마의 평생에 걸친 작품으로, 원주민 사회와 잉카 제국의 사회구조와 조직을 해체시키고 페루의 부왕령을 건설하려는 스페인의 의도 양쪽을 다 알고 있는 사람이 생각할 수 있는 대안 정부를 안데스에 수립하려는 계획을 제시한다.

과만 포마는 '이중적 비판', 즉 비판이론과 인식적 탈식민화를 최초로 실천했다.[19] 그는 스페인과 잉카를 동시에 비판했다. 과거 스페인의 식민지였던 아메리카에서 원주민들의 사회운동이 인식적 권리(즉 지식의 정치학의 원리에 대한 권리)를 요구하는 오늘날, 과만 포마는 르네상스 시기의 유럽인이 생각했던 아리스토텔레스, 혹은 근대 유럽인이 생각한 칸트에 해당한다. 원주민 지도자들은 (율법주의 신학자인 프란시스코 데 비토리아Francisco de Vitoria가 16세기에, 정치경제학자인 애덤 스미스가 18

---

19) 개인적인 대화에서 캐서린 월시와 에디손 레온은 아프리카인을 경멸한 과만 포마의 태도를 지적했다. 이러한 태도는 당연히 비판받아야 하지만, 그의 이중적 비판의 실천을 잊어서도 안 된다. 라스 카사스도 스스로 고치기는 했지만 똑같은 실수를 저질렀다. 그리고 맑스도 사회주의 혁명을 위해서 유럽식 부르주아의 발전이 인도가 거쳐야 할 필수불가결한 단계라고 예견했다. 자신들의 인종차별주의를 깨닫지는 못했지만 세 사람 모두 비판적 의식의 예증이다. 또한 과만 포마의 경우에는 그가 인식한 하위주체성의 식민적 차이를 고려해야 한다. 라틴아메리카라는 개념은 인디언을 문젯거리로 인식하고 혹인은 아예 존재를 인정하지 않는 상태로 만들어졌다.

세기에 입안한 이후 계속해서 시행되고 있는) 서구 정치경제학의 원칙을 따르면서 토지에 대한 권리를 요구하고, 서구 교육의 원리와 가정을 따르면서 언어에 대한 권리를 요구하며, 혹은 다문화주의를 통해 국가를 통제하는 서구식 방식을 따르면서 문화적 권리를 요구하는 것은 쓸모없는 일임을 배웠다. 차이가 있다면, 원주민 지식인들은 과만 포마가 칸트와 관련이 있다는 것을 알아야 하는 반면에, 독일이나 프랑스 지식인들은 과만 포마를 배제하고 칸트와 헤겔만으로 모든 사람에게 영원히 필요한 권리의 문제를 해결할 수 있다는 것이다. 이것이 바로 인식론에 있어서의 식민적 차이이다. 서구의 지식 기준에 복종하기를 원하지 않는 원주민 학자와 지식인은 세계사를 서술하고 배우는 유일한 방법으로 당연하게 생각해 온 지식의 개념으로부터 이탈해야만 한다. 이탈이 의미하는 것은 무엇보다도 다른 방식으로 사유하는 것이 가능하고 (또한 필요하며) 가장 좋은 해결책이 반드시 신자유주의 세계화의 방식이 아니라는 것이며, 이것은 또한 다른 방식으로 사유하는 것이 가능하고 또 매우 필요한 것임을 **아는 것**을 의미한다.

 사회운동에 참여하는 원주민 지식인들과 지도자들은 1990년대 초부터 '상호문화성'이란 개념을 사용하기 시작했고, 상호문화성은 에콰도르원주민연맹(CONAIE)과 연관된 이중 언어(bilingual) 교육 프로젝트와 관련을 맺고 있다. 이중 언어 교육은 원주민들에게는 오래된 관심사이다. 원주민의 관점에서 이 문제를 바라보면, ① 이중 언어를 기대하는 것은 오직 원주민들이고, (라틴아메리카의 기준으로 백인인) 크리올과 메스티소는 관심을 보이지 않으며, ② 이 때문에 국가가 구상하고 지원하는 이중 언어 프로젝트와 사회운동에 참여하는 원주민 지도자들이 생각하고 계획하는 프로젝트 사이에는 불일치(일종의 식민적 차이)가 존재한다.[20] 국가가 기대하는 것은 현상을 유지하는 정도의 작은 변화일 뿐이다. 원주민들은 국가의 의사결정에 참여하여 원주민들에게 존엄성과 인간답게 살 권리를 되돌려주고, 국가 경영의 토대가 되는 제국적 윤리의 베일을 벗겨 냄으로써 지식/존재를 탈식민화하기를 기대한다. 따라서 이중언어 교육은 언어에 국한되지 않고 정치이론과 경제를 포함한다. '상호문화성'은 같은 논리를 두 개의 다른 언어로 말하는 것이 아니라, 공동의 선을 위해서 두 개의 다른 논리가 서로에게 도움이 되는 대화를 나누는 것이다. 국가의 입장에서 '상호문화성'은 달갑지 않다. 그 때문에 국가가 장려하는 것은 '다문화적' 사회이다(가끔씩 국가가 '상호문화적'이라는 용어를 사용한다고 할지라도, 그 말은 여전히 '다문화적'을 의미한다).

양자의 차이가 무엇인가? '다문화적'이라는 말이 의미하는 것은 지식, 교육, 국가와 정부의 개념, 정치경제학, 도덕 등의 지배적인 원리를 국가가 통제하고, 이러한 국가의 통제하에 국민들은 국가가 관리하는 정치·경제·윤리의 토대를 이루는 '인식적 원리'에 도전하지 않는 선에서 자신들의 '문화'를 향유할 '자유'를 갖는 것이다. 원주민들의 정치적 구상에서 사용되는 '상호문화성'은 서로 다른 두 개의 우주론 — 서구의 우주론과 원주민의 우주론 — 이 작용하고 있음을 의미한다. 에콰도르의 정당과 교회에서 볼 수 있는 것처럼, 이 나라에는 서구의 우주론을 옹호하는 사람들 사이에도 차이가 있다. 또한 에콰도르 아마존 지역의 원주민

---

[20] 언어와 인식론과 관련된 정책이 필요한 이론적 근거(즉 지정학적이고 몸 정치적인 지식의 전환이 왜 필요하며, 어떻게 해야 하는지에 관한 합리적 설명)에 대해서는 다음의 책을 참조하라. Otavalo Ariruma Kowii, "Barbarie, civilizaciones e interculturalidad", in ed. Catherine Walsh, *Pensamiento crítico y matriz (de)colonial*, Quito: Universidad Andina y Abya-Yala, 2005, pp. 277~296.

과 안데스 지역의 원주민 사이에도 차이가 존재하며, 남부의 원주민과 북부의 원주민 사이에도 차이가 있다. 그러나 각각의 경우의 다양성은 공통점을 갖는다. 500년 동안 스페인어의 지배를 받았다고 할지라도, 만일 당신이 키추아어로 생각한다면 스페인어를 모국어로 사용하는 사람과 똑같은 방식으로 생각하지 않는다. 원주민들이 사용하는 '상호문화성'은 넓은 의미에서 '문화적 권리'와는 완전히 다른 '인식의 권리'에 대한 근본적인 요구를 뜻한다.[21] 에콰도르와 미국에서 '문화적 권리'를 홍보하는 것은 국가이다. 그러나 '인식의 권리'에 대해서는 우파든 좌파든 기껏해야 짜증스러운 미소를 보일 뿐이다. 지금 나는 앤서니 기든스(Anthony Giddens)가 사용한 '좌우를 넘어서'라는 개념을 언급하고 있는 것이 아니다. 기든스가 의미하는 '넘어서'는 여전히 좌파와 우파의 '기본틀 안에' 머물러 있기 때문이다. 나는 아프로-카리브와 원주민 철학자들과 사상가들의 가르침에 따라 상호인식적인 '넘어서'에 대해 말하고 있다. 과만 포마는 인식적이고 탈식민적인 이탈이라는 면에서 정전이며 핵심 인물

---

21) 2004년 4월 에콰도르원주민연맹 회장으로 재선되었고, 루시오 구티에레스(Lucio Gutierrez) 정권에서 204일 동안 농업장관을 역임했으며, 아마우타이 와시 원주민대학의 총장인 루이스 마카스(Luis Macas)는 여러 편의 글에서 상호문화성 개념은 (민주주의처럼) 국가가 사용하는 개념과의 연관 관계에서 사용되며 국가가 사용하는 개념과는 정반대의 의미로 사용된다는 것을 밝히고 있다. 상호문화성과 민주주의가 상호작용하려면 서구 정치이론의 폐쇄 순환에서 벗어나 새롭게 출발해야 한다. 상호문화성과 경제에 관해서는 다음 글을 참조하라. Luis Macas, "Democracia e interculturalidad", http://icci.nativeweb.org/boletin/63/macas.html; "ALAI held a dialogue with Luis Macas", http://conaie.nativeweb.org/conaie5.html. (근대성/식민성 프로젝트 같은) 동시발생적인 이론들과의 연관성이나 근대성이나 진보로부터 주어진 관점과의 대조적인 관계에서 '상호문화성'의 개념을 학술적으로 분석한 다음 글도 참조하라. Catherine Walsh, "Interculturalidad and Coloniality of Power: An 'Other' Thinking and Positioning from the Colonial Difference", in eds. R. Grosfóguel, J. D. Saldívar, and N. Maldonado-Torres, *Coloniality of Power, Transmodernity and Border Thinking*, Duke University Press.

이다. 이런 면에서 과만 포마와 상호문화적 이탈의 관계는 마키아벨리와 공화국의 관계이며, 애덤 스미스와 자유시장을 옹호하는 자유주의의 관계와 같다. 과만 포마는 스페인 왕에게 타완틴수유 사람들의 진정한 역사가 무엇이며, 평화로운 정부를 세우기 위해서 스페인 왕이 무엇을 해야 하는지 말하기 위해서 공개적으로 자신의 인식의 권리를 요구했다. 오늘날의 원주민 지식인들과 과만 포마 사이에 확연한 결합이 이루어지지는 않을지라도, '상호문화성'이라는 특유한 개념은 과만 포마가 『새로운 연대기와 좋은 정부』를 작성했던 시기의 경험을 간직하고 있다.

원주민들을 열등하게 보는 지식과 존재의 개념을 탈식민화하려고 노력하면서, 원주민 지식인들은 먼저 이성 지도를 변화시켜야만 했다. 지식과 존재를 탈식민화하지 않고 원주민의 권리를 요구하는 것으로는 문제를 해결할 수 없기 때문이다. 자신을 수족(Sioux) 원주민, 법률가, 활동가로 규정하는 비네 델로리아 2세(Vine Deloria, Jr.)는 다음과 같이 문제 해결 방법을 제시한다. "백인과 원주민을 구분하는 첫번째 차이 중의 하나는 단지 출신지였다. 백인들은 대부분 서유럽 출신이었다. …… 반면에 원주민들은 항상 서반구 출신이었다."[22] 그의 말이 뜻하는 것은 아메리카, 뉴질랜드, 오스트레일리아 원주민들의 식민적 조건이다. 원주민이든 유럽인이든 간에, '출신지'는 순수한 본질을 뜻하지 않는다. 실비아 윈터가 적절하게 표현했던 것처럼, 출신지는 '주관적 이해'일 뿐이다. 원주민(그리고 흑인, 크리올, 영국인의 도착과 더불어 인도에서 온 인도인, 북아프리카인 등)을 특징짓는 것은 그들의 주관적 이해가 식민지 사람들이 대체로

---

22) Vine Deloria, Jr., *Custer Died for Your Sins: An Indian Manifiesto*, Norman, OK: University of Oklahoma Press, 1988, p.11.

그런 것처럼 식민적 상처로부터 형성된다는 것이다. 이와는 반대로, 유럽의 주관적 이해는 식민적 상처보다는 제국적 리더십에 기초한다. 식민적 상처에서 성숙된 주관적 이해가 공존의 탈식민적 패러다임을 생성하는 비판적 사유가 된다면, 제국적 리더십에서 얻어진 주관적 이해는 새로움의 근대적 패러다임에 안주할 뿐이다.

따라서 '상호문화성'은 스페인어가 아니라 에콰도르의 키추아어의 관점에서 생성되는 요구이다. 상호문화성에 대한 요구는 스페인어로도 가능한 것이지만, 스페인어는 키추아어로 해석되기 위한 도구일 뿐이며, 해석의 과정에서 스페인어(혹은 다른 언어)에 배태된 기억을 제거하고 강압적으로 지워진 키추아어의 기억을 되살린다. 물론 스페인어는 스페인어를 사용하는 아메리카의 모든 원주민과 흑인의 영혼에 각인되어 있음이 사실이다. 또한 언어가 아닌 다른 방식으로 유럽 혈통의 크리올의 영혼에도 마찬가지로 깊이 각인되어 있다. 그러나 그것이 원주민과 흑인이 문화적으로 스페인 사람이라거나 스페인 사람이 되고 싶어 한다는 것을 의미하지는 않는다. 안데스 지역의 의례와 축제가 가톨릭 교회의 전통에 들어맞지 않는 것처럼, 산테리아(Santeria)는 정전으로 인정된 스페인 신앙과 거리가 먼 울부짖음이다. 스페인어가 국가의 언어요, 공식적 언어인 반면, 키추아어는 (오늘날의 에콰도르와 콜롬비아 남부인) 잉카 제국을 구성하는 언어의 한 줄기이다. '상호문화성'(=상호인식론)은 원주민들이 국가 건설과 교육에 공동으로 참여하기 위한 요구이다. 다시 말해, 상호문화성은 근대적 국민의 형성 과정에서 정당한 자리를 부여받지 못하고 주변부에 내몰린 키추아 문명과 언어를 (미국의 '다문화주의'처럼) 국민의 일원으로 받아 주는 단순한 인정의 문제가 아니다. 그보다 상호문화성은 하나 이상의 타당한 우주관으로 구성되는 복합문화적(pluri-cultural) 국가를 지향한다. 지식의 차원에서 정치이론과 경제의 '복합문화성'과 윤리학과 미학의 '복합문화성'은 건설해야 할 유토피아적 목표이며, 자유주의 공화국이 균열되고 침식된 토대 위에 세워야 할 새로운 사회이다.

아마우타이 와시(Amawtay Wasi, 원주민 상호문화대학)의 설립은 인식의 권리에 대한 요청이 만들어 낸 자연스런 결과이다.[23] 지금까지는 원주민들의 요구사항을 가르칠 국립(혹은 사립)대학이 없었다. 교육철학은 전적으로 국가나 사적 자본의 지배를 받고 있다. 무엇보다도 교육철학은 르네상스 시기의 대학에서 만들어졌고, 계몽주의 시기의 대학에서 변화되었으며, 지금은 미국 대학을 모델로 전 세계로 퍼진 기업 대학에서 발전된 지식의 기본틀 안에서 결정된다. 다시 말해, 대학 자체가 진보와 새로움의 패러다임 안에 갇혀 있다. 아마우타이 와시는 그런 역사와 어울리지 않는다.[24] 아마우타이 와시는 공존의 패러다임을 지향한다. 아마우타

---

23) http://icci.nativeweb.org/boletin/19/macas.html; http://icci.nativeweb.org/boletin/33/presentacion.html에 실린 루이스 마카스의 글들을 참조하라. 키토의 안데스시몬볼리바르 대학의 캐서린 월시는 원주민 공동체와 지식인과 공동으로 수많은 작업을 했으며, 이러한 작업을 통해서 인식적 탈식민성의 과정과 연관된 원주민 운동의 근본적인 요소들을 소개하고 국가적 담론에서 사용되는 의미와는 대위적인 위치에 있는 원주민의 담론의 상호문화성이 의미하는 바를 설명하고 있다. Catherine Walsh, "Bases teóricas para la (re)construcción del movimiento indígena"(루이스 마카스가 2004년 7월 키토에서 개최한 에콰도르 원주민 지도자 모임에서 발표). 또한 다음의 책도 참조하라. R. Grosfóguel, J. D. Saldívar, and N. Maldonado-Torres eds., *Coloniality of Power, Transmodernity and Border Thinking*, Duke University Press.
24) 16세기부터 시작된 식민지 확장과 식민지 대학들의 설립을 포함해서 르네상스로부터 기업대학의 등장에 이르기까지 서구 대학 역사에서 아마우타이 와시의 위치를 알고 싶다면 다음을 참조하라. Walter Mignolo, "The Role of the Humanities in the Corporate University", *Nepantla: Views from South*, 4:1, pp.97~120. 상호문화대학에 관한 소식지로 다음 책이 출판되었다. Jorge Garcia et al. ed., *Sumak Yachaypi, Alli Kawsaypipash Yachakuna. Aprender De La Sabiduría Y El Buen Vivir. Learning Wisdom and the Good Way to Live*, París and Quito: UNESCO, 2004. 입수하기가 쉽지 않아서 나도 아직 살펴보지 못했다.

이 와시는 서구의 직선적 사유가 강조하는 시간적 가속보다는 지식 지도의 공간적 전환을 표상한다. 2장에서 보았던 것처럼, '라틴'아메리카라는 개념이 탄생되었을 때, (멕시코, 페루, 아르헨티나, 도미니카 공화국의) 대학들은 더 이상 교회와 왕에게 봉사하지는 않았지만, 새로운 국가 건설에 봉사했다. 라틴아메리카는 철학이 신학과 문화를 밀어내고 '국민' 문화를 전파하는, 소위 칸트-훔볼트적 대학이라고 일컬어지는 계몽주의 대학의 영향 아래 탄생했다. 계몽주의 대학은 국가 지향적 대학이었고 '유럽'과 '라틴아메리카' 같은 대륙 간 정체성 형성에도 기여했다. 미국에서도 유사한 과정을 찾아볼 수 있다(멕시코 대학은 1552년에 설립되었고, 하버드는 1636년에 설립되었다). 철학과 과학이 신학을 지배했다. 이는 신학이 자아 중심적 지식(egology)으로 변화해 가는 과정이었다. 칸트는 철학을 신학, 의학, 법보다 상위에 올려놓았고, 철학이 —그리고 초월적 주체가— 지식 생산의 감시자 역할을 하도록 했다. 계몽주의 대학은 자아학(철학과 과학, 그리고 개인적 주권)을 자신의 주된 기본틀로 삼는다. 제2차 세계대전 이후에 직선적 진화를 바탕으로 하는 서구 사상에 변화가 발생했는데, 그것은 (미국의 주도로 이루어진) 기업 대학의 등장이었다. 기업 대학은 (주권을 가진 주체 대신에 조직에 대한 지식과 지식의 조직을 중요시하는) '조직학'(organology)을 자신의 기본틀로 삼는다.[25]

따라서 개인이 차지하고 있던 자리를 지금은 조직이 대신하고 있다. 기업 대학은 이전의 대학과는 다른 철학을 가지고 있을 뿐만 아니라, 모

---

25) 나는 르네상스로부터 계몽주의를 거쳐 제2차 세계대전의 종전과 냉전의 개시에 이르기까지 근대적 인식론의 세 가지 다른 면(그리고 그것의 축적된 효과)으로 신학, 자아학, 조직학을 든다. 조직적 인식의 틀이 시작되는 지점을 알린 저작인 노버트 위너(Norbert Wiener)의 『인공두뇌학』(Cybernetics)은 1948년에 출판되었다.

든 가치를 상품화한다. 기업 대학의 목표는 르네상스 대학의 인본주의나 계몽주의 대학의 비판적·철학적·과학적 목표 대신에 전문기술과 효율성이다. 지식의 조직화와 조직에 대한 지식이 목표로 하는 것은 전문기술과 효율성이다. 라틴아메리카라는 개념을 탄생시켰던 계몽주의 대학 제도는 붕괴되고 있고 기업 대학으로 대체되고 있다. 마찬가지로 미국에서도 인문학은 서구 문명을 가르치는 대학에 돈을 기부하는 부유한 집안이 구매하는 상품이 되고 있다. 기부자들이 구매하는 교육은 비판적 교육이 아니라 선전용 교육이다.

아마우타이 와시(상호문화대학)는 새로움의 패러다임으로부터 이탈한다. 아마우타이 와시를 대학이라고 부른다고 해서 그것이 국가와 제국주의적 제도의 요구에 굴복한다는 것을 의미하지는 않는다. 여전히 대학이라는 이름을 사용하는 것은 원주민의 지식과 서구의 지식을 소통시키는 공존의 패러다임을 제시하기 위한 것이다. 그러나 인간 마음이 움직이는 방식과 목표는 더 이상 기존의 원리, 가치, 지식의 기능으로 설명되지 않는다. 아마우타이 와시는 원주민 지도자들이 운영하는 또 하나의 대학이라기보다는, 원주민의 요구와 원주민이 필요로 하는 지식과 가치로 운영되는 또-다른 대학이다. 따라서 유니-버시티(uni-versity)라고 부르는 대신에 '플루리-버시티'(pluri-versity)로 불러야 하며, 교육과정에는 원주민 문명에 대한 '주체적인 이해'가 포함된다. 이러한 상황을 이해하면서도 여전히 '대학'이라고 부르는 것은 상호문화성의 원칙이 거절과 부정이 아니라 공존의 패러다임을 지향하는 통합이기 때문이다. 상호문화성은 르네상스로부터 오늘날에 이르기까지 서구 대학의 대리인들과는 달리, 비원주민적 지식을 거부하거나 억압하지 않는다. 만일 그렇다면 **서구의 논리와 다를 바가 없으며, 지식이 생산되는 내용을 바꾸는 것일 뿐 용어**

를 바꾸는 것이 아니다. 제도의 이름을 유지하면서도 지식의 원리와 철학을 근본적으로 변화시키고, 이를 통해 교육과정까지 변화시키는 것은 이성 지도를 변화시키려는 시도이다. 여기서 아마우타이 와시 제도의 구조적 특징과 서구 대학과의 차이점을 상세히 밝힐 수는 없다. 여기서는 델로리아가 언급한 것처럼, 아마우타이 와시가 또-다른 '기원'의 토대 위에 세워졌으며, 그 '기원'은 어느 시점에선가 유럽 대학의 언어와 사유 방식에 의해 휩쓸리고 지배되었다는 정도만 이야기해도 충분하다. 맨 처음 쓰여진 아마우타이 와시의 문서에는 대학의 위치가 '라틴아메리카'가 아니라 '안데스아메리카'로 되어 있다.[26] 오늘날 그것은 아브야-얄라(Abya-Yala)로 불린다. 아마우타이 와시는 미래의 정부 관료들을 양성하던 기관인 유서 깊은 야차우아식(Yachahuasic), 그리고 야차우아식과 기능은 비슷하지만 여성들도 교육했던 아클라 우아시(Aclla Huasi)의 제도를 계승해 내고 있다. 제도적인 측면에서만이 아니라 잉카 제국의 교육기관에서 가르치던 과목들과 사상들도 계승하고 있다.

　이 대학의 설립 근거는 케추아 원주민의 사상을 배경으로 하며, 대학은 원주민 공동체와 관련된 연구를 진행한다. 그러나 원주민만 대학에 들어갈 수 있는 것은 아니며, 에콰도르 국민이면 누구나 입학할 수 있다. 이런 이유 때문에 이 대학의 철학적 원리는 다국민적 대학(pluri-national uni-versity)이다. 따라서 모든 면에서 케추아 원주민의 우주관이 전거(典據)를 이루고 있다고 할지라도, 아마우타이 와시의 교육과정에는 케추

---

26) (아마우타이 와시의 설립이 논의되었던 기관인) 원주민문화과학협회(Instituto Científico de Culturas Indígenas)에서 공동으로 연구된 자료를 참조하라. http://icci.nativeweb.org/boletin/19/uinpi.html.

아 원주민의 철학적·이론적 원리와 관련되지 않은 지식도 포함된다. 케추아 원주민의 언어와 지식은 파괴되었고, 국정과 행정 그리고 교육의 현장에서 스페인어로 대체되었다. 아마우타이 와시의 임무는 역사적이고 인식론적인 측면에서 케추아 원주민의 언어와 지식을 재건하는 것이다. 재건의 방식은 케추아 언어와 지식으로 '골격이 짜인' 교육과정에 서구의 지식을 '포함하는' 것이다. 예를 들어, 교육과정은 '루나 야차이쿠나'[runa yachikuna, 존재하기를 배우기learning to be], '수키탁 야차이쿠나'[shukitak yachikuna, 존재한다는 것을 알기knowing to be], '야차이쿠나 푸라'[yachikuna pura, 행동할 것을 알기knowing to do]의 세 가지 과정으로 이루어진다. 서구에서 전해 내려온 그리스 지식 ― 방법에 관한 지식(knowing how), 본질에 관한 지식(knowing what), 사실에 관한 지식(knowing that) ― 과 슬쩍만 비교해도 아마우타이 와시의 지식과 그리스의 지식이 (서구-비서구의 잘못된 이분법처럼) **정반대이거나 대립**되지 않고 단지 **다를** 뿐이라는 것을 알 수 있지 않은가! 서구의 지식과 아마우타이 와시의 지식은 어느 한쪽으로 환원되거나 비교될 수 없다. 가장 근본적인 차이는 첫번째 '루나 야차이쿠나'다. '존재하기를 배우는 것'은 지식과 존재의 식민성의 역사가 만들어 낸 '인식적 상처'를 치유하기 위한 기본적 요청이다. 따라서 그것은 지식과 존재의 식민성을 그대로 답습하면서 국가와 기업에 봉사하는 전문가를 훈련시키는 대신에, 지식과 존재를 탈식민화하려는 고등교육 프로그램이다. 이러한 교육 프로그램을 하버드 대학에서 실시한다고 가정해 보면, 아마우타이 와시가 목표로 하는 교육의 (어려움이나 위험뿐만 아니라) 범위를 이해할 수 있을 것이다. 이것은 틀림없이 매우 어려운 일이지만, 그런 시도는 이미 진행되고 있고 돌이킬 수도 없다.

아마우타이 와시, 아프로-카리브 출신 철학자들이 수행하는 광범위하고 급진적인 작업, 그리고 아프로-안데스 주민들 사이에 전개되고 있는 일들은 미래 지향적인 구체적 현실이며, '라틴성'이 지배적이었던 19세기에는 생각할 수 없었던 것이다. 이런 맥락에서 아마우타이 와시와 아프로-카리브 출신 철학자들과 아프로-안데스 출신 철학자들은 라틴아메리카의 얼굴을 변화시키고 있다고 말할 수 있다. 보수적인 입장에서 '라틴성'을 스페인어와 포르투갈어를 사용하는 대륙의 차별적 특성으로 고집할 필요가 있다고 해도, '라틴아메리카'가 자신의 고향이 아니라 단지 거주지에 불과할 뿐이라고 여기는 수많은 사람들이 존재한다는 사실도 인정해야 한다. 그들에게 라틴아메리카는 자신의 집이 아니라 허락을 받아 출입하는 공간이다. (국가, 교회 혹은 시민사회의) 관대한 '라틴'아메리카인들이 그들을 받아 주는 것만으로는 충분치 않다. **문제는 단순한 포함이 아니라 서로의 차이를 인정하는 상호문화성을 통해 식민적 상처를 대면하는 것이며, 제국적/국민적 우월감과 이해관계를 극복하는 것이다.** 치아파스에서 봉기한 사파티스타 원주민들의 말을 빌리자면 "많은 세계가 공존하는 세계"에서 살아야 하는 것이다.

1994년에 봉기한 이래 사파티스타 원주민들의 이론적 혁명[27]은 그러한 세계를 향해 조용하지만 멈추지 않고 나아가고 있다. 비센테 폭스가 대통령이 된 뒤인 2001년에 사파티스타는 새로운 정부와 협력 작업을 시작할 수 있다는 희망을 가지고 멕시코시티까지 도보로 행진했다. 그때 조인되었던 산안드레스 협정은 정부가 약속을 지키지 않음으로써 실패로

---

27) Walter Mignolo, "The Zapatistas' Theoretical Revolution".

끝났다. 그러나 사파티스타는 정부를 향해 불만을 표출하지 않았다. 그들은 정부에 등을 돌리고 스스로 대안을 만드는 일을 시작했다. 그들은 '카라콜'(Los Caracoles)이라고 부르는 자율적인 사회경제적 조직을 출범시켰다. 카라콜은 어떤 조직이고 우리의 논의에서 어떤 중요성을 갖는가?

독자들에게 친숙한 용어로 대략적인 설명을 한다면, 카라콜은 그들 스스로 사회적·정치적·법률적 조직을 '발명'(이 단어에 따옴표를 붙인 이유는 뒤에서 설명하겠다)하기 위해 공동으로 행동하며 보조를 맞추는 원주민 공동체 모임이다. 카라콜의 경제구조는 경쟁적인 시장보다는 상호성에 토대를 두고 있다. 구성원들의 주체성은 경쟁보다는 상호부조를 통해 형성된다. 더 나아가, 최종적으로 카라콜은 국가가 육성하고 통제하는 국민과는 거의 연관이 없으며, 국민을 교육하는 국가의 규범과는 거리가 먼 새로운 주체를 만들어 내고 있다. 말하자면 카라콜이 만들어 내는 새로운 주체성은 경계의 주체성이며, 여기서 국민적 정체성은 단지 잔여적인 부분만을 차지한다. 카라콜을 구성하는 개별적 집합체의 이름은 '좋은 정부 의회'(juntas de buen gobierno)이다. 아브야-얄라의 문화적 역사를 알고 있는 사람이라면, '좋은 정부'가 19세기 라틴아메리카 지식인과 건국의 시조들에게 경전의 구실을 했던 플라톤, 마키아벨리, 홉스, 몽테스키외와는 아무런 관계가 없고, 과만 포마의 『새로운 연대기와 좋은 정부』를 지칭하고 있음을 알 것이다. 멕시코 남부의 카라콜은 에콰도르의 고등교육기관인 아마우타이 와시 프로젝트와 유사한 사회경제적이고 정치적인 조직이다. 카라콜과 아마우타이 와시는 공존의 패러다임을 부각시키고 근대의 제국주의가 만들어 낸 이상적 모델과 그것이 식민지에 미친 결과를 넘어서서 다른 세계를 만들어 내려고 노력함으로써 이성의 지도를 바꾸고 있다.

과만 포마가 스페인 사람들이 도착하기 전의 안데스 역사와 식민지 침략을 당한 뒤 80년이 지난 뒤의 안데스 역사를 펠리페 3세에게 설명하면서 부딪혔을 어려움을 상상해 보라. 과만 포마가 그 책을 쓸 때는 500년 뒤에 원주민 운동이 보여 줄 역사적 전망을 갖고 있지 않았다. 30년에 걸친 전쟁을 치르고 스페인 사람들이 가까스로 원주민의 저항을 통제하고 페루에 스페인 부왕령을 설치했을 때 과만 포마는 이미 삼십대였다. 과만 포마는 자신의 '새로운 연대기'를 토대로, 파괴된 타완틴수유의 사회구조 위에 '좋은 정부'를 세울 수 있는 방법도 조언했다. 그는 잉카와 스페인의 정치적이고 사회경제적인 조직 형태를 두루 포함하는 적절한 방법을 찾아야 한다고 주장했다. 스페인과 (주로 케추아와 아이마라 원주민으로 구성되는) 안데스에 삶과 정부에 대한 다양한 개념들이 존재하고 있는 한 '좋은 정부'는 전적으로 한쪽을 배제할 수 없었다. 두 개의 '기원'이 공존하고 있다면, 어째서 한쪽이 다른 한쪽을 지배해야 하는가? 스페인 사람들은 '새로움'의 패러다임에 근거해서 행동하고 있었다(그리고 그것이 '신세계'라는 이름이 스페인 지식인들의 마음속에 떠오른 이유 중의 하나이다). 과만 포마는 지배할 수 있는 위치에 있지 않았지만, 그렇다고 패배를 자인하지도 않았다. 그는 안데스의 삶의 방식과 스페인의 삶의 방식을 조화시키는 것이 '페루 인디아스'(파괴된 타완틴수유 위에 세워진 사회에 그가 붙인 이름)에 새로운 사회를 건설하는 방법이라고 생각했다. 그는 스페인 사람들과 페루 원주민들이 공생하는 지도를 작성했다.[28] 그는 자신의 아들을 새로운 형태의 정부를 다스리는 지배자로 임명할 것을 권고

---

28) 후기 246쪽에 실린 지도를 보라.

했다. 이러한 행동은 사리사욕을 채우는 친족 등용이라고 해석될 수 있으며, 좀더 너그럽게 생각한다고 해도 스페인 출신보다는 원주민을 지배자로 앉히려는 생각 정도로 해석될 수 있다. '페루 인디아스'를 위해 그가 제안했던 해결책은 잉카의 정부 형태가 스페인의 정부 형태로 대체되지 않으면서 스페인의 정부 형태를 받아들이는 것이었다. 이렇게 과만 포마가 원주민의 관점에 (델로리아의 표현을 빌리면) '기원'을 둔 공존의 패러다임을 제안한 반면에, 이러한 제안에 귀를 막은 스페인 사람들은 새로움의 패러다임으로 지배했다.

두 개의 세계를 독단적인 이분법적 대립으로 환원하는 것은 델로리아와 내가 말하고자 하는 핵심을 놓치는 것이다. 첫째, 차별성을 갖는 권력과 기원은 두 개 — 스페인인과 원주민 — 가 아니라, 실비아 윈터가 지적한 것처럼 세 개 — 스페인인, 원주민, 흑인 — 이다. 둘째, 시간이 흘러가면서 스페인과 포르투갈 식민지 개척자들의 대열에 네덜란드인, 영국인, 프랑스인들이 가세했다. 셋째, 원주민과 유럽인과 흑인이 뒤섞이면서 무수한 다양성을 만들어 냈다. 인종차별주의가 공존의 패러다임을 실천하려는 모든 시도들을 무시하는 이유는 새로움의 패러다임에 뿌리를 두고 있기 때문이다. 인간의 상호작용을 이해하는 방식 또한 식민지 개척자들이 공존의 패러다임을 받아들이는 것을 가로막았다. 스페인의 지배 형태가 왕을 정점으로 펼쳐지는 수목(樹木) 형태로 되어 있었던 반면에, 잉카의 지배 형태는 안데스에서는 아이유(ayllu), 아나우악에서는 알테페틀(altepetl)이라고 부른 작은 매듭이나 세포가 상관관계를 맺으며 상호작용하는 수평적 구조로 이루어져 있었다. 아이유와 알테페틀은 다른 철학적 원리 위에 세워진 것이다. 역사의 어느 시점에서 아이유와 알테페틀의 에토스 안에서 살고 있던 사람들이 마을·읍·군, 그리고 전반적인 상부구조인 스페인 제국의 사회조직을 이식한 부왕령의 에토스에 적응했다는 사실이 잘못은 아니다. 『새로운 연대기와 좋은 정부』에서 과만 포마는 스페인 사람들이 이해하기 어려운 역사를 서술했고, 이러한 역사를 토대로 그때까지 스페인 사람들이 받아들일 준비가 되어 있지 않았던 통치 형태를 제안했다.

이런 점에서 사파티스타가 카라콜을 '좋은 정부 의회'라고 소개할 때 우리는 과만 포마를 떠올리게 되고, 이식된 스페인의 '고유한' 사회조직 형태 때문에 파괴된 다양한 방식의 사회조직의 역사적 '기원'들도 떠올리게 된다(앞에서 '발명'이라는 단어에 따옴표를 붙인 이유는 이 때문이다). 만일 식민적 상처로 남겨진 파괴와 파차쿠티가 일어났다면, 그것은 아브야-얄라에 존재했던 정부 형태가 달랐기 때문이다. 양자의 정부 형태가 다르지 않았다면, 크리올 지도자들이 스페인 본토인들을 추방하고 커다란 동요 없이 사회를 계속해서 지배할 수 있었던 것처럼, 권력 이양이 동일한 패러다임 내에서 손쉽게 이루어졌을 것이다. 이베리아 반도에서 건너온 정복자들과 원주민들의 경우는 달랐다. 지난 500년 동안 두 개의 사회조직 모델이 서로에게 어떻게 작용했는지를 여기서 다 말할 수는 없다. 다만 원주민의 통치 형태와 스페인의 통치 형태가 서로 다른 강도로 끊임없이 변화하는 과정을 겪어 왔다는 것을 말하는 것으로 충분하다. 16세기 말에 이르면 잉카와 아스테카의 사회조직은 더 이상 스페인 사람들이 도착하기 이전의 형태가 아니었다. 또한 타완틴수유와 아나우악에 이식된 스페인의 사회제도들도 이베리아 반도의 그것과는 다른 형태가 되었다. 차이가 있다면 이러한 상호작용과 변화 속에서 권력을 가진 쪽은 스페인 사람들이었다는 것이다. 식민적 권력 매트릭스는 그러한 상호작용 과정에서 형성되었고, 이것을 제일 먼저 논쟁거리로 만든 사람이 과만 포마였다. 카라콜은 수 세기 동안 원주민 봉기로 점철된 역사의 연장선상에 있으며, 권력의 불균형 상태와 지배 구조를 고치려는 원주민 사회조직의 저항이다. 카라콜은 식민지 지배 기간뿐만 아니라 독립 이후 국민국가의 형성 과정에서도 계속돼 온 권력의 차이에도 불구하고 오늘날까지 살아남은 상호 연결된 매듭이나 세포 형태의 원주민 사회조직을 현대 사회에 접목시키려는 시도이다.

사파티스타의 '좋은 정부 의회'의 구조[29]는 알테페틀과 아이유의 구조와 동종 구조를 이루며 그리스의 사회조직인 오이코스(oikos)와 유사하다. 나우아족과 나우아어 분야의 저명한 학자인 제임스 록하트(James Lockhart)는 사파티스타뿐만 아니라 에콰도르, 볼리비아, 콜롬비아, 과테말라의 원주민 운동이 새롭게 부각시키고 있는 통치 형태에 대해 간결하지만 핵심적으로 설명한다.

정복 이전의 메소아메리카와 안데스, 그리고 이 외의 지역에 대단히 광범위하게 퍼져 있었던 원주민들의 사회조직은 세포 형태를 띠고 있었으며, 이는 위계적이고 선형적인 형태의 사회조직과 매우 달랐다. 이러한 특징적 형태는 정복 이전의 나우아족의 천문도, 경작지 배치, 수사학적이고 시적인 화법, 예술적 표현 그리고 문법에서도 발견된다. …… 고대

---

29) 이에 관한 많은 글 중에서 다음을 참고하라. Pablo González Casanova, "Los Caracoles zapatistas: redes de resistencia y autonomía", http://www.jornada.unam.mx/2003/09/26/per-texto.html, 2003; Raúl Ornelas, "La autonomía como eje de la resistencia zapatista: del levantamiento armado al nacimiento de Los Caracoles", in ed. Ana Esther Ceceña, *Hegemonías y emancipaciones en el siglo XXI*, Buenos Aires: CLACSO, 2004, pp.133~174.

그리스 사람들의 생활이 폴리스를 중심으로 이루어졌듯이 나우아족의 사회정치적 삶은 세포 형태의 매트릭스로 이루어져 있었다.[30]

식민지 시기 이래로 (처음에는 스페인적 에토스에 의해, 이후에는 바로크적 에토스와 크리올의 라틴적 에토스에 의해 억압된) 원주민적 에토스가 비록 모습이 달라지기는 했지만 결코 사라지지 않았다는 사실을 학자들이 인정하는 데는 오랜 시간이 걸렸다. (식민지 시기와 포스트-식민 시기의) 크리올적 에토스와는 반대되는 **원주민적 에토스**는 스페인과 포르투갈 사람들의 인식 논리와는 다르다. 아마우타이 와시처럼 카라콜도 결코 사라지지 않고 생생하게 현존하는 에토스의 표현이며, 오늘날 어느 때보다도 더 힘차게 되살아나서 전 지구적 신자유주의가 파급시키는 유럽 중심적 근대성의 에토스를 교란시키고 있다.[31] 오늘날 전 세계적으로 (특히 이라크에서) '기억'은 결코 제국적/식민적 지배에 의해 정복되지 않는다는 사실이 자명해졌다. "이제 그만!"(Basta!)이라는 사파티스타의 절규

---

30) James Lockhart, "Double Mistaken Identities", in J. Lockhart, *Of Things of the Indies: Essays Old and New in Early Latin American History*, Stanford, CA: Stanford University Press, 1999, p.99.

31) (베네수엘라의 우고 차베스Hugo Chávez, 브라질의 룰라 다 시우바Ignácio Lula da Silva, 아르헨티나의 네스토르 키르츠네르Néstor Kirchner, 우루과이의 타바레 바스케스Tabare Vazquez 정권에서 볼 수 있는 것처럼) 남아메리카에서 소련 붕괴 이후의 진보적 전환을 위한 도전은 원주민의 '상호문화성' 개념을 진지하게 받아들이고 현실을 다른 관점에서 보려는 노력이다. 그렇지 않고 만일 국가 경영이 오로지 유럽-미국적 모델에 의지한다면, 제국주의적 폭력과 조작을 지속시키는 결과를 가져올 것이다. "가능한 다른 세계들"로 향하는 길은 공화주의적, 자유주의적, 혹은 맑스주의적 모델(예를 들어 남아메리카의 크리올적 에토스와 라틴아메리카 에토스)로부터 찾을 수 없다. 근대적 모델을 구성하는 요소들은 원주민적 에토스와 아프리카적 에토스가 제시하는 관점에 합류하거나 포함되어야 한다. 원주민적 에토스와 아프리카적 에토스는 이러한 에토스 속에서 살았던 사람들이 제안하고 추진했던 (정치적·경제적·윤리적·인식적) 이탈 프로젝트를 계속 유지시키고 있다.

나 비델라 독재정권을 조사하는 아르헨티나 진실위원회의 "더 이상은 안 돼!"(Nunca más)라는 외침은 다양한 기억, 언어, 지식, 삶의 방식, 그리고 상처 입은 인간 존엄성의 회복을 뜻한다.

라틴아메리카는 실체 없는 '문명'인가?

세계은행이나 CIA 같은 기관은 라틴아메리카라는 '개념'에 대해 의문을 제기할 하등의 이유가 없다. 비록 세계은행이나 CIA와 같은 이유에서는 아니지만, 스페인어와 포르투갈어를 사용하는 남아메리카 국가에 거주하며 자신을 크리올과 '라틴'아메리카적 에토스와 동일시하는 사람도 라틴아메리카라는 개념에 대해 의문을 갖지 않는다.[32] 세계은행과 CIA는 물론이고 유럽 혈통의 진보적이고 보수적인 시민들에게도 라틴아메리카는 현재와 같은 세계질서에서 존재론적이고 지정학적인 실체이다. CIA, 새뮤얼 헌팅턴, 세계은행, 미주개발은행, 그리고 미국의 라틴아메리카 연구 프로그램이 생각하는 라틴아메리카라는 개념은 흑인, 라티노 혹은 원주민이 생각하는 개념이나 근대성/식민성 연구 프로그램이 상정하는 개념과 반드시 일치하지는 않는다.[33] 만일 라틴아메리카가 객관적 사

---

32) 그러나 '남미연합'(Unión Sudamericana)을 향한 최근의 프로젝트를 보면, 단지 시민/정치 사회뿐만 아니라 국가 스스로가 라틴아메리카라는 개념 자체에 대해서 변환을 시도하고 있다. 여기에 대해서는 이 책의 후기를 보라.
33) Arturo Escobar, "Worlds and Knowledges Otherwise: The Latin American Modernity/Coloniality Research Program", *Cuadernos del CEDLA*, 16, 2004, pp.31~67. www.jhfc.duke.edu/wko/contact.php.

물이 아니고, 원주민과 (약간의 아이티와 마르티니크 출신을 제외하고) 흑인이 전혀 참여하지 못한 채 라틴 혈통의 유럽인들이 만든 정치적 프로젝트라면, 어째서 위에 언급한 집단들은 동일한 개념을 공유하고 있는 것일까? 나의 주장은 남아메리카의 '라틴성'에 토대를 두고 있음에도 불구하고 크리올 엘리트들에 의해 재생산되는 식민성에 의문을 제기하는 근대성/식민성 프로젝트로부터 도출된 것이다. 이 점에 관해서 근대성/식민성 프로젝트는 원주민, 아프리카 출신 흑인, 그리고 라티노 프로젝트와 협력하고 있으며, 동시에 식민지 시기에 형성된 '라틴성'의 토대를 비판적 관점에서 드러내고, 이러한 '라틴성'이 '라틴' 아메리카의 미래에 한계로 작용함을 지적한다.

오늘날 (개념으로서의) 라틴아메리카는 근대적/식민적 세계라는 상상의 공간에서 모호한 위치를 차지한다. 라틴아메리카는 서양의 세 꼭짓점인 서유럽과 남유럽 그리고 미국에서 차별적인 정체성으로 인식되는 '라틴아메리카인'으로 자신을 규정하는 정부 관료, 신문기자, 지식인들이 각자의 입장에서 스스로를 방어하는 상상의 공간이다. 이와는 다른 의견을 갖는 크리올, 메스티소, 유럽에서 건너온 이주자들에게 라틴아메리카라는 개념은 증가하는 미국의 군사적·경제적·기술적 침략에 맞서는 연합전선의 역할을 한다. 문제는 흑인과 원주민 공동체 역시 같은 주장을 하면서 투쟁하고 있지만(특히 미주자유무역협정에 반대하는 원주민 세력이 증가하고 있다), 이들은 '라틴아메리카'의 이름으로 투쟁하지 않는다는 점이다. 왜냐하면 라틴아메리카인들도 내부적으로 그들을 착취하고 있기 때문이다. 같은 지역에서 원주민들이 아브야-얄라의 이름으로 투쟁하고 있는 반면에, 흑인들은 영토적 정체성 때문이라기보다는 노예 생활의 기억, 그리고 유럽인, 크리올, 다른 지역에서 온 이주민에게 받은 '인간이하의' 취급에서 벗어나기 위해 투쟁하고 있다. 유럽(장소 중심적)-백인(인종 중심적) 중심적 이성을 변환시키는 것은 헤게모니적 질서를 위협하는 행동이다. 왜냐하면 그것은 다시 원터의 말을 빌린다면 헤게모니적 삶의 방식에 통합된 사람들이 정당하지 않은 사회경제적 구조에 대해 "주체적으로 이해하는 것"을 의미하기 때문이다. 정치적 반란은 군대에 의해 무력으로 완전히 또는 부분적으로 통제될 수 있다. 그러나 합법화된 범죄인 무력적 군사 개입의 정당성이나 (민주주의, 자유, 시장을 확산시키는) 새로움의 패러다임을 위협하는 사유를 통제하는 것은 쉬운 일이 아니다. 무력은 이러한 사유의 흐름을 주춤거리게 할 수는 있으나 사멸시킬 수는 없다.

헌팅턴은 적대적인 문명들이 충돌하는 미래의 '세계질서'를 예언했지만, 라틴아메리카에서는 주춤거리면서도 결코 멈추지 않는 새로운 움직임들이 뒤늦게 출현하고 있다. 헌팅턴이 보지 못하거나 혹은 보려고 하지 않는 사실은, 미국의 헤게모니에 대한 '도전'은 미국의 앞마당으로 밀려드는 라틴아메리카의 밀입국자들이 아니라는 사실이다. 마찬가지로, 미국인의 생명을 위협하는 것은 이슬람 문명권의 테러리즘이 아니다. 진정한 도전은 라틴아메리카의 밀입국자와 테러리스트의 폭탄이 아니라 지식의 지정학을 변화시키는 무슬림과 라티노이다. 테러리스트들을 죽이는 것은 정당하다고 생각할 수 있지만, 공존의 패러다임을 모색하고 지식과 사회조직의 구조를 변화시키려는 라티노와 무슬림의 사유를 마비시키는 것을 정당화하거나 합법화하는 것은 훨씬 어려운 일이다. 라틴아메리카와 히스패닉에 대한 헌팅턴의 생각과 추론은 순전히 '라틴'아메리카와 '히스패닉'에 대한 본체론적 개념에 토대를 두고 있다.

반대로 라틴아메리카는 서구와 다른 정체성을 갖는다. 〈그는 여기서 델로리아를 생각한 것일까?〉 라틴아메리카가 유럽 문명의 후손임에도 불구하고, 라틴아메리카는 유럽이나 미국과는 매우 다른 길을 걸어 왔다. 라틴아메리카는 유럽에선 매우 드물고 미국에선 전혀 찾아볼 수 없는 **조합주의적**이고 권위주의적인 문화를 갖는다. 유럽과 미국은 종교개혁을 거쳤고, 그 결과 구교와 신교가 혼합된 문화를 형성했다. 라틴아메리카는 조금 변화하기는 했지만 줄곧 구교를 유지했다. 라틴아메리카 문명에는 유럽에서는 존재하지 않았고 미국에서는 **사실상 사라져 버린** 원주민 문화가 **혼합되어 있다.** …… 라틴아메리카는 서구 문명 내의 하위-문명 혹은 서구 문명과 유사하지만 전혀 별개인 문명으로 생각할 수 있다. **라틴아메리카와 유럽, 라틴아메리카와 미국과의 관계를 고려한 국제정치학적 관점에서 볼 때, 라틴아메리카는 서구 문명과 별개의 문명이라고 보는 것이 더 적절하고 유익하다.**[34]

헌팅턴의 위의 인용문 대신에 그가 제시하는 '1990년 이후 세계 문명 지도'를 보면, 서유럽과 미국뿐만 아니라 오스트레일리아와 뉴질랜드 그리고…… 포클랜드 섬까지도 볼 수 있다! 어떻게 하버드 대학 출신의 저명한 학자가 라틴아메리카가 서구 문명의 일부분이 아니면서 서구 문명을 이해하는 핵심적인 별개의 문명이라고 언급했다가, 같은 책의 다른 페이지에서 라틴아메리카를 깡그리 누락시키는 실수를 저지를 수가 있는가? 나는 이것이 단순한 실수라고 생각하지 않는다. 헌팅턴에게 '라틴'

---

34) Samuel Huntington, *The Clash of Civilizations*, p.46. 강조는 필자.

아메리카는 제1세계로부터 떨어져 나가 침식되고 있는 지역으로서 오스트레일리아, 뉴질랜드, 그리고 종국에는 남아프리카공화국으로 대체될 수 있다.『문명의 충돌』에서 라틴아메리카의 이미지를 이런 식으로 제시했던 헌팅턴이『우리는 누구인가?』[35]라는 책에서 '히스패닉의 도전'에 대해 언급한 부분을 읽은 사람이라면, 헌팅턴에게 카리브 지역의 극히 일부분에서만 영어를 사용할 뿐 원주민 언어를 사용하는 수백 만의 사람을 포함해서 대부분의 주민들이 스페인어와 포르투갈어를 사용하는 라틴아메리카보다 (영연방의 일원인) 오스트레일리아, 뉴질랜드, 남아프리카공화국이 더 관심거리임을 알 수 있다.

라틴아메리카는 서구에 속하지 않고 오스트레일리아와 뉴질랜드는 서구에 속하는 이유는 무엇인가? 남아메리카와 카리브 지역이 지난 500년 동안 최소한 세 종류의 문명 — 원주민 문명, 유럽 문명, 아프리카 문명 — 이 공존했던 지리-역사적 공간이라면, 어떻게 라틴아메리카를 별개의 문명이라고 생각할 수 있는가? 헌팅턴이 주장하듯이, 서구 문명의 기원이 8~9세기에 있다고 생각한다면, 라틴아메리카는 서구의 일원이 될 자격을 상실할 수도 있다. 헌팅턴이 누락시킨 부분은 곳곳에서 눈에 띄며 그러한 누락에 대해서 그는 입을 다문다. 한 가지 예를 든다면, 헌팅턴은 '서구 문명이 등장'한 시기는 이슬람 제국이 형성되고 확장되던 시기였고, 이 시기에 서구는 이슬람 제국보다 하위에 있었다는 사실을 언급하지 않는다. 이슬람 문명이 서구 기독교 세계로 확장되기 시작한 것은 7세기부터였고, 이는 합스부르크 제국이 오스만터키를 밀어냈던 1683년

---

35) 이 장 190쪽의 각주 14번을 참조하라.

까지 계속되었다. 이슬람 문명의 끊임없는 확장은 유럽 사람들에게 이슬람으로부터 스스로를 지켜야 한다는 각성을 불러일으켰다. 이슬람 제국은 기독교 왕국을 차지했고, 무슬림의 영향은 스페인, 포르투갈, 이탈리아 남부, 그리고 프랑스의 일부까지 미쳤다. 서유럽에 미친 이슬람 문명의 영향력은 1492년 그라나다가 함락될 때까지 800년 동안 지속되었다. 따라서 서구 문명의 등장은 헌팅턴이 주장하고 싶어 한 것처럼 서구인의 내적 지혜와 비범함 때문이 아니라 강력한 이슬람 제국의 확장에 기독교 문명이 저항하는 과정과 일치한다. 공산주의 블록이 붕괴되고 냉전이 종식된 오늘날 기독교를 섬기는 자본주의 제국이 이슬람 국가들을 맹렬하게 공격하는 것과 공격의 대상이 되는 이슬람 국가들이 종교와는 상관없이 자본주의 세계의 일원이면서 엄청난 매장량의 석유를 갖는 지역에 위치한다는 것이 단순히 우연의 일치일까?

나는 라틴아메리카를 서구 바깥에 위치시키고 라틴아메리카보다 뉴질랜드와 오스트레일리아를 중요시하는 헌팅턴의 결정을 논박할 의도는 없다. 그러나 ① 라틴아메리카를 서구 바깥에 위치시키고, ② 이슬람 세계를 서구에 대한 위협이라고 주장하며, ③ 히스패닉을 미국의 국가적 정체성에 대한 도전으로 보는 헌팅턴의 논리는 옳지 않다. 헌팅턴이 옳은지 그른지, 라틴아메리카가 서구의 일원인지 아닌지에 대한 논쟁을 떠난다면, 헌팅턴의 저작은 그 자체로 충분히 흥미롭다. 그러나 뉴질랜드와 오스트레일리아가 영어를 사용하는 반면에, 라틴아메리카에서는 헌팅턴의 모국어인 영어가 아니라 스페인어와 포르투갈어가 사용된다는 점을 언급할 필요가 있다. 즉 라틴아메리카는 미국, 영국, 뉴질랜드, 오스트레일리아처럼 영어가 공식 언어로 사용되지 않는 지역이다. 헌팅턴에게 서구는 기본적으로 영연방 제국이 준거점이 되는 영어 사용 지역이며, 이는 정체성 정치(identity politics)의 가장 노골적인 표현이다. 최근의 정치적 사건들은 그가 옳았다는 것을 증명하는데, 왜냐하면 서유럽의 일원인 프랑스와 독일이 조지 W. 부시 정권이 강요한 미국과 영국의 국제정치 노선에 반기를 들었기 때문이다. 물론 영어는 서구에 포함되기 위한 필요조건이지만 충분조건은 아니다. 결국 코스모폴리탄적 언어의 관점에서 보면 서구는 원래 라틴어를 사용하는 지역이었다. 더구나 남아프리카공화국과 인도는 영어가 공용어이고 영국으로부터 독립했음에도 불구하고 헌팅턴의 도식에 포함되지 않는다. 여기에는 우리가 모르는 뭔가 다른 기준이 작용하고 있다.

그렇다. 칸트의 종족-인종 사각형은 여전히 헤게모니적 상상 속을 기어 다니고 있다. (아마도 베네수엘라, 에콰도르 그리고 대단히 문제적 경우인 페루를 제외하고) 라틴아메리카의 지배 엘리트들이 스스로를 백인이라고 생각한다면, 어째서 '라틴'아메리카인은 종족-인종 사각형의 백인에 속하지 않는가? 그들이 라틴아메리카인이기 때문에 백인이 아닌 것인가, 아니면 백인이 아니기 때문에 라틴아메리카인인 것인가? 라틴아메리카인은 언어의 측면과 대륙 분할의 측면에서 인종차별을 받고 있다(라틴아메리카인은 개발도상국으로 저개발된 제3세계의 신흥국가의 국민에 포함된다). 물론 아프로-아메리카인들과 원주민들은 그런 문제를 갖지 않는다. 그들은 자신들이 백인이 아니라는 사실을 잘 알고 있기 때문이다. 라틴아메리카는 오늘날 안데스 지역, 과테말라, 멕시코에서 확연하게 알 수 있는 것처럼 원주민들이 '효과적으로 말살되지' 않은 지역이다. 그런 이유 때문에 라틴아메리카에서는 인종적 '혼혈'이 동질화된 국민을 만드는 가장 중요한 정책으로 공표되었던 반면에, 미국에서는 혼혈이 한 번도 효과적인 정책으로 등장한 적이 없다. 미국의 '용광로'(melting pot)는 혼혈을 의미하는 것이 아니고 유럽 혈통의 상이한 헤게모니 집단의 공존을 의미한다. 제3세계로부터 이민이 본격화되었던 1970년대에 유럽 혈통의 사람들로 구성된 '용광로'는 다양한 피부색의 사람들이 백인들과 동일한 영토에 공존하는 '다문화적 사회'로 바뀌었다. 다문화주의에서도 혼혈은 발생하지만, 국가의 공적인 담론과 다양한 종족 그룹이 만들어 가는 정체성 담론 모두 혼혈을 찬양하거나 중요하게 생각하지 않는다. 그러나 최근에 미국의 라티노들이 '다문화주의' 밑에 깔려 있는 인종차별을 드러내는 방법으로 혼혈 문제를 비판적으로 바라보고 다루기 시작했다. 헌팅턴을 두렵게 한 것은 그러한 변화의 가능성이었는데, 그는 (주로 유럽에서 이민을 왔기 때문에 동화되는 데 별 문제가 없었던) 20세기 초반의 미국식 용광로가 히스패닉들이 녹아들 준비가 되지 않았거나 녹아들기를 원하지 않는 이유 때문에 샐러드 접시(salad bowl)로 바뀌는 것을 염려했다.[36]

19세기 전반에 벌어진 멕시코와 미국 간의 전쟁으로 많은 멕시코 사람들과 (콜로라도에서 텍사스까지, 그리고 텍사스에서 애리조나를 거쳐 캘리포니아에 이르는) 멕시코 영토가 미국으로 편입되었다. 1920년부터 닉슨 행정부에 이르기까지 미국은 브라세로 프로그램(Bracero program)[37]을 통해 두 번에 걸친 세계대전과 미국인들의 생활수준의 향상으로 창출된 일자리를 채우는 값싼 노동력으로 멕시코 사람들을 끌어들였다. 1970년부터 푸에르토리코와 남아메리카 그리고 카리브 지역의 사람들이 일자리를 얻기 위해서 혹은 독재정권을 피해서 미국으로 이주하기 시작했

---

36) Walter D. Mignolo, "Huntington's fear: latinidad in the horizon of the modern/colonial world", in ed. R. Grosfóguel, N. Maldonado-Torres, and J. D. Saldívar, *Latin@s in the World-System*, Boulder, Colorado: Paradigm, 2005.
37) 합법적으로 단기 일용직 노동자들의 입국을 허용하는 제도. ─ 옮긴이

다. 2004년에는 미국에 거주하는 히스패닉의 숫자가 대략 4,000만 명에 이르렀으며, 이는 3,500만 명 정도의 콜롬비아나 아르헨티나 인구보다 많은 숫자이다. 사실 4,000만 명이라는 숫자는 칠레(1,600만), 볼리비아(700만), 페루(2,200만)의 인구를 합친 것보다 약간 적은 숫자이다. 멕시코와 브라질을 제외하면, 남아메리카 국가 중 미국에 거주하는 히스패닉 수보다 많은 인구를 가진 나라가 없다. 따라서 예전에 토머스 제퍼슨(Thomas Jefferson)과 시몬 볼리바르(Simón Bolívar)가 지적했던 앵글로색슨 미국인과 라틴 남미인의 차이는 더 이상 적용되지 못하는 시점에 다다랐다. '라틴'아메리카라는 개념은 고정된 영토적 경계를 벗어나고 있다.

그러나 라티노가 단지 미국의 디스코텍에서 살사를 추고, 나초를 먹으며, 갈색 피부에 가톨릭을 믿고, (포르투갈어를 사용하거나 이따금 프랑스어를 사용하는 라티노도 있긴 하지만) 스페인어를 사용하는 집단을 의미하지는 않는다. 헌팅턴이 두려워하는 것은 단지 서비스 직종에서 일하면서 동화되기를 거부하는 갈색 피부를 가진 사람들이 아니다. 그보다 훨씬 강한 '히스패닉의 도전'은 그들의 생각[epistemology, 인식론]이며, 헌팅턴이 자신의 주장을 위해 사용하는 사회과학의 표준적인 학문적 기준과 다른 방향으로 향하는 지식에서 비롯된다. 다음 단락에서는 라티노/히스패닉이 미국의 유럽-백인-중심적 삶을 어떻게 변화시키고 있으며 공존의 패러다임을 어떻게 증진하고 있는지 살펴볼 것이다. 나는 헌팅턴의 두려움이 무의식적이고, 이것은 그가 영국계나 유럽계 백인처럼 히스패닉/라티노도 논리적이고 이론적이라는 사실을 인정하기 어렵기 때문이라고 생각한다. 라티노가 헌팅턴이 사용하는 지식의 패러다임과 공존하며, 하버드 대학조차 더 이상 중단시키거나 불법화할 수 없는 지식의 패러다임의 일원이라는 사실은 인상적인 도전이다.

볼리바르와 제퍼슨 사이: 라티노와 치카노는 라틴아메리카인인가?

카리브와 라틴아메리카의 원주민과 아프리카계 흑인 공동체와 역사로부터 제기되는 다양한 지식이 자신의 권리를 요구하는 것처럼, 미국에 거주하는 치카노와 라티노가 생산하는 이론은 미국의 학술적 동향과 규범적 토대, 그리고 사회 전체의 구조를 결정하는 지식의 내용과 원리와 경합을 벌이고 있다. (다른 하위주체적 공동체처럼) 라티노가 스스로 생각할 수 없다면, 그들은 기존에 형성된 규범과 제도의 우월성에 종속될 것이다. 서구 제국의 식민지 역사는 이런 방식으로 진행되었지만, 지금은 상황이 바뀌었다. 이러한 상황 변화에 결정적인 기여를 한 글로리아 안살두아의 작품 『변경』(*Borderlands/La Frontera*)은 르네 데카르트의 『방법서설』(1673)이 그 당시의 지식의 지형도에 미친 영향력과 견줄 수 있을 정도이다. "나는 생각한다, 고로 존재한다"라는 명제를 통해 신의 자리에 자아를 올려놓은 데카르트는 신학에 바탕을 둔 지식의 개념을 이성에 바탕을 둔 지식으로 변화시켰다. 이와 마찬가지로 메소티소 라티노인 글로리아 안살두아의 **새로운 인식**은 데카르트의 자아가 차지하고 있던 중심을 해체하고 그 자리에 터와 몸에 중심을 둔 사유를 배치했다.

    20세기에 혼혈은 독립 이후의 식민지 상황을 벗어나려는 단계에서 라틴아메리카라는 개념과 더불어 국민적 정체성을 확립하는 방법으로 기능했다. '메스티소'는 독립 이후 크리올 엘리트가 차지했던 공간에 대한 자신들의 권리를 청구하기 시작했다. 대단히 이상한 일이지만, 혼혈은 국민적 정체성을 동질화하기 위한 이상적 목표가 되었다. 그러나 인종적 혼혈이 우주론적(혹은 인식론적) 혼혈을 동반하지 않는 상황에서 혼혈은 항상 신기루에 불과했다. 크리올이든 메스티소든 간에, 아메리카의 '라틴' 후손들은 새로움의 패러다임을 받아들였고 먼 유럽적 '기원'과 유대 관계를 유지했다. 메스티소는 결코 원주민의 기원이나 아프리카의 기원의 권리를 청구하지 않았다.[38]

라틴아메리카라는 개념은 19세기에 등장해서 확산되기 시작했지만 원주민의 우주관(인식론)은 무시되었고 언제나 유럽을 동경했다. 메스티소는 피만 섞였을 뿐 정신의 순수성을 고집했다.[39] 호세 바스콘셀로스(José Vasconcelos)의 『우주적 인종』(*La raza cósmica*)[40]에서 볼 수 있는 것처럼, 혼혈은 '라틴성'이라는 추상성을 구체화하는 철학적 범주가 되었다. 바스콘셀로스는 현존하는 네 개의 인종인 백인종, 적인종[즉 원주민], 흑인종, 황인종이 뒤섞여 있는 남아메리카에서 '우주적 인종'이 탄생할 것이라고 생각했다. 그는 무의식적으로 칸트의 종족-인종 사각형을 받아들이고 있었던 셈이다. 그는 북아메리카의 영국인과는 달리 스페인과 포르투갈 사람들은 일찍부터 원주민, 흑인과 혼혈을 이루었다고 생각했다. 바스콘셀로스는 흔히 생각하는 것처럼 스페인-백인과 원주민-적인 사이의 쌍방적인 혼혈보다 더 넓은 의미에서 혼혈을 받아들였다. 바스콘

---

38) 혼혈을 통한 국민적 이데올로기의 형성과 이에 대한 아이마라 지도자인 펠리페 키스페(Felipe Quispe)의 도전에 대해서는 다음을 보라. Javier Sanjinés C., *Mestizaje Upside-Down*, Pittsburgh: University of Pittsburgh Press, 2004. 아이티 혁명과 크리올과 메스티소의 반혁명적 저항에 대해서는 다음 책을 참조하라. Sibylle Fisher, *Modernity Disavowed*, Durham, NC: Duke University Press, 2004.
39) 예외는 항상 존재하기 마련이고, 그 중 하나가 페루의 호세 마리아 아르게다스(José María Arguedas)인데, 그는 정신적이고 심리학적인 면에서 원주민의 우주론을 포용했고 스스로 인디언이 되었으며 비극적인 자살로 생을 마감했다. 단지 혈통적인 면에서 '메스티소'일 뿐 정신적으로는 그렇지 않은 사람들은 자신의 삶이 위태로움에 처하는 것을 원하지 않는다.
40) 호세 바스콘셀로스(1882~1959)는 멕시코 철학자·역사가·사회학자로서, 『우주적 인종』은 1925년에 출판된 그의 고전적 저서이다.

셀로스는 모든 종류의 혼혈을 장려하고 격려했지만 '우주적 인종'은 이 베로아메리카인에게만 가능하다고 생각했다.

〈바스콘셀로스는 자신의 글 종결 부분에서 다음과 같이 말했다.〉 정신적이고 육체적인 면에서 완성을 이루는 것은 기독교 정신이다. 이런 초월적 변화를 보여 줄 인종이 이베로아메리카 대륙에서 성장하고 있다. 이 인종은 결점이 많고 부족하지만 유순함, 빠른 이해력, 느긋한 감정 등 미래의 종(種)의 독창적 원형질을 이루는 요소들을 풍부히 갖추고 있다.[41]

바스콘셀로스는 이제 지구에 미지의 공간이 남아 있지 않은 상황에서 히스패닉 인종의 임무는 정신의 새로운 영역을 발견하고 정복하는 일에 앞장서는 것이라고 생각했다. 이를 위해 바스콘셀로스는 생물학적 혼혈과 인식론적 순수성을 결합시켰다. 즉 생물학적 차원에서는 혼혈을 이루었지만 엄밀한 사유의 구조를 갖는 우주적 인종은 기독교 정신이 이베로아메리카인에게 육화한 것과 같다. 사유·지식·미학의 기본 원리들은 서로 섞이지 않으면서 서구 전통의 견고한 토대를 유지한다. 바스콘셀로스는 유럽 혈통의 이베리아 반도 사람들, 앵글로색슨 혈통의 유럽/미국 사람들, 그리고 라틴 혈통의 아메리카 메스티소들로 구성되는 인종 삼각형의 예외적 위치에 이베로아메리카를 놓음으로써 히스패닉을 종족-인종 오각형의 한 꼭짓점을 차지하는 제5인종으로 영속화하려고 했지만

---

41) José Vasconcelos, *La raza cósmica* [1925], trans. and intro. Didier T. Jaén with an afterword by Jozeba Gabilondo, *The Cosmic Race*, Baltimore and London: Johns Hopkins University Press, 1997, p.37.

그의 의도와는 달리 히스패닉은 주변(인)화되었다. 라티노가 서구 우주론의 라틴아메리카 판본을 붕괴시키는 것은 바로 이 지점이다.[42]

치카나이자 동성애자 지식인이고 활동가인 글로리아 안살두아는 그녀의 책 중에서 가장 핵심적인 장(「메스티소의 의식/새로운 의식의 지향」)에서 바스콘셀로스와 치열하게 부딪친다. 처음부터 그녀는 공격적이고 극단적으로 바스콘셀로스의 입장(좀더 넓은 의미에서 말하자면 남성 중심적인 '라틴성'과 '히스패닉성')에서 이탈한다. 그 장의 서두에 인용한 글에서 안살두아는 바스콘셀로스의 언명("우리 인종을 통해 우주의 정신이 드러나리라")을 재해석한다. "우리 인종의 여성을 통해 우주의 정신이 드러나리라." 안살두아는 바스콘셀로스처럼 생물학적 혼혈을 통해 제5의 인종이 탄생하는 것을 찬양하는 대신에 (헤겔의 새로운 정신이 아니

---

[42] 나는 바스콘셀로스에 대한 안살두아의 해석에 관해서 강연을 한 적이 있었는데, 강연이 끝난 뒤에 (라티노보다는 라틴아메리카 사람들이 더 많았던) 청중들이 강연의 대상이었던 안살두아보다 바스콘셀로스에 대해서 관심을 가졌다. 이것은 라틴아메리카 사람의 마음가짐에 내재된 맹목성과 식민주의와 내적 식민주의의 유산을 드러내는 적절한 예증이었다. 물론 바스콘셀로스를 간략하게 설명한 나의 책임도 있다. 바스콘셀로스는 내가 설명한 것보다 더 복잡하고 개방된 정신을 가진 철학자였으며 아시아(인도와 중국) 철학과 사상의 중요성에 대해서도 알고 있었다. 이런 것들을 충분히 인정하지만 바스콘셀로스가 2장에서 언급했던 라틴-(남성)-인종주의적 인식의 틀 안에 갇혀 있었다면, 안살두아는 그러한 인식의 틀에서 벗어나서 터와 몸에 중심을 둔 지식을 창조한다. 남아메리카의 다른 '라틴' 학자들처럼 바스콘셀로스가 유럽적 사유의 방법론을 추종한다면(바스콘셀로스의 주체적 이해는 원주민과 흑인의 독창적 역사에 있는 것이 아니라 유럽의 역사에 있다), 미국의 라티노들은 탯줄을 끊어 버린다. 이것이 라틴아메리카의 혼혈의 개념, 특히 바스콘셀로스의 '우주적 인종'에 대해 안살두아가 보여 준 극단적인 공간적(그리고 탈식민적) 인식의 단절이다. (자기 자신을 아프로-콜롬비아인으로 규정하는) 콜롬비아 작가 마누엘 사파타 올리베야(Manuel Zapata Olivella)는 자전적이고 성찰적인 책인 『일어서, 물라토! "우리 인종을 통해 우주의 정신이 말할 거야"』(*Levántate mulato! "Por mi raza hablará el espíritu"*, Bogotá: Rei Andres, 1990, pp. 235~237)에서 바스콘셀로스의 언명을 안살두아와는 다른 방향으로 비틀었다. 나는 이런 생각을 콜롬비아 지식인인 산티아고 아르볼레다(Santiago Arboleda)에게 빚졌다.

라) '새로운 의식', 즉 메스티소 여성의 사이(between)의 의식, 변경(the Borderlands)의 의식의 등장을 선언한다.[43] 바스콘셀로스가 생물학적 혼혈을 통해 탄생한 "우주적 인종" 아래 통합되고 동질화된 '스페인의 정신'을 재배치했다면, 안살두아는 동질화된 통합이라는 개념 자체를 무시한다. 스페인/포르투갈-남성-엘리트 중심의 식민지 전통에서 프랑스/메스티소-남성-엘리트 전통으로 이어지며 영속화된 라틴아메리카라는 개념은 남에서 북으로 흘러가는 대량 이주에 의해서 해체될 뿐만 아니라, 변경의 인식론과 메스티소 여성의 의식을 통해 발전한 비판적 의식에 의해 해체된다. 따라서 미국에 거주하는 라티노의 경험은 아메리카 대륙 전체에서 등장하고 있는 아프로-안데스인, 아프로-브라질인, 아프로-카리브인, 그리고 원주민의 비판적 의식과 유사하다. 물론 크리올/메스티소 남성들이 주장하는 라틴아메리카라는 개념이 사라진 것은 아니고, 단지 축소되고 줄어들 뿐이다.

(남아메리카와 카리브 지역의 원주민과 아프리카 혈통의 흑인들처럼) 안살두아의 급진적인 행동은 이제 더 이상 '저항'의 수준에 머물지 않는 개념적(인식론적) '단절'(delinking)이다. 여기서의 단절은 지식의 지정학과 몸 정치학의 근본적인 전환을 뜻한다. 그러나 단절하고 전진하기 위해서는 새 신발이 필요하다. 새 신발을 구하지 못하면 몸에 맞지 않는 낡은 신발들을 뒤적이거나, 상대방의 인정을 구걸하거나, '다문화주의'를 추켜세우겠지만, 그런 식으로는 결코 진정한 '상호문화성'(위에서 설명한 것처럼 '상호인식론')에 이를 수는 없다. 안살두아는 단절과 전진의 순간을 설

---

43) Gloria Anzaldúa, *Borderlands/La Frontera*, San Francisco: Aunt Lute Books, 1987, p.99.

명하기 위해 '받아치기 자세'(counterstance)라는 개념을 사용한다. 다음의 구절을 위에 인용한 바스콘셀로스의 글과 비교해 보라.

> 아스테카 언어로 '절반으로 찢어진'이란 뜻을 갖는 정신적 '네판틸리즘'(nepantilism)의 상태에서 **혼혈 여성(la mestiza)**은 한 집단의 문화적이고 정신적인 가치가 다른 집단의 문화적이고 정신적인 가치로 이전되는 상태의 산물이다. 메스티소 여성은 세 개의 문화를 경험하고, 1개 국어, 2개 국어, 혹은 다국어를 사용하거나 사투리를 구사하며 끊임없이 이행하는 상태 속에서 **혼혈**의 딜레마에 부딪힌다. 메스티소 여성의 딸은 과연 어느 집단에 속하는 것인가?[44]

안살두아는 남성적-이성애적 관점에서 만들어진 라틴/이베로 아메리카의 전형적인 '동질적 혼혈성'(homogeneous mestizaje)에서 벗어나 다른 인식의 문을 연다. 그 문을 통해서, '라틴아메리카'라는 개념 자체가 형성되고 유지되어 온 라틴아메리카와 앵글로아메리카 사이의 질식할 듯한 대립으로부터 탈출한다.

메스티소 여성의 의식으로부터 솟아난 '비판적 의식'은 이중의 탈식민화, 즉 지식의 탈식민화와 존재의 탈식민화를 수행한다. 그것이 **지식**의 탈식민화인 이유는 근대성의 철학적 토대가 백인-이성애적-유럽 남성의 전형으로부터 만들어진 인식 주체 위에 세워졌기 때문이다. 누구도 자기가 아닌 것이 될 수는 없기 때문에 원리상 그런 인식론이 잘못된 것은

---

44) Gloria Anzaldúa, *Borderlands/La Frontera*, p. 100.

아니다. 그러나 우리 시대의 어떤 정치인처럼, 누군가가 자신에게 좋은 것이 텍사스를 위해서도 좋고, 텍사스를 위해 좋은 것이 미국을 위해서도 좋고, 미국을 위해 좋은 것이 전 세계를 이롭게 한다고 생각한다면, 그의 생각과는 다른 모든 사람들의 지식과 경험을 배제하는 것이다. '메스티소 여성의 비판적 의식'은 지식의 헤게모니적 개념이 갖는 한계를 보여준다. 또한 그것이 **존재**의 탈식민화인 것은, 오직 하나의 지식만이 진리라는 다분히 유럽 중심적이고 제국주의적인 가정은 백인-이성애적-남성적 유럽인(혹은 유럽 혈통의 후손)이 아닌 모든 인식 주체는 열등하다는 가정을 정당화하기 때문이다. '메스티소 여성의 비판적 의식'은 지금까지 조심스럽게 닫혀 있던 문들을 활짝 연다.

안살두아는 **받아치기 자세**로는 충분치 않다고 주장하는데, 이는 받아치기 자세가 "억압자와 피억압자를 대결시키고, 경찰과 범죄자의 경우처럼 목숨을 건 싸움으로 몰고 감으로써 누구도 폭력적 상황을 벗어날 수 없도록 하기 때문이다".[45] 그녀는 받아치기 자세를 해방과 연계시키는데, 여기서 해방이란 주체성이 형성되는 헤게모니적 신념 체계로부터 단절하는 행위를 뜻한다. '라틴'이나 '앵글로' 아메리카라는 개념들은 히스패닉/라티노에 의해 도전받는 앵글로아메리카의 정체성을 방어하기 위해 헌팅턴 같은 이들이 사용하는 주체성의 감옥이다. 받아치기 자세는 앵글로아메리카와 라틴아메리카라는 개념을 모두 비판하며 이를 통해 형성되는 주체성의 방식을 비판하지만, 그렇다고 단순히 반대의 입장에만 머무는 것은 아니다. 이런 맥락에서 안살두아는 다음과 같이 주장한다.

---

45) Gloria Anzaldúa, Ibid., p.101.

받아치기 자세는 지배 문화의 관점과 확신을 논박하며, 이를 위해 당당하게 도전적인 자세를 취한다. 받아치기 자세가 보여 주는 모든 반응은 상대방의 행동에 의해 제한되고 종속된다. 받아치기 자세는 ─내적이든 외적이든─ 권위와 관계된 문제이기 때문에 문화적 지배로부터 해방을 지향한다. 그러나 해방에는 한 가지 방식만 있는 것은 아니다. **새로운 의식을 형성해 가는 과정에서 우리는 자신의 영역을 지키기 위해 생사를 거는 극단적 투쟁에서 벗어나** 비로소 양극단에 동시에 있을 수 있고, 뱀과 독수리의 눈으로 양극단을 동시에 바라볼 수 있을 것이다. 혹은 지배 문화로부터 탈피하여, 시효를 상실한 이념인 지배 문화를 지워 버리고, 경계를 넘어 지배 문화 외부의 새로운 영토로 진입하기 위한 결심을 할 수도 있다. 혹은 또 다른 길을 선택할 수도 있다. **수동적으로 반응하는 대신에 능동적으로 행동하기로 결정하면 가능성은 무수히 많다.**[46]

받아치기 자세가 단순히 적대적이거나 저항적인 의식이 아니라는 것은 확실하다. 받아치기 자세는 지배 문화로부터 탈피해서, 세계사회포럼의 슬로건처럼 "다른 세계가 가능한" 미래를 바라보거나, 사파티스타가 우리(즉, 많은 세계가 공존하는 새로운 세계를 건설하기 위해서 일차원적 정신세계와 단절해야 한다고 믿는 사람들)에게 가르쳐 준 것처럼 "많은 세계가 공존할 수 있는 하나의 세계를 향해" 나아가는 것이다.

군사력과 경제적 권력이 세계를 지배하는 오늘날의 상황에서 안살두아의 선언은 이상적으로 들리고 "매우 멋진 말이긴 하지만……"이라

---

46) Gloria Anzaldúa, *Borderlands/La Frontera*, pp.100~101.

는 반응을 듣기 십상이다. 시민사회와 정치권은 초국적 기업과 군사비밀주의 그리고 선진 8개국(G8) 사이의 극비 협상으로 이루어진 네트워크의 지배를 받는다. 그러나 지식 지도의 변화는 존재와 지식의 탈식민화 수준에서 진행되고 있으며, 이러한 탈식민화를 통해 지배 체계를 넘어서는 가능한 다른 세계가 건설될 수 있다. 현재의 패러다임은 (신자유주의의 지배하에서 유럽의 백인과 미국의 백인 시민권자들까지도 그들이 가졌던 특권을 상실하고 사회적 소모품으로 전락하고 있는 상황이 벌어지면서 점점 증가하고 있는) **저주받은 사람들**에게 출구를 제시하지 못한다. 그들은 사유와 실천의 양면에서 공존의 패러다임을 모색해야 한다. 시민사회와 정치권에 남아 있는 방법은 이라크 전쟁을 반대하는 격렬한 항의에서 보았던 것처럼 대규모의 시위이다. 그러나 다중의 항의 이상으로 지금 우리가 목격하고 있는 것은 전에는 보지 못했던 사회적 행위자들의 등장이며, 이들은 다양하고 구체적인 정치적 프로젝트와 새로운 윤리적 패러다임을 제시하고 있다. 다중의 항의가 단지 근대성의 패러다임 안에서 발생하고 있는 반면에, 근본적인 변화는 근대성의 패러다임과 결별하고 새로운 패러다임을 모색하는 **저주받은 사람들**에게서, 식민적 상처에서 발생하고 있다. 근본적인 변화는 '라틴아메리카' 이후에 오는 것이다. 지금의 세계에서 살 수 없는 사람들에게 남아 있는 것은 적극적으로 지식과 존재의 탈식민화를 실천하는 것이다. 그리고 지식과 존재의 탈식민화란 안살두아가 '지배 문화'라고 불렀던 것을 비밀리에 정당화하지 않는 지식을 생산하고 가치를 부여하는 작업이다. 지배 문화는 자신의 위치를 유지하는 데 필요한 가치에 순응하지 않는 사람들의 인간성을 끊임없이 평가절하한다. 사파티스타 혁명, 원주민 지식인, 아프로-카리브 지역 지식인, 안데스 지역 지식인들, 그리고 미국의 라티노들은 총체성을 고집하는 서구의 지식과 주권에 의해 통제되지 않는 이상적 사회를 향해 나아가고 있다. 그리고 이보다 더 많은 지역에서 터와 몸에 뿌리를 둔 지식을 통해 **근대적/식민적 세계에 대한 대안**이 모색되고 있다. G8이 통제하고 경영하는 세계를 넘어서 "또 다른 세계가 가능하다"는 믿음과 인식적 권리를 주장하는 새로운 사회적 행위자들의 등장은 '라틴아메리카'라는 개념을 변화시키고 있다.[47]

우리는 앞에서 라티노 같은 미국 내 다른 집단들의 요구로 백인들이 통제하는 국가적 정체성이 상실되는 것에 대한 헌팅턴의 우려를 보았다. 2004년에 라티노의 44%가 조지 W. 부시에게 표를 던졌고, 2005년에는 존 애시크로프트(John Ashcroft)를 대신해서 알베르토 곤살레스(Alberto González)가 검찰청장의 직책을 수행하게 되었다는 사실은 모든 기독교인들이 해방신학의 편에 서는 것은 아니며, 모든 자유주의자나 맑스주의자가 반드시 진보적이지도 않고, 모든 라티노들이 안살두아처럼 생각하지도 않는다는 것을 확인시켜 준다. 그런가 하면, 라티노가 아닌 많은 사람들이 안살두아의 정치적 프로젝트와 윤리적 주장에 동참한다. 따라서 **내가 아프로-카리브 주민, 원주민 그리고 라티노에 대해서 언급할 때, 나는**

---

47) 내가 강조하고 싶은 것은 나의 주장이 기여하는 바가 있다면 그것은 근대성/식민성 프로젝트에서 지식 지도와 지식의 지정학을 이동시키는 작업이라는 사실이다. 나는 이단적인 라틴아메리카 사상의 계보학(빌바오Francisco Bilbao, 마르티José Martí, 마리아테기José Carlos Mariátegui, 종속이론, 근대성/식민성 프로젝트가 출발점으로 삼는 해방신학/철학)을 쓰고 있으며 글로리아 안살두아와 아메리코 파레데스(Americo Paredes) 같은 지식인들이 그 뒤를 따라가고 있다. 안살두아가 남긴 유산과 남아메리카의 여성 활동가들과의 연계에 대해서는 다음을 보라. Sonia Saldívar-Hull, *Feminism on the Border: Chicana Gender Politics and Literature*, Berkeley: University of California Press, 2000. 아메리코 파레데스의 기여에 대해서는 다음을 참조하라. Ramón Saldívar, *The Borderlands of Culture: Américo Paredes and the Transnational Imaginary*, Durham, NC: Duke University Press, 2006.

그런 집단에 속하는 사람들 전부를 말하는 것이 아니며, 그와는 반대로 억압의 역사와 식민적 상처가 제기하는 정치적 프로젝트와 윤리적 행위에 대해 말하는 것이다. 모든 흑인이 카리브철학협회가 앞장서고 있는 정치적 프로젝트에 동참하지는 않을 것이다. 반대로, 그러한 정치적 프로젝트의 기본적인 노선에 공감한다면 백인이라고 할지라도 동참할 것이다. 달리 말하자면, 아리스토텔레스의 사상에 공감한다고 해서 반드시 그리스 남성일 필요는 없으며, 파농이나 안살두아처럼 생각한다고 해서 반드시 흑인이나 동성애자 혹은 라티노일 필요는 없다. 원주민이나 라티노 혹은 아프로-카리브 주민의 정치적·인식론적 프로젝트가 그 집단에 속하는 모든 사람을 '대표'하는 것이 중요한 것은 아니며, 이것은 백인에게도 마찬가지이다. 만일 당신이 백인 공화당원의 정치적 프로젝트에 참여하기를 원한다면, 그것은 윤리나 선택의 문제이지 피부색의 문제는 아니다. 전체주의적 정체성 정치는 위계화하고 배제하기 위해 정체성을 이용하는 패러다임의 결과일 뿐이다.

전 지구적 아메리카: 사파티스타, 세계사회포럼, 원주민회의, 아메리카사회포럼

전 지구적 질서에 대한 새로운 상상계에서, 아메리카라는 개념은 갈등을 재편하는 무대가 될 수 있다. 원주민 사회운동과 새롭게 부상하고 있는 라틴아메리카의 아프리카계 주민들이 최근에 자신들의 입지를 구축하고 신자유주의와 네오맑스주의의 이상을 넘어서서 제시하고 있는 새로운 비전은 세계사회포럼에서 등장하고 있는 의제들이다. 세계사회포럼에서 제시되는 새로운 강령들은 새로운 정치 행위를 통해 통상적으로 아메리카나 라틴아메리카로 불리는 개념들을 변화시키고 있다.[48]

세계사회포럼과 (2004년 7월 에콰도르 키토에서 시작된) 아메리카사회포럼은 이 장에서 언급한 다양한 집단에 속하는 사회적 행위자들, 즉 칠레에서 캐나다에 이르기까지 대륙 전체에 거주하는 원주민, 아프로-안데스 주민, 아프로-카리브 주민, 미국의 라티노 등이 주도하는 변화의 한 요소이다. 세계사회포럼을 조직하고 운영한 사람들은 아메리카의 '라틴계' 주민이지, 원주민, 아프리카계 주민, 영국계 미국인이 아니라는 반론이 있을 수 있다. 그러나 이러한 반론은 포럼에 대한 사실적 부분을 언급할 것일 뿐 비판적 언급은 아니다. 세계사회포럼이 아메리카의 라틴계 구성원의 선조들이 먼저 제기했던 '라틴아메리카라는 개념'을 구성하는 이데올로기적 뼈대와 유산을 무너뜨리고 초월하고 있다는 사실은 분명한 변화를 의미한다. 라틴아메리카는 여전히 지속되고 있는 개념이다. 그러나 라틴아메리카는 더 이상 유일하게 가치 있는 이념/정체성이 아니며, 다른 것들을 부정하지 않고 새로운 규정을 시도하는 많은 개념들 중의 하나일 뿐이다. 세계사회포럼을 평가할 수 있는 리트머스 시험지는 조직 구성원의 종족성이 아니라, 포럼의 토대를 이루는 윤리적 원칙이다.

잘 알려진 것처럼, 세계사회포럼은 세계경제포럼(World Economic

---

48) Boaventura de Sousa Santos, "The World Social Forum", www.ces.fe.uc.pt/bss/documentos/fsm_eng.pdf; Emir Sader, "Por qué y qué en Porto Alegre?" in E. Sader, *La Venganza de la Historia: Hegemonía y contra-hegemonía en la construcción de un Nuevo Mundo posible*, Buenos Aires: CLACSO, 2004, pp.75~94; José María Gómez, "De Porto Alegre a Mumbai: El Foro Social Mundial y los retos del movimiento altermundialista", in ed. Ana Esther Ceceña, *Hegemonías y emancipaciones en el siglo XXI*, Buenos Aires: CLACSO, 2004, pp.173~196.

Forum)에 대한 응답의 차원에서 시작되었다. 세계경제포럼의 슬로건이 "세계를 향상시키기 위한 개입"(Committed to improving the state of the world)이라면, 세계경제포럼과 다른 방향을 향하는 세계사회포럼의 슬로건은 "다른 세계는 가능하다"(Another world is possible)이다. 세계사회포럼의 목적은 세계경제포럼, 세계은행, 국제통화기금, 미주개발은행이 주도하는 식민성의 숨겨진 논리에 계속해서 의존하는 상황에서는 세계가 향상될 수 없다는 사실을 드러내는 것이며, 또한 지난 500년 동안의 '다양한'(하지만 아리스토텔레스와 플라톤부터 홉스와 로크, 스미스와 맑스, 갈릴레오와 막스 프랑크Max Planck에 이르기까지 서구라는 경계를 한 번도 벗어나지 않았던) 정치이론, 정치경제, 과학적 발견, 그리고 기술적 '진보'와는 다른 논리 위에 세계를 건설하는 것이다. 세계사회포럼은 모든 영역에서 진보를 장려하는 것은, 지금까지도 그랬던 것처럼, 앞으로도 경제적인 동기로 전쟁을 일으키고 점점 더 많은 사람들의 삶의 조건을 악화시키는 죽음의 문화를 육성하는 것임을 깨닫고 있다. 따라서 세계사회포럼은 신자유주의와 미국의 패권에 맞서기 위한 받아치기 자세를 법제화하고자 하는 자리이다. 세계사회포럼이 아메리카를 종속적이고 후기식민주의적인 대륙과는 다른 전 지구적 상상계에 편입시키는 것이라면, 아메리카사회포럼은 다른 방식으로 초국가적 경계를 가로질러 간다. 제국주의적 유산 위에 세워진 앵글로아메리카적이거나 라틴아메리카적인 초국가적 정체성 대신에 세계사회포럼은 진정으로 아메리카적인 초국가적 ─ 정확히 말하면 초국가적(trans-state)이 아니라 초국민적(trans-national)인 ─ 정체성을 강조한다. 다시 말해, 아메리카적인 초국민성은 (프란츠 파농, 과만 포마, 글로리아 안살두아의 유산 같은) 원주민, 아프로-아메리카와 아프로-카리브를 연결하는 주민, 그리고 라티노의 사회운동과 인식적/정치적 프로젝트 같은 근대적 국민국가를 뛰어넘는 프로젝트를 포함한다.

나는 앞에서 이미 1990년대 초반에 사파티스타가 세계사회포럼보다 앞서서 유사한 프로젝트를 발표했다고 암시했다. 사파티스타의 모토는 "많은 세계가 공존하는 하나의 세계"이다. 사파티스타는 기독교, 자유주의 혹은 맑스주의에 토대를 두지 않는 또-다른 철학과 윤리에 바탕을 두고 행동하고 있지만, 그것들을 거부하지는 않는다. 세계사회포럼과 사파티스타가 거부하는 것은 근대성을 대표하는 세 가지 이데올로기인 기독교/보수주의, 자유주의, 맑스주의의 바탕에 깔려 있는 전체주의이다. 사파티스타는 필연적으로 위계화된 질서를 제도화하는 네번째 이데올로기인 식민주의를 전적으로 거부한다. 그들은 기독교의 해방신학이 표방하는 인도주의적 이념, 자유주의가 주장하는 민주주의와 해방, 자본주의에 대한 비판을 통해서 좀더 평등한 세계를 요구하는 맑스주의를 거부하지는 않는다. 그러나 어느 것도 미래를 건설하는 데 최종적 목표가 될 수 없다. 이것이 바로 세계사회포럼의 가장 근본적인 공헌 중의 하나인데, 이는 이미 사파티스타의 언명에 암시되어 있었다. 세계사회포럼이 지향하는 "가능한 다른 세계"란 사파티스타의 구호인 "많은 세계가 공존할 수 있는 하나의 세계"에 다름 아니다. 그것은 단지 선량한 의도나 의지, 그리고 서구 중심주의적인 세 가지 거대 담론의 이념으로 환원될 수도 없으며, 이슬람 근본주의 같은 비서구적인 거대 담론으로 교체될 수도 없다. 이슬람 근본주의는 내용만 다를 뿐 서구의 기독교, 신자유주의 혹은 국가가 주도하는 사회주의의 토대를 이루는 근본주의적 경향성을 복제한다. 사파티스타와 세계사회포럼/아메리카사회포럼은 타자에 대한 우월성을 경합하는 추상적 보편주의가 종말에 이르렀음을 실천적으로 보여 준다. CNN이나 BBC 혹은 『르몽드』는 물론이고 사파티스타, 세계사회포럼, 아메리카사회포럼을 전폭적으로 지지하는 『르몽드디플로마티크』조차도 이런 견해를 일상적으로 다루지 않는다. 이런 견해가 헤게모니 담론에서 인식되지 않거나 진지하게 다루어지지 않는다고 해서 이런 견해들이 존재하지 않는다거나, 혹은 압도적인 영향력을 갖는 미디어의 잡음에 가려져 보이지 않는 방향으로 사람들을 움직이도록 하지 못하는 것을 뜻하는 것은 아니다.

해석은 많은 세계가 공존할 수 있는 하나의 세계를 만들어 가는 데 중요한 기능을 한다. 식민성의 논리를 감추고 있는 근대성의 수사학에서 해석은 언제나 단일한 방향성을 가지며, 제국주의적 계획의 필요성에 봉사한다.[49] 우리가 앞에서 논의했던 것처럼, 아메리카의 발명과 여기에 추가된 '라틴성' 같은 다양한 식민지적 경향은 권력을 가진 사람들이 쉽게 통제할 수 있는 방식으로 사람들과 문화들, 그리고 의미들을 포획하고 변형시키는 근대적/식민적 해석의 예증이다. 라틴아메리카는 전 지구적 질서에서 이류 국가로 해석되었으며, 라틴아메리카의 시민들 역시 이류 시민들로 해석되었다. 관점이란 경험의 한계와 지리-역사적인 한계를 갖는 것이기 때문에 자신의 관점 외부에 있는 것까지를 보기 위해서는 상호 존중과 인정에 바탕을 둔 해석이 필요하다. 풍요롭고 다양한 역사와 지식을 추상적 보편주의로 해석하지 않고 많은 세계가 공존하는 하나의 세계로 해석하면, 각각의 세계가 다른 것으로 환원되지 않는 존엄성을 갖는

---

49) Walter D. Mignolo and Freya Schiwy, "Double Translation: Transculturation and the Colnial Difference", in eds. Tullio Maranhão and Bernhard Streck, *Translation and Ethnography: The Anthropological Challenge of Intercultural Understanding*, Tucson: University of Arizona Press, 2003, pp.3~29.

세계로 인정될 수 있으며, 지역적이고 예속되지 않는 자율적 역사를 갖는 세계로 인식될 수 있다. 라틴아메리카 사람이나 원주민의 정체성에 대한 근대적 해석이 보여 주는 한계를 인식하는 것이 반드시 그러한 해석을 근절하는 것을 의미하지는 않는다. 우리의 작업은 그러한 해석을 그러한 해석의 내부와 외부에 존재하는 다른 정체성, 가능성, 그리고 모순을 향해 열어 놓는 것이다. 따라서 현재 통용되고 있는 라틴아메리카와 아브야-얄라를 가르는 구분은 두 개의 정체성이 자신의 우월성을 내세우지 않고 공존할 수 있는 세계로 들어가기 위한 신뢰와 희망의 경계이다. 라틴아메리카에 거주하는 크리올/메스티소와 아브야-얄라에 거주하는 원주민은 서로의 우선권을 주장하지 않고 공존할 수 있다.

사파티스타는 많은 세계가 공존하는 하나의 세계를 단지 이론적으로만 주장하는 것이 아니라, 그런 세계를 창조하고 그런 세계에서 살고 있다. '카라콜'은 라틴아메리카가 아니라 아브야-얄라에서 발생하고 있다. 혹은 아직 상상해 보지 못한, 미래에 다가올 공동체에서 발생하고 있다. 다시 말해, '라틴 이후'의 아메리카에서 발생하고 있다. 19세기에 미국에 대항하기 위해 제국주의적 야망과 국민주의가 결탁하여 고안하고 추진한 라틴아메리카 프로젝트는 이제 수명을 다했다. 미국 제국주의의 파괴적인 영향력과 행위를 반격하기 위해서 '라틴'일 필요는 없다. (라티노와 아프리카계 흑인이 되었든, 원주민과 유색인종이 되었든, 그리고 백인이 되었든 간에) 필요한 것은 서구 중심적 개념으로부터 탈피하는 것이다. 카라콜, 아마우타이 와시, 세계사회포럼과 아메리카사회포럼, 새롭게 출현하고 있는 아프로-안데스 주민들의 사회운동, 그리고 프랑스령과 영국령 카리브 지역의 급진적인 사유는 많은 세계가 공존할 수 있는 '라틴 이후'의 아메리카를 향해 나아가는 운동들의 일부이다.

라틴아메리카가 19세기에 스페인 혈통 크리올의 정체성의 토대를 이루는 상상력의 소산이었다면, 남아메리카 라틴성의 숨겨진 이면인 '식민적 상처'는 20세기 후반에 표면화되었다. 미국의 라틴성이 '라티노'를 '라틴' 혈통의 크리올보다 남아메리카와 카리브 지역의 흑인과 원주민의 윤리적·정치적 프로젝트에 훨씬 친근감을 느끼게 하는 '식민적 상처'에서 비롯되었다는 것은 대단히 흥미로운 사실이다. 라틴아메리카라는 '개념'은 남아메리카와 카리브 지역에서 더 이상 근본적인 변화를 언급하는 개념이 아니다. 미래는 다양한 사회운동과 국가의 변화에 달려 있다.

맺으며

이 책의 원고는 2004년 12월 페루의 쿠스코에서 '남미연합'(혹은 '남미국민국가공동체')을 모색하기 위한 첫번째 정상회담이 개최되었을 때 이미 마무리되었다. 아르헨티나의 전직 대통령이었던 에두아르도 두알데(Eduardo Duhalde)가 추진한 이 회담은 [당시의] 아르헨티나 대통령 네스토르 키르츠네르가 불참한 채 진행되었다. 이 회담에는 가이아나와 수리남을 포함한 남아메리카의 모든 나라에서 참가했다. '라틴' 국가라는 표현보다는, 근대/식민 세계에서 제국적/식민지적 역사를 공유하는 남아메리카 국가라는 표현이 더 정확하다. 카리브 지역 국가들과 멕시코는 제외되었다. 멕시코는 일종의 '북아메리카' 연합에 속한다. 아르헨티나 작가인 아벨 포세(Abel Posse)는 잘 알려진 아르헨티나 일간지 『라 나시온』(*La Nación*)에 「남미연합: 사느냐, 죽느냐」라는 제목의 글을 기고했다. 포세는 남미연합의 필요성을 인정하고 이번 회담을 열렬히 지지하는 데, 이는 유럽연합을 염두에 둔 것이다. 그는 한 걸음 더 나아가 다음과 같이 제안했다. "유럽연합이 대결의 관점이 아니라 새로운 정치적·문화적 프로젝트 아래서 그들의 문화를 공고히 하려는 목적으로 탄생한 것처럼, **(종국적으로는 라틴아메리카연합이 될 수도 있는)** 남미연합 역시 미국이나 미주자유무역협정에 대한 저항을 목적으로 만들어지는 것이 아님을 확실히 밝혀야 한다."[50]

한때는 진보 진영에 속했으나 지금은 우익으로 선회한 지식인들과 작가들이 모두 남미연합을 지지하는 것은 아니다. 그러나 (포세나 마리오 바르가스 요사Mario Vargas Llosa 같은) 크리올 혈통의 지식인들이 남미연합의 탄생을 흔쾌히 받아들이는 것이 얼마나 어려운 일인지 알아야 한다. 포세는 남미연합의 탄생이 가져오는 전환의 의미를 알 수 없고(혹은 알고 싶어 하지 않고), 이 때문에 그는 남미연합의 출범을 "종국적으로는 라틴아메리카"로 **회귀하는 것으로 해석**한다. 왜냐하면 만일 '라틴'아메리카가 남아메리카의 일부 주민으로 제한되면 크리올의 헤게모니가 위태로워지기 때문이다. 반면 스페인과 포르투갈의 식민주의 역사 — 한편으로는 19세기 이후 영국과 미국이 경제를 지배하고, 다른 한편으로는 프랑스 지성계의 영향력과 (군사력과 CIA의 정보 네트워크의 지원을 받은) 미국의 법인자본주의가 그 자리를 대체한 — 는 라틴아메리카 문화를 통합하려는 남미연합의 꿈이 완전히 시대착오적 비전임을 확인시켜 준다. '영국령' 인도라는 명칭에 대영제국의 상흔이 남아 있듯이, '라틴'아메리카라는 명칭에는 스페인, 포르투갈, 프랑스의 제국주의적 이데올로기의 무게

---

50) Abel Posse, "Unión Sudamericana: ser o no ser", *La Nación*, December 21, 2004, p.25. 강조는 필자.

가 실려 있다. 남아메리카의 아프리카계 주민들, 칠레에서부터 캐나다까지 퍼져 있는 원주민들, 그리고 미국에 살고 있는 약 4,000만 명의 라티노들은 저항을 통해 제국주의의 기억을 털어 내기 시작했다. 이제 남은 일은 국가적 차원에서 어떻게 할 것인지를 생각하는 것이다.

정치분석가 이삭 비기오(Isaac Biggio)는 좀더 현실적이며, 역사적 영향력에 대해서 더 잘 알고 있다. 비기오는 남미연합이 시몬 볼리바르와 호세 데 산 마르틴(José de San Martín)의 이상주의를 계승하는 대신에, 미국과 대등한 세력을 가질 수 없고 심지어는 유럽연합과도 대등해질 수 없다는 사실을 인정한다. 그가 지적하는 것처럼, 이상적 꿈이 현실화될 수 없는 이유는 모든 남아메리카 국가들의 경제와 정치가 국제무대에서 기본적으로 종속된 구조를 가지고 있기 때문이다. 내 주장의 틀 안에서 보면, '남미연합'을 결성하기 위한 시도는 라틴아메리카가 라틴 계통의 주민들에게조차도 더 이상 실행 가능한 계획이 아니라는 사실을 보여준다. 또한 남미연합이 실행 가능하기 위해서는 미국과 유럽연합이라는 두 개의 거대 블록과 대당(對當)이 되어야 한다. 혈통과 사고방식에서 유럽 혈통의 주변부 크리올에 의해 지배되는 국가에서 남미연합과 같은 계획은 미국의 제국주의적 지향에 직면하며, (1980년대에 사미르 아민Samir Amin이 제안했던 것처럼 맑스의 노선에 따르지 않는다고 할지라도) 이러한 지향성으로부터 이탈하는 쪽으로 움직이고 있다.[51] 앞으로 해결해야 할 문제는 이 책의 앞장에서 간략하게 소개했던 원주민과 아프리카계 주민

---

51) 이집트의 유명한 사회학자 사미르 아민은 1985년 잘 알려진 책 『이탈』(*La Déconnexion*, París: Editions La Découverte)을 출판했다. 이 책의 영어판은 다음과 같다. Michael Wolfers trans., *Delinking: Towards a Polycentric World*, London: Zed Books, 1990.

의 인식론, 정치이론, 정치경제학으로부터 도출된 대당적 계획과 어느 정도까지 연합할 준비가 되어 있느냐 하는 것이다.

남미연합의 미래가 어떠하든지 간에, 남미연합의 출현은 라틴아메리카라는 이데올로기의 순환이 종언을 고하고 있다는 신호이다. 국가를 지배하고 있는 크리올은 '라틴'아메리카를 (가이아나와 수리남을 포함한) '남'아메리카로 재조직하고 재배치하고 있다. 포르투갈 사회학자 보아벤투라 데 소자 산투스(Boaventura de Sousa Santos)가 1990년대 중반부터 주장해 온 것처럼, 이러한 움직임은 유럽 중심적인 '라틴'아메리카의 인식론, 그리고 여기서 비롯되는 정치이론과 정치경제학의 틀을 '남쪽의 인식론'으로 대체하고 있다는 점에서 대단히 중요하다. 더구나 '남쪽의 인식론'은 유럽의 질서를 재배치하고 있는데, 왜냐하면 유럽의 남쪽과 북쪽의 관계는 아메리카의 남쪽과 북쪽의 관계와 동일하기 때문이다.

세계사회포럼의 철학에 배태되어(imbedded) 있는 '남쪽의 인식론'은 라틴아메리카에 살고 있는 것이 아니라 아브야-알라에 살고 있는 원주민들의 사회운동과 연대할 수 있는 길을 열어 놓았다. 원주민들의 요구와 동시에, 아프로-안데스 주민들도 "거대한 거처"(1장 참조)라는 관점에서 자신들의 영토(성)를 재배치한다. 이러한 재배치는 이름과 영토를 일대일로 대응시키는 관계를 해체하는 제3의 관계를 매개하는 것이며, 이를 통해 (이름의) 의미를 지배하는 사람들의 (정치적·경제적 권력뿐 아니라) 인식론적 권력으로부터 벗어난다. 마지막으로 치카노/라티노 사유의 핵심적 범주인 '변경'은 시몬 볼리바르와 토머스 제퍼슨의 이데올로기적 구조를 흔든다. 간단히 말하면, 라틴아메리카는 남아메리카, 아브야-얄라, 거대한 거처, 그리고 변경으로 재배치되고 있다.

후기 _ '아메리카' 이후

> 결론적으로, 내가 원하는 세상은 나와 더불어 모든 사람의 의식이 열려
> 있는 세상이다.
> ─ 프란츠 파농, 『검은 피부, 하얀 가면』, 1952

라틴아메리카 사람들은 미국이 국가 이름으로 '아메리카'를 사용하는 것에 대해 못마땅하게 생각해 왔다. 우루과이 출신의 화가 호아킨 토레스-가르시아(Joaquin Torres-García, 1874~1949)는 「뒤집힌 아메리카」(América invertida)라는 작품에서 자연스럽게 받아들여지는 아메리카 대륙의 이미지를 바꾸어 놓았지만,[1] 유감스럽게도 사라져 버린 원주민과 아프리카계 주민들의 땅에 대해서는 침묵했다. 남쪽을 위쪽으로 향하게 해서 아메리카 대륙의 본래의 이미지를 뒤집어 놓은 것은 중요한 진전이었지만 그것으로 충분한 것은 아니었다. 내용은 바뀌었지만 대화에 사용되는 용어는 달라지지 않았기 때문이다. 뒤집어진 세계의 이미지는 과만 포마 데 아얄라의 글에도 나타난다. 하지만 그는 지도를 뒤집어 놓는 대신에 안데스의 관점에서 지도를 그렸는데, 거기에는 세계의 네번째 대륙

---

[1] www.ceciliadetorres.com/jt/jt.html; www.public.asu.edu/~aarios/resourcebank/maps/page4.html.

PONTIFICAL MVNDO

『교황의 세계』(Pontifical Mundo)는 과만 포마의 작품 『새로운 연대기와 좋은 정부』에 포함된 두 개의 지도 중의 하나이다. 두 개의 지도에서 과만 포마는 아이마라와 케추아의 사유 방식이 보여 주는 공간적 논리를 따랐고, 스페인 침략자들이 제공한 정보를 그 논리 속에 집어넣었다. 두번째 지도에서 과만 포마는 오르텔리우스의 세계지도를 다시 그렸고, 그 안에 타완틴수유의 공간적 논리를 적용했다. 두 개의 경우에서 우리는 그가 O 안의 T 지도와 오르텔리우스의 지도에 나타나는 지리학과 인식론의 공모를 근본적으로 바꿔 놓은 것을 알 수 있다. 여기서 과만 포마는 공간적 개념화와 인식론을 다른 방식으로 연관시킴으로써 경계 사유의 확실한 예증을 보여 주었다. 그가 보여 준 경계 사유는 어쩔 수 없는 식민지 하위주체의 입장, 그리고 탈식민적인 인식적·정치적 프로젝트가 될 수 있는 잠재력의 양면을 드러낸다.

인 타완틴수유가 동일한 이미지로 두 번 그려져 있다(246쪽 그림 참조).

(오르텔리우스가 '세계지도'라고 부른 것과는 다르게) 그가 그린 「교황의 세계」에는 제국적/식민적 관계인 인디아스(Indias)와 카스티야(Castilla)가, 마치 카스티야가 타완틴수유의 공간적 매트릭스에 속하는 것처럼, 위와 아래에 나란히 그려져 있다. 달리 말하자면, 과만 포마의 '위 아래가 뒤집힌 세계'는 토레스-가르시아의 그림에서처럼 내용이 바뀌는 대신에 또-다른 논리를 보여 준다.

저마다 자신의 지도를 그리는 이유는 무엇인가? 어째서 있는 그대로의 아메리카를 받아들이지 않는 것인가? 우리는 흔히 이런 질문을 듣는다. 나는 이 책에서 역사에서 들리지 않고 보이지 않는 부분을 되살리려고 의도했다. 그러나 내가 지금 이 책에서 주장하는 것처럼, 대화의 내용뿐만 아니라 용어를 바꾸기 위해 노력하는 주장들도 있다. '아메리카' 대륙이라는 이름이 그 이전에 사용되었던 이름들을 배제한 것처럼, 미국을 지칭하는 '아메리카'라는 이름은 미국 이외의 다른 나라와 현실을 미국의 관점에서 서술했다. '아메리카'가 단지 미국에만 적용되지 않고 대륙 전체에 적용된다는 '라틴'아메리카 사람들의 주장은 옳다. 그러나 미국이 아메리카라는 이름을 전유하고 있는 이유는 거의 거론되지 않는다. 어째서 미국 내의 헤게모니 집단은 '아메리카'를 자신들의 국가 이름으로 고집하는가? 그런 선택을 통해서 미국은 '아메리카'라는 개념을 어떻게 물화(物化)시켰는가?

미국이 아메리카라는 이름을 전유하고 대륙 전체가 하나의 국가인 것처럼 그 이름을 사용하는 논리는 '서인도'를 네번째 대륙으로 생각한 16세기의 기독교인들이 O 안의 T 지도를 '세계지도'로 다시 그린 논리와 동일했다. 또한 원주민과 아프리카에서 끌려온 노예들, 그리고 그들의 후손들은 그렇게 생각하지 않았음에도 불구하고, 18세기부터 북유럽 사람들이 아메리카를 하나의 국가처럼 부르는 것도 마찬가지 논리였다. 셋으로 이루어진 기독교 우주관에 추가된 네번째 대륙인 아메리카는 '객관적 현실'이 아니었다. 아메리카는 기독교인들이 아나우악, 타완틴수유, 아브야-얄라, 그 밖의 다른 원주민 세계의 이름들을 지워 버리고, 자신들의 정치적·경제적·인식적·윤리적 설계도를 바탕으로 세운 건축물이었다. 따라서 아메리카라는 이름이 아이마라나 무슬림이 붙인 것이 아니라 유럽의 기독교인들이 붙였다는 것은 중요한 사실이다. 유럽이 단지 네 개의 대륙 중의 하나가 아니라 중심적이고 특권적인 위치에 있었던 시기의 유럽인들은 이름을 붙일 권력도 함께 가지고 있었다. 따라서 아메리카라는 '개념'은 단지 장소를 지시하는 것이 아니다. 그것은 발명된 개념을 '실재'로 바꿀 수 있는 권력과 특권을 암시한다. 그동안 이런 사실은 간과되었고 아메리카는 본래부터 대지 위에 쓰여진 대륙의 이름인 것처럼 생각되어 왔다. '아메리카'라는 이름은 대륙 스스로 선택한 이름이 아니지만, 그 이름을 붙여 준 권력관계는 보이지 않는다. 권력의 식민성이 권위를 탈취하고 토지를 전유하며 노동력을 착취한 것처럼, 지식의 식민성은 의미를 전유한다.

    같은 방식으로, 존재의 식민성은 관련된 사람들의 주체성을 결정지었다. 대륙 같은 사물의 경우와 마찬가지로, 유럽의 기독교 백인의 경험주의적 증거와 체험으로 얻어진 '인간'이라는 개념이 아메리카의 주민들을 판단하는 기준이 되었으며, 모든 종류의 차이(성, 젠더, 인종, 국적, 언어 등)를 넘어서는 보편적 기준으로 옹호되었다. 인종적 편견에 의한 차이를 은폐하려는 의도는 '서인도'와 '아메리카'라는 개념에 그 뿌리를 두고 있다. 즉 대륙과 그 대륙에 거주하는 주민들을 기준으로 등급을 부여하는 기독교인들의 분류에 따라, 네번째 대륙인 아메리카는 인간의 등급에서 꼴찌에 위치했고, 바로 앞은 아프리카였다. 앞에서 보았던 것처럼, 칸트에 따르면 백인들의 거주지는 유럽이었고, 헤겔이 나중에 지적했듯이 백인들은 '아메리카'로 이주해서 적인종을 쫓아냈다. 타완틴수유와 아나우악의 원주민들이 유럽의 기독교인들에 의해 정복되었을 때처럼, 미국이 영국으로부터 독립했을 시기에 남아메리카의 '라틴인'들은 미국에 의해 쉽게 정복될 만큼 허약했다. 유럽의 제국주의가 '라틴'이라는 발명된 정체성을 통해 아메리카를 미국의 제국주의적 야망으로부터 보호해 주지 않았더라면, 스페인과 포르투갈계 크리올들은 자신들의 거처를 상실했을 것이다. 원주민들과 흑인들이 제국주의 열강의 도움을 받아 자신들의 정치적이고 윤리적인 방식대로 그들의 영토에 이름을 붙일 수 없었음은 말할 필요도 없다. 그럼에도 불구하고, 3장에서 언급했던 것처럼, 아이티의 혁명가들은 스페인과 프랑스식 이름을 원주민식 이름인 아이티(Ayti)로 가까스로 바꿔 놓을 수 있었다. 그 결과 오늘날 아이티의 원주민들은 라틴아메리카가 아니라 여전히 아브야-얄라에서 살고 있다. 그렇지만 제국주의의 인식적 특권은 여전하다. 식민성의 논리를 통해 형성된 제국주의적 지식은 각기 다른 시점에 세 가지 방식으로 적용되었는데, 첫째는 인간에 대한 보편적 개념이고, 둘째는 (1장에서 본 것처럼, 삼위일체설과 거기서 비롯된 노아의 세 아들의 탄생에 토대를 둔) 기독교 사상에 따라 지구를 세 개의 대륙으로 나눈 것이며, 셋째는 아메리카 대륙이 하나의 나라로 수렴될 수 있다는 생각이다.

 자본을 통제하고 의미와 존재를 지배하는 것도 역시 제국주의 국가들이다. 전 세계 최상위권 대학 10개 중 7개가 미국에 있으며, 나머지 3개는 유럽에 있다. 미래에 세계를 이끌어 갈 지도자를 육성하는 10개의 최상위권 대학이 지식과 의미를 지배하고 있다면, 자본 역시 이들 대학이 속한 나라가 지배하고 있다. 대기업과 은행의 거의 48%가 미국과 유럽에 있다. 10%는 일본에 있으며, 나머지 40%가 전 세계에 흩어져 있다. 경제 권력이 세 개의 대륙에 집중되어 있지만 일본은 상대적으로 힘이 약하고, 지식을 통제하는 것도 유럽과 미국인 상황에서 '탈영토화'와 '부동(浮動)하는' 제국에 대해서 말하는 것은 지식과 경제의 지정학적 권력이 서구에 편중되어 있다는 사실을 감추기 위한 것이다. 내가 '정치경제학'이라는 용어 대신 의도적으로 '경제의 지정학'이라는 용어를 사용하는 것은 정치경제학이라는 용어가 서구 자본주의의 대리인과 지식인이 바라보는 서구 자본주의의 역사에 해당하기 때문이다. 경제적이고 인식적인 헤게모니는 권위와 국가 그리고 군대를 동시에 지배한다. 오늘날 전 세계 약 200개 국가의 대부분이 세계화의 여파로 더 허약해졌고, (주로 미국과 지난 500년 동안 대서양 축을 형성하며 제국주의의 위치에 있었던 유럽 국가들로 이루어진) G8 국가는 나날이 더 부강해진다.

오늘날 '라틴'아메리카라는 개념은 아메리카라는 대륙 전체의 하위에 위치한 종속적 아대륙의 개념이다. 저무는 제국인 스페인과 떠오르는 제국인 미국 간에 벌어진 1898년 전쟁에서 미국의 정치 지도자, 역사가, 지리학자들은 유럽 제국주의 국가의 메커니즘과 전략을 자신들의 이해관계에 맞춰 고치기 시작했다.[2] 라틴아메리카 사람들은 완전한 백인이 아니기 때문에 열등하다는 것이 미국이 스페인과의 전쟁을 정당화하는 가장 근본적인 주장이었다. 스페인과의 전쟁에서 미국은 두 가지 역할을

---

2) Neil Smith, *American Empire: Roosevelt's Geographer and the Prelude to Globalization*, Berkeley: University of California Press, 2003.

수행했다. 하나는 **침몰하는 제국**에 맞서 싸우는 **팽창하는 제국**의 역할이었고, 다른 하나는 스페인의 식민지에서 벗어나 국민국가가 되기를 희망하는 푸에르토리코와 쿠바를 도울 수 있는 강한 국가의 역할이었다. 미국이 스스로를 아메리카 대륙과 동일시하는 것은 이런 두 가지 역할로부터 비롯된 것임에 틀림없다.

냉전이 종식된 이후 미국이 주도하는 새로운 형태의(그러나 과거 스페인과 영국의 제국주의와 동일한 논리에서 벗어나지 않는) 제국주의가 시작되었다. (다시 한번, 과거에 스페인과 영국이 그랬던 것처럼) 자본주의 세계체제의 새로운 제국주의적 지도자로 부상한 미국의 입장에서 보면 역사의 종말로 여겨졌던 소련의 붕괴는 긴 안목으로 보면 문제의 해결이라기보다는 새로운 문제의 출현이었다. 냉전 이후에 패권을 잡은 지식과 이데올로기와 다른 다양한 지식과 이데올로기가 증식하는 것을 억제하는 것이 점점 더 어렵게 되었기 때문이다. 새로운 지식과 이데올로기들을 하나의 적(공산주의)으로 압축하는 것은 더 이상 용이한 일이 아니다. 미국은 공산주의를 이슬람 문화로 대체하려고 노력했지만 더 이상 동일한 게임의 법칙이 적용되지 않았다. '공격 대상의 교체'를 시도했던 이론가들은 **공산주의가 내용만 다를 뿐 자유주의와 마찬가지로 근대성의 일부분이며 근대성과 동일한 논리로 작동한다**는 사실을 알지 못했다. **이와는 반대로, 이슬람은 다른 논리로 움직인다**. 미국이 이라크를 상대로 불합리한 전쟁을 일으킨 것도 이러한 차이를 무시했기 때문이다. (조지 W. 부시 대통령이 재선에 성공하고 정당성을 상실한 전쟁에서 수많은 이라크 사람들이 목숨을 잃는) 상황이 희망이 없어 보이지만, 지구 전체를 하나의 논리로 몰고 가려는 시도가 도전받고 있는 상황을 감안하면 미국이 직면하고 있는 문제는 나머지 국가들에게는 사실상 좋은 일이다.

새뮤얼 헌팅턴이 『문명의 충돌』(1996)과 『우리는 누구인가?』(2004)라는 두 권의 책을 쓴 이유도 이러한 도전에 대해 위기의식을 가졌기 때문이다. 두 권의 책에는 지난 240년 동안 누려온 경제적이고 인식적인 특권을 잃을 것을 두려워하는 백인-프로테스탄트-엘리트 우익 정치인들의 공포감이 기록되어 있다. 달리 말하면, 헌팅턴이 느끼는 공포감은 단지 개인적인 감정이 아니라 미국을 '지배'하고 미국인이라는 '존재'의 특권을 누리는 사람들의 감정을 반영한다. 오늘날 많은 미국인들이 느끼는 공포감과 인종적 편견의 바탕에는 (경제자본과 정치자본에 대한) 강한 소유의식이 깔려 있다. 이슬람 세계는 예기치 않은 순간에 대량 살상을 가능케 하는 테러로 '미국인들'의 안전을 위협하고 있다. 미국 정부는 미국인들에게 일정한 수준의 공포심을 유발하기 위해 이슬람 세계의 위협을 끊임없이 상기시키고, 이러한 위협을 근거로 정부가 마음 내키는 대로 작전을 수행할 권리를 정당화한다. 다른 한편, 헌팅턴에 따르면 히스패닉은 장기적인 관점에서 또 다른 위협이다. 그렇다고 해서 내가 히스패닉이 테러리스트라고 말하는 것은 아니다. 헌팅턴은 동화되기를 거부하는 기독교도-유색인(혹은 충분히 백인이 아닌) '라티노'에 의해 앵글로-백인-프로테스탄트 정체성이 부지불식간에 부식되는 사태를 두려워한다. 물론 이것은 사태를 지나치게 단순하게 보는 것이다. 대통령 선거에서 44%의 라티노가 부시 대통령에게 표를 던졌는데, 그 중에는 상당히 많은 복음주의파와 오순절파 신도들이 포함되어 있다. 신교에 속하는 복음주의파와 오순절파는 (흑인계, 영국계, 프랑스계 카리브 지역의 경우는 아니지만) 라틴아메리카에서 상당한 근거를 확보하고 있다. 상당히 많은 수의 히스패닉이 공화당에 표를 던졌음에도 불구하고, 헌팅턴의 우려는 해소되지 않았다. 그들은 공화당에 표를 던졌지만 여전히 히스패닉인 것이다!

헌팅턴이 (만일 아직 대수롭지 않게 생각하고 있었다면) 진정으로 두려워해야 할 것은 '라티노들'이 동화되지 않는다는 사실이 아니다. 어떤 라티노들은 동화되고, 어떤 라티노들은 동화되지 않는다. 진짜 문제는 인식적인 것인데, 나는 그것을 '안살두아의 위협'이라고 부르고 싶다. 수준만 다를 뿐 치아파스의 사파티스타의 이론적 혁명과 동일한 글로리아 안살두아의 이론적 혁명은 과학적 객관성 게임을 즐기는 엄숙한 정치이론가인 헌팅턴이 신봉하는 신성한 과학적 원리들, 이데올로기적 신념들, 그리고 육체적 반응들을 부식시키기 시작했다. 미국의 지배적 패러다임이 이슬람을 이해하지 못하듯이, 헌팅턴은 라티노를 이해하지 못한다. '라티노'나 스페인인과 포르투갈인의 후손인 '히스패닉'이 초등학교부터 대학교까지, 가정에서부터 종교에 이르기까지 유럽 식민주의의 교육체계하에서 성장한 것은 사실이다. 하지만 우리는 라틴어 계통의 언어로 쓰여진 역사 해석과 존재 방식에 속하며, 안살두아가 깨달은 것처럼 원주민과 아프리카계 주민들과 매우 밀접하게 관계를 맺고 있는데, 왜냐하면 우리 역시 다른 방식으로 식민적 상처를 공유하고 있기 때문이다. 그뿐만이 아니라 3장에서 보았던 것처럼 남아메리카의 원주민과 아프리카계 주민은 더 이상 라틴계나 앵글로계 백인의 관대한 '인정'에 기대지 않고 그들 스스로의 인식적 경로를 개척하기 시작했다. 요컨대 한때는 공산주의라는 이데올로기로 한꺼번에 묶였던 것들이 경험으로부터 얻은 수많은 정치적 프로젝트와 저주받은 사람들의 식민적 상처로부터 얻은 분노로 폭발하고 있다.

식민적 상처는 아리스토텔레스의 폴리스, 마키아벨리의 도시국가, 혹은 홉스의 신흥 부르주아의 문명화된 상업 도시와 유사하게 또-다른 사유를 운용하는 경험과 주체성을 드러낸다. 여기서의 또-다른 사유는 담론과 자본을 지배하는 제국주의가 총체성이라고 주장하는 서구의 직선적 사상사에 더 이상 포섭되지 않는 패러다임의 복수성을 지향한다. 또 다른 패러다임의 증식은 이제 더 이상 보편주의를 내세우는 자유주의 프로젝트 — 해방신학이 되었든 맑스주의가 되었든지 간에 — 에 의해 결정되지 않는다. 어째서 이슬람권의 진보적 지식인들이 기독교 신학자들이 자신들을 해방시켜 주기를 기다려야 한단 말인가? 어째서 남아메리카와 카리브 지역의 아프리카계 주민들과 칠레에서부터 캐나다에 이르는 지역에 거주하는 원주민들이 맑스의 혁명 청사진이 자신들을 해방시켜 주기를 원해야 한단 말인가? 기독교와 맑스주의(혹은 자크 데리다, 슬라보예 지젝Slavoj Žižek, 수전 조지Susan George가 주장하듯이 유럽)를 벗어나서는 신자유주의로부터 해방될 수 없는가? 식민적 상처에서 비롯된 이론적이고 정치적이며 윤리적인 인식의 폭발은 잠들어 있던 상상력을 깨우고 또-다른 세계, 즉 많은 세계로 이루어진 하나의 세계를 건설한다. 실제로 그런 미래를 성취할 수 있는 가능성은 남아메리카(사파티스타, 아마우타이 와시, 세계사회포럼, 아메리카사회포럼, 원주민대표회의[3])와 미국의 라티노에게서 찾을 수 있다. 제국적/식민적인 경제·정치·군사력은 여전히 워싱턴의 수중에 있다. 그러나 **지식과 존재의 탈식민화**(그리고 더 일반적으로는 정치와 경제의 탈식민화)를 사유하고 실천할 수 있는 것은 (세계은행, 수정된 맑스주의, 갱신된 기독교 신앙의 전망이 아니라) **대지의 저주받은 사람들**의 전망이다. 다시 말해, 오랜 기간에 걸친 근대적/식민적 불

---

[3] 제2차 아메리카원주민회의는 제1차 아메리카사회포럼이 열리기 1주일 전인 2004년 7월에 에콰도르 키토에서 개최되었다. 이 회의에서 칠레의 마푸체(Mapuche)로부터 캐나다의 제4국민(the Fourth Nation)에 이르기까지 다수의 원주민들은 그들이 거주하는 지역이 라틴아메리카가 아니라 아브야-얄라임을 압도적으로 인정했다.

의, 불평등, 착취, 굴욕과 식민적 상처가 준 고통을 통해 얻어진 다른 세계 ― 개인적인 성공과 우승열패의 사회, 그리고 자본과 의미의 축적(예를 들어 전문경력, 개인적 명성과 소외를 부추기고 재생산하는 모든 형태에 대한 만족감)보다 인간에 대한 창조적 보살핌과 생명의 찬양을 우선시하는 세계 ― 에 대한 전망이다. 제국적 설계와 욕망 때문에 (유럽과 미국의 사람과 제도에 의해 추진되고 성취된) 제국적 전망은 세계의 문제를 해결할 수 없다. 바르톨로메 데 라스 카사스와 맑스는 필요한 인물들이지만, 그렇다고 그들만으로는 결코 충분하지 않다. 과만 포마, 파농 그리고 안살두아가 그들을 보완해야 하며, 비판적 토대가 교체되어야 한다. '라틴아메리카라는 개념'과 '(미국과 동일시되는) 아메리카라는 개념'은 식민적 인식과 제국적 인식의 차이를 통해 조직화된 근대적/식민적 상상과 식민적 권력 매트릭스를 구축하는 과정에서 만들어졌다. 헌팅턴의 두려움이 타당하다고 생각되는 이유는 그가 바라보는 미국의 미래가 백인적이지도 않고 앵글로적이지도 않기 때문이다. 역사에서 침묵당하고 누락되었던 목소리들이 자신들의 존재를 알리고 있다. 헌팅턴의 경우처럼 필사적으로 주도권을 장악하려 하고, 그러한 의도가 마케팅에서 성공을 거둔다고 하더라도, 상속권이 없는 사람들에 대한 소문은 더 이상 통제될 수 없다.

'라틴아메리카 이후' 그리고 '(미국과 동일시되는) 아메리카 이후'의 세계는 어떻게 될 것이며, 근대적/식민적 세계를 구성하는 토대의 일부분인 대륙의 위상은 어떻게 변화될까? 자신들의 거처를 새로운 이름으로 불러 달라는 원주민들의 요구는 과만 포마가 그렸던 지도의 논리를 다시 도입하는 것을 암시한다. 아브야-얄라는 단지 기존의 지도를 뒤집은 것이 아니라 지도의 본질 그 자체를 의문시하는 것이다. 오르텔리우스가

『세계의 무대』를 출간했을 때와 거의 같은 시기인 1570년에 (펠리페 2세의 공식 연대기 편자로, '서인도'의 지도를 제작하고 『인디아스의 지형적 관계』Relaciones geográficas de Indias라는 유명한 질문서를 만들었던) 로페스 데 벨라스코(López de Velasco)는 파나마 지협이 서인도를 남과 북으로 나누는 자연적 경계라고 당연시했다. 약 250년 뒤에 대륙의 이름은 더 이상 '서인도'가 아니라 '아메리카'가 되었고, 직간접적으로 로페스 데 벨라스코의 가정을 받아들인 헤겔이 자연적 분리는 두 지역 — 천연자원과 값싼 노동력을 제공하는 남쪽과 (헤겔과 토크빌에 따르면) 민주주의와 인권의 고향인 북쪽 — 에 거주하는 주민의 유전적 차이에 따른 것이라는 가정을 덧붙였다. 로페스 데 벨라스코가 원주민의 영토 구분을 무시하고 자신의 기억에 의존하여 대륙을 구분했을 때, 라틴아메리카와 앵글로아메리카는 아직 명백하게 구분되어 있지 않았다.

 2장에서 보았던 것처럼, '아메리카'의 남쪽은 유럽 대륙의 다른 지역에 비해 열등하고 가톨릭 신앙과 무어인의 피가 섞여 '더럽혀진' 19세기의 남부 유럽과 상관관계가 있는 것처럼 생각되었고, 이러한 이유 때문에 남아메리카는 무시당했다. 북쪽은 남쪽보다 우월하고, 경제적·정치적·군사적 측면에서뿐만 아니라 인식적 측면에서도 능력을 갖는 '자연적' 위치에 있는 북쪽이 남쪽을 이끌고 간다는 것이 밑바탕에 깔린 생각이다. 일반적으로, 미국의 경제적 상황을 염두에 둘 때, '아메리카'는 여전히 남쪽과 북쪽의 '자연적' 구분에 대한 헤겔의 사유가 적용되고 있는 것처럼 보인다. 사실상 유럽과 미국에게 남아메리카는 값싸고 이국적인 관광지이며 천연자원과 값싼 노동력을 제공하는 장소일 뿐이다. 또한 유럽과 미국의 정치적 입장에서 남아메리카는 G8동맹을 위한 전략적 위치에 있다. 만일 '라틴아메리카'가 동질적인 국가들의 집단, 즉 헌팅턴이 말했던 것처럼 하나의 문명권이라는 생각을 고수한다면, 라틴아메리카 대륙은 아프리카, 중앙아시아와 더불어 풍요로운 천연자원을 보유하고 있음에도 불구하고 계속해서 가난과 빈곤이 증가하는 대륙이다.

그러나 오늘날 라틴아메리카는 피델 카스트로의 좌파 정부와는 다른, 냉전 이후에 출현하고 있는 좌파 성향의 국가들(대표적으로 베네수엘라, 브라질, 아르헨티나, 우루과이)에 의해 변화되고 있으며, 19세기 이래 계속해서 적용되어 온 아메리카라는 개념에 도전하고 있다. 우고 차베스, 이냐시우 룰라, 네스토르 키르츠네르, 그리고 타바레 바스케스가 국가 수준에서 주도하고 있는 노선은 대서양 연안 국가들의 좌파동맹을 지향하는 것처럼 보인다. 우고 차베스는 프랑스의 제국주의적 침략 이전의 19세기 라틴아메리카 개념과는 완전히 다른 시몬 볼리바르의 사상으로 돌아갔다. 마찬가지로, 안데스 국가들은 사회운동을 통해 자신들의 존재를 인식하기 시작한 원주민과 아프로-안데스 주민들에 의해, 그리고 지역 정치와 국가 차원의 정치에서 능동적인 역할을 담당하는 원주민들에 의해 라틴아메리카의 색깔이 점점 더 '약화'되고 있다. 영국령 카리브 지역과 북아메리카가 아니라 남아메리카에 거주하면서 영어보다 스페인어와 포르투갈어를 사용하는 아프로-아메리카계 주민들을 가리키는 용어로 이미 아프로-라틴성(Afro-Lainidad)이라는 개념이 사용되고 있다.[4] 남쪽의 G3(브라질, 남아프리카, 인도)를 구성하려는 룰라 대통령의 계획이 성

---

4) 사회학자 아구스틴-라오 몬테스(Agustín-Lao Montes, 애머스트매사추세츠 대학교)는 미국에서 '아프로-라틴성'에 대한 프로젝트를 진행하고 있으며, 문학예술 비평가인 거트루드 곤살레스(Gertrude González, 스펠먼 대학)는 마누엘 사파타 올리베야(Manuel Zapata Olivella, 콜롬비아), 넬손 에스투피냔 바스(Nelson Estupiñan Bass, 에콰도르), 킨세 둔칸(Quince Duncan, 코스타리카)에 대한 책을 마무리하고 있다.

공한다면, '라틴아메리카'가 생명력을 잃고 더 이상 유지될 수 없는 개념이라는 사실을 믿게 할 또 다른 이유가 될 것이다.

더 이상 라틴아메리카라는 개념을 유지할 필요가 없을 것이다. (정회원국인 아르헨티나, 브라질, 파라과이, 우루과이와 준회원국인 볼리비아와 칠레로 구성되는) 남미공동시장(MERCOSUR)과 (멕시코, 미국, 캐나다의) 북미자유무역협정(NAFTA)은 아메리카 대륙에 두 개의 경쟁 세력이 있음을 보여 주는 예증이다. 남미공동시장은 브라질을 중심으로 남아메리카를 결속하려는 움직임을 보이고 있다. 남미 대륙에서 가장 넓고 부유함에도 불구하고, 브라질은 '라틴'아메리카라는 개념에서 주변적인 위치에 있었고, 지금도 여전히 막내 자리를 차지하고 있다. 남미공동시장은 미국에 의존하지 않는 '아메리카' 동맹을 결성한다. 다른 한편에서는, 북미자유무역협정과 푸에블라-파나마 계획(Plan Puebla-Panamá, PPP)[5] 때문에 멕시코가 라틴아메리카 국가들 사이의 가족 관계에서 난처한 입장에 놓여 있다. 멕시코는 북아메리카에 속하고 미국의 수출 전진기지 역할을 담당하는 미합중국의 동맹이라고 여겨지지만, 여전히 라틴아메리카와 가족 관계를 유지하고 북아메리카의 주변에 머물러 있기 때문이다. 멕시코와 미국의 위태로운 관계는 이민 문제 때문에, 그리고 미국이 더 값싼 노

---

[5] 멕시코의 푸에블라에서 파나마까지 이르는 발전 회랑지대를 건설하는 데 80억 달러가 소요되는 푸에블라-파나마 계획을 고안한 것은 멕시코 대통령 비센테 폭스(Vicente Fox)였다. 푸에블라-파나마 계획은 대규모 사업뿐만 아니라 이 지역 주민들에게 새로운 경제적인 기회를 제공함으로써 빈곤을 퇴치한다는 명목하에 추진되고 있다. 그뿐만 아니라 무역거래, 관광, 교육, 환경보호까지 활성화될 것이라고 말하고 있다. 그러나 기억해야 할 것은 이 발전 회랑지대가 원주민 거주 밀집지역과 천연자원이 풍요로운 땅을 관통하고 있다는 사실이다. 게다가 여기에는 사파티스타가 장악하고 있는 지역도 포함된다. 요약하자면, 푸에블라-파나마 계획은 토지의 전유, 정치적 지배, 원주민의 종속을 목적으로 하는 공적인 프로젝트로 보인다.

동력을 찾아 중국과 동아시아로 마킬라도라[6](혹은 하도급 계약자)를 이전하면서 더 복잡해지고 있다. 그러나 북미자유무역협정과 국가정책에 대한 사파티스타의 저항은 멕시코 내부에도 멕시코와 미국의 전통적인 관계를 바꿔야 한다는 요구가 있음을 알리는 신호이다. 역설적인 것은 아메리카에 대한 헤겔의 생각이 뒤집히고 있다는 사실이다. 원주민과 흑인계 주민들의 사회운동이 더 조직화되고, 카리브 지역과 남아메리카에서 철학적·이론적·윤리적 탐색들이 활발해지고 있으며, 좌측으로 선회하는 국가의 숫자가 증가하고 있는 점 등은 남아메리카에서 민주주의와 인권에 대한 존중이 성장하고 있는 반면에, 미국에서는 오히려 전체주의, 인권 침해, 지배를 위한 무력 사용, 극단적인 보수주의가 강화되고 있기 때문이다. 아직 끝나지 않은 역사가 예상보다 훨씬 빨리 '라틴아메리카 이후'와 '아메리카 이후'에 일어날 일들을 보여 줄 것이다.

라틴아메리카와 앵글로아메리카의 구분을 인정하지 않으며 아메리카라는 개념이 다른 모든 '아메리카들'을 포함한다고 생각하지 않는 (칠레의 마푸체 원주민으로부터 미국의 원주민을 거쳐 네번째 국민으로 불리는 캐나다의 원주민에 이르기까지) 원주민들의 다양한 인식적·정치적·경제적 프로젝트들로 인해 구조 변화가 발생하고 있다. 또한 대륙 전체에 거주하며 스페인어, 포르투갈어, 영어, 프랑스어, 네덜란드어, 크리올어를 사용하고, 산테리아, 부두, 칸돔블레, 라스타파리아니즘, 여러 분파의 기독교를 믿는 다양한 아프리카계 후손은 '라틴성'이나 '앵글로성'을 내세

---

6) 마킬라도라(maquiladora)는 멕시코와 미국의 국경 지역에 위치한 대규모 산업단지로서 1965년부터 시작되어 북미자유무역협정 이후 활성화되었지만 지금은 침체되어 있다. 마킬라도라 기업의 모회사는 해외에 있으면서 별도의 기업을 설립하여 해외 원자재와 부품을 조달하여 제품을 제조한 후 다시 수출하는 방식을 취한다. ― 옮긴이

위 '앵글로'아메리카 혹은 '라틴'아메리카 정체성이나 정치적 프로젝트에 포함시킬 수 없다. 게다가 라티노들은 자신들의 주체성을 국민국가의 영토 안에 두기보다는 변경에 둔다. 남아메리카에 거주하는 라틴계 주민들 중에는 이런 투쟁에 맞서 협박을 당하는 사람들도 있는 반면에, 어떤 사람들은 라티노, 아프리카계 주민, 원주민들과 힘을 합치고 공공 프로젝트에서 함께 일하기도 한다. 아프리카계 콜롬비아 활동가인 리비아 그루에소(Libia Grueso)에게 배운 표현을 사용하자면 식민적 상처라는 공통점을 갖는 다양한 정치적 프로젝트 간에 '문화 **내적** 대화'(intracultural dialogue)가 발생하고 있다. 하위주체 프로젝트와 공동체 간의 문화 내적 대화는 (경제, 정치, 젠더와 성, 주체성과 지식 등의) 사회 영역을 관리하는 국가 및 제도와 문화 간 투쟁을 일으키고 있다.

최근까지 지정학적 정체성은 여성의 관심사가 아니었던 것 같다. 구글에서 "라틴아메리카의 여성 작가"라고 검색하면 엄청난 양의 정보를 얻을 수 있다. 하지만 여성이 쓴 글 중에서 라틴아메리카라는 개념에 대해 의문을 제기하는 글을 찾기는 쉽지 않다. 어째서 아대륙의 정체성이 전통적으로 여성보다는 남성과 관계된 문제인가를 조사하는 것은 흥미로운 일이다. 19세기 이래로 라틴아메리카와 앵글로아메리카에서 여성의 개입은 민족[국민]과 민족문화의 수준에서 이루어졌다. 다시 말해, 라틴아메리카 국가건 앵글로아메리카 국가건 간에, 이러한 문제에 개입한 여성들은 주로 유럽 혈통의 후손이었다. 안살두아의 작업에서 분명히 알 수 있는 것처럼, 한편으로는 젠더와 종족성이, 다른 한편으로는 가부장제와 인종차별주의가 새로운 관심과 투쟁의 대상이 되기 시작한 1970년대 초부터 상황이 바뀌었다. (여기서는 다 언급할 수 없기 때문에 안살두아와 실비아 윈터의 작업을 염두에 둔다면) 페미니즘의 학문적·정치적 프로젝트들은 다른 각도에서 라틴아메리카와 앵글로아메리카의 구분을 가로지른다. 라틴아메리카와 앵글로아메리카가 모두 가부장적이라면, 오늘날 페미니즘의 지정학적 관심사는 아대륙에 국한되지 않고 전 지구적이고 초국가적이다. 예를 들어 에콰도르의 원주민 여성들은 에콰도르와 안데스 국가에서뿐만 아니라 캐나다나 오스트레일리아의 원주민 여성들과도 동맹을 이룰 것이다. 카리브 지역의 흑인 여성들은 프랑스, 영국, 혹은 스페인의 식민지 유산과는 상관없이 인종차별주의에 반대하는 흑인 남성들과 힘을 합치고 있으며, 가부장제에 반대하는 원주민 여성, 백인 여성들과도 협력하고 있다. '라틴'아메리카와 '앵글로'아메리카라는 개념이 종종 탈식민 운동의 걸림돌이 되는 이유는 아대륙의 정체성이 탈식민 투쟁보다는 국가의 영역과 제국주의 권력에 한정되기 때문이다.

'아메리카 이후'는 (라틴/앵글로라는) 민족적 경계와 (북/남이라는) 지리적 경계를 침식시키는 과정이자 대륙적 운동이다. 나는 이 책을 메르카토르와 오르텔리우스의 세계지도에 그대로 녹아 있는 O 안의 T 지도로 시작했으며, 파차쿠티를 '뒤집힌 세계'로 이해했던 과만 포마가 아메리카 대륙을 뒤집어 놓은 지도로 마무리하려고 한다. 그는 오르텔리우스의 방식을 따르지 않고 그 당시의 안데스 우주관을 따라 지도를 그렸다. 그가 그린 지도는 스페인 사람들에 의해 뒤집힌 세계를 보여 줄 뿐만 아니라, 지금 우리가 살고 있는 세계처럼, 비록 식민 시기의 권력 매트릭스에 의해 차별적으로 결합되기는 했지만, 서로 다른 논리들이 공존하는 (했던) 세계를 보여 준다.

따라서 (라틴아메리카를 앵글로아메리카 위에 놓는 식으로) 남북 아메리카를 뒤집어 놓는 것은 대륙의 미래의 모습을 보여 주는 해결책이 되지 못한다. 논리에 문제 제기를 하지 않고 내용을 바꾸는 것도 필요하지만, 그것으로 충분하지는 않다. '남쪽의 인식론'은 지구가 네 개의 대륙으로 나뉘어졌다는 기억을 지워 버리고 두번째 단계로 나아가야 하며 비판적 경계 사유를 진척시켜야 한다. 비판적 경계 사유는 남아메리카에 거주하는 다양한 원주민, 미국의 원주민, 캐나다의 네번째 국민인 원주민뿐만 아니라 아프리카계 흑인들도 많은 것을 기여할 수 있는 인식론이다. 진실로 우리는 CNN과 BBC가 보도하지 않는(그리고 아마도 아직 전혀 이해하지 못하는) 엄청난 전환의 한복판에 놓여 있다. 인터넷 주소 'noalca'(No to Área de Libre Comercio de las Américas, 미주자유무역지대 반대)와 연관된 다양한 사회운동의 공적인 성명서들은 다음과 같은 표현으로 끝난다. **"다른 아메리카는 가능하다."** 유럽의 역사에서 마키아벨리가 그랬던 것처럼, 과만 포마의 지도와 그가 쓴 『새로운 연대기와 좋은 정부』는 미래의 다른 아메리카와 현재의 탈식민 작업을 위한 준거점이다. 과만 포마처럼, 프란츠 파농은 다음과 같이 말했다. "결론적으로, 내가 원하는 세상은 나와 더불어 모든 사람의 의식이 열려 있는 세상이다." 그리고 글로리아 안살두아의 다음과 같은 언급도 동일한 울림을 갖는다.

> **몇 세기 안에** 세상은 **혼혈인**의 차지가 될 것이다. 미래는 패러다임의 단절에 달려 있기 때문에 미래는 두 개 혹은 그 이상의 문화의 네트워크에 달려 있다. 새로운 신화를 창안함으로써, 즉 우리가 현실을 인식하는 방법, 우리가 우리 자신을 보는 방법, 우리가 행동하는 방법을 바꿈으로써 **혼혈인**은 새로운 의식을 창조한다.[7]

---

7) Gloria Anzaldúa, *Borderlands/La Frontera*, , San Francisco: Aunt Lute Books, 1987, p.102.

스페인어판 후기 _
다시 한번 라틴아메리카 이후를 생각한다

1.

이 책의 영어판 원고는 2004년 12월 출판사에 넘어갔지만 2005년 12월에 출판되었다. 그때부터 지금까지 이 책의 3장 「라틴아메리카 이후」에서 주장한 명제들을 수정할 정도는 아니지만 상당한 영향을 미친 여러 가지 사건들이 일어났다.[1] 그 사건들 중에서 몇 가지를 언급하면 베네수엘라와 브라질에서 우고 차베스와 이냐시우 룰라 다 시우바가 정권을 잡은 데 이어, 볼리비아에서는 에보 모랄레스가, 칠레에서는 미첼 바첼레트가, 에콰도르에서는 라파엘 코레아가 대통령에 당선되었다. 그런가 하면 2006년 4~5월에 미국에서는 라티노들의 대규모 시위가 있었다. 라티노들의 시위는 20세기의 마지막 몇 년에서 21세기 첫 몇 년 사이에 여러 명의 대통령을 정권에서 끌어내렸던 볼리비아와 에콰도르 원주민들이 벌였던 시위의 연장선상에 있다. (미국에서 벌어진, 이민법에 반대하는 라티노들의 시위 상황은 잘 알려지지 않고 있지만) 이런 모든 상황을 **라틴아메리카의 좌회전**으로 해석하며 반기는 사람들도 있고, 못마땅해하는 사람들

---

1) 이 책의 스페인어판은 2007년 5월에 출간되었다. — 옮긴이

도 있다. 이러한 과정들이 매우 복합적인 상황이긴 하지만 이 책의 주장을 뒷받침하는 눈에 띄는 세 가지 사항에 주목할 필요가 있다. 첫번째 사항은 제2차 남미국가연합(Unión de Naciones Sudamericanas) 회의이다. 2004년 12월 첫번째 회의가 열렸을 때 나는 원고를 출판사에 넘길 준비를 하고 있었다. 두번째 사항은 에보 모랄레스의 대통령 당선을 (볼리비아 국내와 전 세계 언론에 보도된 것처럼) '좌파의 집권'으로 볼 것인지 아니면 '탈식민적 과정'(나는 이것을 '탈식민적 선택'opción decolonial으로 규정한다)으로 볼 것인지에 대한 논란이다. 마지막 세번째 사항은 미국이 '원하지 않는' 대량 이주가 발생하는 상황에서 권력의 식민성을 재정비하기 위한 이민법에 반대하는 라티노들의 대규모 시위이다.

2.
내가 여기서 주장하는 것은 라틴아메리카라는 아대륙에서 이런 사건들이 발생했다는 것이 아니라, 근대 세계를 형성한 식민적 권력 매트릭스에서 발생한 사건들의 결과물이 바로 라틴아메리카라는 사실이다. 다시 말해서 식민적 권력 매트릭스는 라틴아메리카의 내재적 역사가 아니라 라틴아메리카가 어떻게 만들어졌는지를 말해 주는 역사이다. 라틴아메리카는 스페인으로부터 독립한 유럽인의 후손인 크리올 엘리트들의 정치적 기획이었으며, 19세기 동안 영국과 프랑스가 '식민지 없는 제국'으로 등장하는 데 기여했다. 라틴아메리카의 독립은 근대/식민 세계를 변화시키는 첫번째 계기가 되었다. 과거 식민지 엘리트들 스스로가 인정하든 하지 않든, 그들은 영토적 식민지 없이도 식민성의 논리가 유지될 수 있을 만큼 제국주의적 이해관계에 충실히 봉사했기 때문이다. 예컨대 철도의 발달과 가공 육류의 대량 수출에 힘입어 경제가 활성화된 1880년대 아르헨티나에서는 엘리트 남성들이 영국으로 건너가 옷을 사고, 파리에 들러 박물관을 구경하고, 책을 사서 아르헨티나로 돌아오는 일이 유행이었다. '라틴'아메리카라는 개념이 만들어지고 굳어진 시기는 라틴아메리카가 프랑스의 유행을 모방하고 영국이 라틴아메리카로부터 경제적 이득을 얻었던 시기였다. 지배 엘리트가 차지한 상층부 밑에는 부를 얻기 위해 19세기 말부터 이주하기 시작한 유럽의 이민자들과 자기가 속했던 원주민 공동체와 흑인 공동체에서 떨어져 나온 메스티소와 물라토로 구성된 '민중'(pueblo)이 자리 잡고 있었다. 어느 곳에도 속하지 못하고 뒤섞인 메스티소와 물라토는 원주민도 아니고 흑인도 아니었으며 유럽인은 더더구나 아니었다. 그들은 지배 엘리트들이 민족적 정체성을 바탕으로 권력을 공고화하기 위해 의지했고 지금도 의지하고 있는 '민중'이었다.[2)]

21세기에 들어선 오늘날 라틴아메리카는 단지 과거로부터 관습적으로 사용해 온 이미지나 전 지구적 정치와 경제의 이해관계에서 존재한다. 라틴아메리카는 최근 40년 동안 정치적·경제적·사회적 변화뿐만 아

---

2) 비유럽계 이주민들은 19세기 말부터 20세기 초에 증가하기 시작했고, 그들의 삶은 지배 엘리트의 민족적 정체성에 통합되었다. 예를 들어 다음을 보라. Alain Roussillon, "Diasporas arabes et musulamanes en Amérique latine?", in ed. Academia de la Latinidad, *Desarrollo e Interculturalidad, Imaginario y Diferencia: la Nación en el Mundo Andino*, Río de Janeiro: Academia de la Latinidad, 2006. 그러나 노스캐롤라이나 대학 인류학과 교수인 엘레나 예히아(Elena Yehia)는 기독교로 개종한 이슬람교도들이 중앙아메리카와 브라질, 우루과이, 아르헨티나 국경 지대로 이주한 사실을 확인했다. 엘레나는 이러한 과정을 어떻게 규정해야 할지 몰랐을 것이다. 이슬람교도들의 입장에서는 개종을 위한 것이었지만, 그 지역에 살고 있던 주민(원주민, 메스티소, 아프리카계 흑인)의 입장에서는 탈식민적 선택은 아니지만 적어도 기존의 제도(교회와 시장 사회 혹은 국가의 억압)로부터 자유로워지기 위한 선택이었기 때문이다.

니라 지식의 생산 및 실존 방식과 관련된 주체성의 측면에서도 근본적인 변화를 경험했으며, 이러한 변화는 오늘날과는 전혀 다른 맥락에서 만들어진 라틴아메리카의 정체성에 대해 회의를 불러일으키고 있다. 내가 이 책의 3장에서 언급한 이러한 변화들은 '라틴성'이 갖는 헤게모니, 그리고 아나우악, 아브야-얄라, 타완틴수유에 스페인 선박이 도착한 순간부터 이러한 라틴적 헤게모니가 원주민과 흑인 집단보다 유럽 출신의 백인에게 부여했던 특권을 부인한다. 이제 오로지 유럽과 관련된 공식 역사만을 역사로 인정할 이유도 없고, 아브야-얄라, 타완틴수유, 아나우악, 그리고 흑인들에게 중요한 아프리카 대륙과 관련된 기억들이 침묵해야 할 이유도 없다. 최근에 발생한 사건들, 그리고 그 사건들과 관계되었거나 그 사건들로부터 파생된 문제들 중에서 서로 연관된 두 가지 주제가 눈에 띈다. 하나는 남미국가연합의 출범이고, 다른 하나는 '많은 세계들이 포함된 하나의 세계'를 상상하기 위해 맑스주의 좌파로부터 탈식민적 전환으로의 이행이다.

나는 3장에서 유럽연합도 처음 탄생 과정에서 그랬던 것처럼, 적어도 단기간에 아메리카에 유럽연합과 같은 지역통합은 가능하지 않을 것이라고 말했다. 그리고 '왜 가능하지 않은가?'라는 질문을 많이 받았다. 이러한 질문은 남미국가공동체(Comunidad Sudamericana de Naciones)가 유럽연합과 대등한 지역통합체라는 생각을 염두에 둔 것이다. 그러나 그렇지 않다. 유럽연합을 주도하는 국가들은 대서양 양안의 자본주의적 경제 제국주의를 정착시키고 확장시켰다. 남미국가공동체라는 개념은 '라틴'아메리카라는 개념을 대체한다. 중요한 것은 단순히 이름을 바꾸는 것이 아니라, 역사적·경제적·사회적 조건뿐만 아니라 주체성과 인식의 조건(예를 들어 남미를 '라틴화'하기로 결정했던 사람들이 지식의 생산을 장악했다)을 바꾸는 것이다.[3] 원주민과 흑인이 더 이상 스스로를 억제하고 침묵하지 않게 됨에 따라, 유럽 혈통의 백인도 원주민과 흑인을 백인처럼 생활하고, 생각하고, 느끼고, 미래를 인식하는 방식으로 '통합함으로써' 누렸던 특권을 유지할 수 없게 될 것이다. 원주민과 흑인이 자신들의 방식으로 생각하는 **인식적 차이**를 통해 정치적이고 경제적으로 개입할 수 있는 권리를 요구하는 수준에 도달하게 되면서 그러한 특권적 위치는 유지될 수 없게 되었다. 특히 원주민과 흑인은 백인이 **인권**을 베풀어 주기를 기대하지 않고 스스로 **존엄성**을 쟁취하고 있다. 이민자들을 둘러 싸고 미국과 유럽에서 벌어지고 있는 첨예한 논쟁이 미국과 유럽의 정부와 공적 언론이 이민자들에게 강요하는 동화정책 때문이라고 생각하는 것은 여러 가지 측면에서 단견(短見)이다.[4] 남아메리카에서 원주민과 흑인을 유럽의 백인과 구분하는 기준이 (야만인과 원시인의 인식 능력을 부정했던) **식민적 차이**였던 것처럼, 미국에서 라티노와 흑인을 백인과 구분하는 기준도 식민적 차이이다. 또한 유럽연합의 서유럽 국가(스페인, 포르투갈, 이탈리아, 프랑스, 독일, 영국)에서 유럽인과 아시아와 아프리카 출신의 이민자들을 구분하는 것도 식민적 차이이다. 지난 5세기 동안 지구상

---

3) 남미국가공동체 제2차 회의에 대한 비판적 기록은 다음을 참조하라. Eduardo Guynas, "Buscando otra intergración sudamericanas", *Peripecias*, n°27, 13 de diciembre de 2006, http://www.peripecias.com/integracion/153GudynasCochabambaCsn.html; Raúl Zibechi, "Las horas amargas de la integración", *Página Digital*, 13 de ditiembre, 2006, http://www.paginadigital.com.ar/articulos/2006/2006seg/noticias4/zibechi-131206.asp.

4) Ramón Grosfóguel and Nelson Maldonado-Torres, "Latinos(as): Migrants and the Decolonization of the US Empire", *Naked Punch*, 8, 2006; Ramón Grosfóguel, Nelson Maldonado-Torres, and José Saldívar eds. *Latin@s in the World-System: Decolonization Struggles in the 21st U.S. Empire*, Boulder, Colorado: Paradigm, 2005.

의 인간을 구분했던 식민적 차이는 무엇보다도 제국주의적 지식, 대륙과 인간의 분류에 기초한 차이였다. 또한 식민적 차이는 특권적 권력을 장악한 유럽에 의해 강제된 분류였으며 피분류자들은 자신의 생각을 말할 권리가 없었다. 그러나 오늘날 (파농의 '대지의 저주받은 사람들' 같은) 모자란 사람들로 취급받는 피분류자들이 발언권을 회복하고 있으며, 이를 통해 지식과 존재의 탈식민화를 모색하고 있다. (에콰도르의 아마우타이 와시 대학의 프로젝트를 인용한다면) '배운 것을 잊어버리는 방법을 배우기', '스스로 존재하는 방법을 배우기'의 과정이 진행되고 있다. 이는 '벗어남'의 과정이며 탈식민적 사유의 과정이다.

식민적 차이를 만드는 인식적 토대는 인종(차별)주의와 가부장주의이다. 인종주의와 가부장주의는 백인 이성애자의 기준에 따라 사회구성원의 위계를 결정하는 두 개의 원리이다. 인종주의와 가부장주의를 가능하게 하는 것은 지식의 지배이며, 그것의 결과는 제국적/식민적 지식 기반에 근거한 인본주의의 기준에서 인간을 차별하는 것이다. 차별을 당한 사람들은 존엄성에 상처를 입게 되고 식민적 상처는 '선심을 베푸는 동화정책'으로는 치유되기 어렵다. 왜냐하면 제도, 언론, 정권 혹은 교육의 차원에서 지배자는 (맹목적이거나 왜곡된 방식으로) 계속해서 특권을 주장하고 피지배자는 경멸과 식민적 상처를 받고 있기 때문이다. 이런 상황은 프란츠 파농이 『대지의 저주받은 사람들』에서 묘사했던 인간 조건을 재생산하고 있다. 대지의 저주받은 사람들은 세 개의 집단을 이루며, 각 집단은 광범위한 다양성으로 구성되어 있다. 그러나 각 집단은 다양한 구성원을 **연결하는** 요소를 공유하고 있다. 즉 유럽에서 형성되어 대서양을 건너 아메리카로 이식된 유럽인의 언어·기억·주체성, 아프리카에서 형성되어 강제로 아메리카로 이식된 흑인의 언어·기억·주체성, 그리고 이 두 집단과 서로 섞이면서도 자신들의 기억을 유지하고 있는 타완틴수유와 아나우악과 아브야-얄라 원주민의 주체성이다. 이러한 기억들은 사라지지 않았다. 따라서 **원주민성과 흑인성**이 성장함에 따라 라틴성은 점차 약화되고 있다.[5] 대륙의 남쪽에 원주민적 특성을 드러내는 인도아메리카나 흑인적 특성을 나타내는 아프로아메리카가 아니라 라틴적 특성을 나타내는 라틴아메리카라는 이름이 붙은 것은 스스로를 남부 유럽, 특히 프랑스 사람의 자손이라고 생각하는 사람들이 대륙의 역사를 서술했기 때문이다.

유럽연합과 동등한 남미연합을 생각할 수 없는 것은 식민적 차이와 제국적 차이에 의해 만들어진 구분 때문이다. 왜냐하면 남미연합이 유럽연합처럼 되기 위해서는 (헤겔의 언급에 의하면 유럽의 심장인) 프랑스, 독일, 영국이 유럽연합에 통합되었듯이 미국이 남미연합에 통합되어야 하기 때문이다. 이런 차이점은 매우 중요하다. 유럽연합은 근대성(혹은 탈근대성)의 새로운 수사학으로 식민성의 논리를 재조직하는 과정이다. 차이는 있지만 주도권을 공유하는 여섯 나라는 계몽주의 시기 이전까지 헤게모니를 장악했던 스페인, 포르투갈, 이탈리아와 계몽주의 시기부터 헤게모니를 넘겨받은 프랑스, 영국, 독일이다. 짧았지만 제국주의 경험을 가진 네덜란드와 벨기에, 덴마크, 스웨덴, 핀란드, 스위스는 자본주의 경제의 주변부에 위치한다. 나머지 국가들은 소련의 식민지에서 벗어나 완전히 자본주의 경제로 편입되기를 희망하는 동유럽 국가들과 오스만터

---

5) Walter Mignolo, "Latinity, Indianity and Africanity", in *Latinité et Identité Haitiene*, Conférence Internacionale de l'Acadérnie de la Latinité, Port au Prince, 14~18 septiembre, 2005, *Textes de reference*, editado por Cándido Méndes, París and Rio de Janeiro: UNESCO/Universidade Cándido Méndes, 2005.

키의 후예인 터키이다. 제국주의 경험을 가지고 있는 터키가 유럽연합에 가입하기 위해서는 여러 가지 문제가 해결되어야 한다.

　유럽연합의 경우 (오스트리아-헝가리 제국, 오스만터키 제국, 소련 제국이 해체되면서 생긴 동유럽과 중부 유럽의 국가들처럼) 비자본주의 국가들은 유럽연합에 가입하기를 희망할 뿐만 아니라 자랑스럽게 여기는 반면에, 아메리카의 경우에는 (멕시코, 콜롬비아, 그리고 예측하기 어려운 페루조차도) 미국이 주도하는 아메리카연합에 참여하는 것을 희망하지도 자랑스럽게 생각하지도 않는다. 이 때문에 (남)아메리카연합은 미국을 제외할 뿐만 아니라 멕시코의 가입에 대해서도 회의적이다. 유럽과 비교할 수 있다면 남미연합은 중부유럽연합이나 동유럽연합과 비교될 수 있을 것이다. 또한 중앙아시아와 코카서스 연합과 비교될 수 있을 것이다. 부언하자면 제국주의 과거가 아니라 식민지 과거를 갖는 국민국가들의 연합이라는 점에서 공통점을 갖기 때문이다.

　라틴아메리카연합이 아니라 남아메리카연합이 거론되는 것은 19세기 중반 무렵에 시작된 '라틴'아메리카 시대가 20세기 말~21세기 초에 종말을 고하기 시작했다는 신호이다. 현재 원주민과 흑인의 사유와 감성, 그리고 기억에 바탕을 둔 정치 조직을 통해 급격한 변화가 발생하고 있는 나라는 베네수엘라, 볼리비아, 에콰도르이다. 마리오 바르가스 요사와 카를로스 푸엔테스(Carlos Fuentes)의 희망사항과는 달리 남미의 미래를 이끌고 갈 사람은 칠레의 미첼 바첼레트 대통령이 아니다. 여성이 대통령에 선출되고 게다가 사회주의적 지향성까지 가지고 있다는 것은 틀림없이 중대한 사실이다. 그럼에도 불구하고, 인종적 분할과 성적 분할이 뒤섞인 경우에 우고 차베스와 라파엘 코레아처럼 메스티소 남성이 대통령이 되는 것에 비하면 백인 여성이 대통령이 되는 것은 문젯거리가 되지 않으며, 원주민이 대통령이 되는 것과 비교해서는 더더욱 문젯거리가 되지 않는다. 여기에는 성과 인종의 문제가 복잡하게 얽혀 있다. 바르가스 요사와 카를로스 푸엔테스가 바첼레트가 대통령으로서 적당하다고 생각한 이유가 바첼레트가 여성이기 때문이었는지 아니면 백인이기 때문이었는지 정확히 알기는 어렵다. 혹은 독재정권이 수많은 사람을 죽이고 고문하고 박해하면서 남미에서 맨 처음으로 칠레에 강요했던 신자유주의가 오늘날 안정적인 경제와 선거민주주의를 정착시켰다고 생각하기 때문일지도 모른다. 국가의 외교정책이나 국제정치의 역학관계처럼, 정치적이고 경제적인 관계와 합의는 매우 복잡하기 때문에 인종이나 성의 문제와는 아무 관계가 없다고 생각할 수 있다. 다시 말해, 정치나 경제는 체스나 포커 게임처럼 게임의 규칙과 관계있는 것이지 게임을 하는 사람이나 제국적·식민적 차이와는 아무 관계가 없다고 생각할 수 있다. 만일 그렇다면 백인 여성 대통령이나 메스티소 대통령 혹은 원주민 대통령의 차이점에 대해서 말하는 것이 단지 학자들의 지적 유희가 되어 버릴 것이다. 그럴 수도 있지만 그렇지 않을 수도 있다.

3.

볼리비아에서는 국내 정치와 국제관계에서처럼 일상적 삶도 인종 문제와 직결되어 있다. 이것은 단지 원주민이 대통령이 되었다는 사실이 산타크루스(Santa Cruz) 지역의 크리올-메스티소 부르주아와 대지주를 불편하게 만들기 때문이 아니다. 물론 그것도 심각한 문제이기는 하지만 그래도 그들에게는 참을 만한 일이다. 그들이 더욱 참을 수 없는 것은 원주민 출신 대통령인 에보 모랄레스가 150년 이상 크리올-메스티소가 장악해 왔던 국가 정책에 적응하고 동화된다는 사실이다. 만일 그렇게 된다면 콘돌리자 라이스가 흑인이 아니라 조지 W. 부시 정권의 국무장관인 것처럼, 에보 모랄레스도 원주민이 아니라 대통령이 되기 때문이다. 문제는 여기서 끝나지 않는다. 왜냐하면 (남미 전체가 그런 것처럼) 볼리비아가 스페인과 포르투갈에서 독립한 이후 곧바로 식민지 없는 제국의 식민지가 되면서 근대/식민 국가인 볼리비아의 토대가 되었던 정치이론·경제·교육 분야에 급격한 변화와 단절이 발생하고 있기 때문이다. 에보 모랄레스 정부는 행정·경제·교육 분야에서 탈식민성 기획을 확실하고 공개적으로 추진하고 있다. 이것은 주체성을 탈식민화하는 것 혹은 존재를 탈식민화하는 것을 의미한다. 이것이 내가 이 책에서 주장하고 있는 것과 무슨 관계가 있는가?

존 킹(John King)은 이 책이 탈식민주의 이론에 기여한다고 지적한다. "이 책의 마지막 장인 「라틴아메리카 이후」가 제시하는 해석의 지평은 탈식민적 선택이라는 점에서 중요하다."[6] 오늘날 볼리비아에서 확실하게 일어나고 있는 변화는 탈식민화이며, 이미 천연가스의 국유화, 토지제도의 개혁, 제헌의회 구성 등 여러 가지 정책이 추진되고 있다. 교육 분야의 탈식민화는 교육문화부 장관인 펠릭스 파치-파코(Felix Patzi-Paco)와 가톨릭교회 지도자들 사이의 갈등 때문에 중단된 상태이다. 맑스주의의 경우와 마찬가지로 해방신학을 주도한 사제들은 백인-메스티소이며, 이들은 원주민의 주도권에 대해 저항한다. 바르톨로메 데 라스 카사스 이

---

[6] '탈식민적 선택'의 개념에 대해서는 다음을 참조하라. Walter Mignolo, "Epistemic Disobedience and the De-colonial Option: the Meaning of Identity in Politics", *Theory, Culture, and Society*, Vol. 26(7-8), 2009, pp. 1~23.

후로 교회의 일부 사제들이 원주민의 편을 들어 주었음에도 불구하고 말이다! 그럼에도 불구하고 볼리비아의 원주민들은 국가에 통합되지 않았음이 확실하며 오히려 정치·경제·교육의 탈식민화를 시도하고 있다. 볼리비아에서 20여 년 전부터 계속되고 있는 자유민주주의와 **아이유**(ayllu) 민주주의에 관한 논쟁은 이 책의 3장에서 언급한 '라틴아메리카 이후'를 보여 주는 좋은 예증이다. 적어도 볼리비아에서 진행되고 있는 이러한 변화는 되돌릴 수 없는 상황이며, 이는 에보 모랄레스 때문이 아니라 모랄레스를 대통령으로 선출한 원주민들에게 일어난 변화 때문이다. 그렇다고 이것이 모랄레스에게 찬성하는 투표가 모두 원주민의 것이라는 의미도 아니며, 모랄레스를 반대하는 원주민들이 없다는 의미도 아니다. 중요한 것은 모랄레스의 출신 성분이 아니라 지도력이다. 최근 10년 동안 원주민의 지도력은 비원주민의 도움과 찬성표를 얻어 이루어졌다. 이것은 볼리비아의 모든 메스티소 인구가 모랄레스를 반대하지는 않는다는 것을 의미한다. 미국에서 백인들만이 조지 W. 부시 대통령에게 찬성표를 던진 것은 아니라는 것과 마찬가지이다. 건국 시기부터 미국의 지도력을 언제나 앵글로색슨 백인이 장악한 것은 사실이지만 이민자들, 흑인들, 라티노들의 도움도 큰 몫을 차지했다.

    중부 유럽과 동유럽의 국가들이 제국주의 국가의 경제가 이끌어 가는 자본주의 유럽연합에 동화되려는 것과는 반대로, 식민지 과거를 갖는 국가들이 자결권을 위해 지역통합을 시도하는 남미연합은 매우 중요한 기획이다. 남미 국가들은 최근 50년 동안 국내적으로는 극우 정권이나 부패한 기업(혹은 이 둘 모두)의 횡포를 경험했고, 국외적으로는 미국의 정치경제적 압력을 받았다. 2006년 11월 코차밤바(Cochabamba)에서 개최된 제2회 남미연합 회의에서 미래를 위한 두 개의 노선이 제시되었다. (룰라 대통령이 제시한) 첫번째 노선은 국가 간, 지역 간 대화를 원활하게 할 수 있는 하부구조의 건설이었다. 이는 전 지구적 경제와 경쟁할 수 있도록 남미 대륙의 잠재력을 개발하고 근대화하는 것이다. 따라서 문제는 제3세계 식민지 과거에서 벗어나 새롭게 떠오르고 있는 나라들이 역사적 경험을 바탕으로 전 지구적 경제에서 경제적 잠재력을 보여 주는 것이다. 이러한 노선에는 두 가지 비판이 존재하는데, 하나는 그러한 기획이 환경을 파괴할 것이라는 것, 다른 하나는 '잉여 인간'을 증가시키는 부정적인 결과를 가져올 것이라는 것이다. 왜냐하면 전 지구적 신자유주의 국면에 들어선 경제는 **더 많이** 생산할수록 — 생산의 증가, 생산품의 다양화, 국민총생산의 증가, 경제지표의 상승이 일어날수록 — 모두에게 **더 많은** 혜택이 돌아간다는 논리를 극단으로 몰아가고 있기 때문이다. 고의든 아니든 간에, 극단화된 경제논리는 신자유주의 문명을 죽음의 문명으로 바꾼다.

    코차밤바 회의를 주최했던 에보 모랄레스가 제시한 두번째 노선은 '신자유주의 없이 잘살기'를 모색하는 것이다. 에보 모랄레스는 '잘사는 것'이 '더 잘사는 것'을 뜻하는 것이 **아니며**, '다른 사람보다 더 잘사는 것'을 의미하는 것은 더더욱 아니라고 강조한다. 모랄레스의 주장은 급진적인데, 왜냐하면 이는 경제와 교육을 포함한 국가의 정책 노선으로 탈식민적 전환을 선택하는 것이기 때문이다. 즉 에보 모랄레스는 경제의 탈식민화뿐만 아니라 국가권력의 탈식민화, 존재와 주체성의 탈식민화를 주장한다. 에보 모랄레스가 주장하는 노선은 소비를 할 수 있는 주체와 소비를 할 수 없는 주체의 양극화를 조장하는 경제정책과 정치이론을 지배하고 있는 게임의 법칙의 틀 안에서 남미연합 국가들의 경쟁력을 강화하는 것이 아니라, 뒤처지지 않기 위해서는 가능한 한 기존의 모델에 적응하는 것 이외에는 다른 선택의 여지가 없는 그러한 게임의 법칙에서 벗어나는 것이다. 제2차 세계대전 이후 공식화되고 소련의 붕괴 이후 기승을 부리기 시작한 오늘날의 신자유주의가 유일한 것처럼 강요하는 모델은 16~17세기 프랑스 중농주의자들에 의해 등장했고, 18세기 중반 애덤 스미스에 의해 이론화된 모델이다. 애덤 스미스는 더 많이 생산할수록 더 부유해지며, 자유무역이 영국뿐만 아니라 영국의 식민지까지도 부유하게 만든다고 주장했다. 이론적으로는 모든 인류를 풍요롭게 해줄 수 있다고 확신하는 경제 원리가 지나치게 강조되면서 애덤 스미스의 경제법칙은 많은 사람들을 무익하고 잉여적인 존재로 만드는 데 기여하고 있다. 따라서 지금 필요한 것은 더 많이 생산할수록 (남들보다) 더 잘살 수 있다는 철학에서 벗어날 수 있는 탈식민적 사유이다. 에보 모랄레스와는 달리 룰라, 키르츠네르, 바첼레트 같은 지도자는 탈식민적 전환을 확실한 국가의 정책 노선으로 선택하지 않고 있다. 탈식민적 전환은 오래전부터 (남북아메리카, 뉴질랜드, 오스트레일리아의) 원주민 철학, (사하라 이남과 이북) 아프리카 철학, 아프리카계 카리브 철학의 주제였지만, 남아메리카의 유럽 혈통 지식인들이 정치이론과 경제이론뿐만 아니라 철학과 미학에서도 끊임없이 모범으로 받아들이는 유럽 철학의 주제는 아니었다. 원주민 대통령이 게임의 법칙을 완전히 받아들이거나, 룰라의 경우처럼 경쟁에서 좋은 결과를 얻으려고 노력하는 경우도 있기 때문에 에보 모랄레스를 단순히 원주민 대통령으로 보아서만은 안 된다. 에보 모랄레스가 대통령에 선출된 것은 지정학적 게임의 법칙이 탈식민적 전환의 시기에 들어섰음을 의미하는 것이고, 이러한 전환은 라틴아메리카 '이후'를 예시하는 사건이다. 또한 '라틴아메리카'와 '아브야-얄라'에 대해 말할 수 있는 또 다른 논리와 권리가 존재한다는 것을 의미한다. 하나의 이름이 다른 이름보다 우월함을 정당화하는 논리는 아메리카 대륙 어디에도 존재하지 않는다.

오늘날 볼리비아에는 유럽의 학문과 지식인의 전통을 고집하는 진보 지식인과 비록 학문의 방법론은 유럽의 인식론에서 유래했을지라도 원주민의 우주론을 신중하게 주체적으로 받아들이는 메스티소 지식인의 차이가 뚜렷하다. 이러한 차이는 라틴아메리카 '이후'를 이해하기 위한 기본적 요소이다. 내가 말하는 것은 개인에 관한 것이 아니라 선택과 흐름에 대한 것이다! 중요한 것은 스페인-프랑스-영국의 선택처럼 아이마라-케추아의 선택도 인정해야 한다는 것이다. 예를 들어 메스티소 지식인들은 볼리비아의 사회주의운동당(MAS, Movimiento al Socialismo)이 고정된 하나의 이데올로기를 갖는 정당이 아니라고 주장하는데, 사회주의운동당에는 민족주의, 맑스주의, 원주민주의가 섞여 있기 때문이다. 맞는 말이다. 사회주의운동당은 맑스주의가 주도권을 가지고 있던 시기에 등장한 코카 재배 노동자조합이었다. 아르헨티나에서 페론주의당이 페론의 사망 이후에 또 하나의 그저 그런 정당으로 변해 버린 것처럼, 국민혁명운동당(MNR, Movimiento Nacionalista Revolucionario)이 민주적 혁명의 꿈을 포기함으로써 배신당하기는 했지만 사회주의운동당에는 볼리비아의 1952년 혁명의 이상이 보존되어 있었다. 아르헨티나의 카를로스 사울 메넴(Carlos Saúl Menem) 정권의 페론주의당과 볼리비아의 곤살로 산체스 데 로사다(Gonzálo Sánchez de Losada) 정권의 국민혁명운동당은 신자유주의에 투항함으로써 종지부를 찍었다. 그리고 이제 원주민 전통의 이데올로기를 고려할 때가 되었다. 에보 모랄레스와 원주민 사회운동원들에게 원주민주의는 맑스 이데올로기로부터의 해방을 의미한다. 맑스주의는 기본적으로 노동조합을 통해 원주민의 정책과 주체성을 통제하려고 했다. 비록 에보 모랄레스 정권에 공감을 표시하고 있기는 하지만 유럽 중심적 지식인들은 민족주의, 맑스주의, 원주민주의 사이의 한계를 지워 버리려고 하는 반면,[7] 아이마라 지식인들(그리고 유럽 중심주의에 대해 비판적인 메스티소 지식인들)은 민족주의 이데올로기와 맑스주의 이데올로기의 중요성을 **인정하면서도** 원주민주의 이데올로기가 나머지 두 개의 이데올로기를 흡수하고 주도권을 가져야 한다고 생각한다.[8] 종국적으로 유럽 중심적 지식인들은 식민적 전환에 저항하거나 눈을 감는다. 반대로 원주민 지식인들과 메스티소 지식인들에게 탈식민적 전환은 룰라가 제안하는 근대화 방식과 피델 카스트로 정권이 추진하는 맑스주의적 방식을 벗어나 미래의 문을 여는 선택이다. 스테파노니(Pablo Stefanoni)와 두 알토(Hervé do Alto)가 쓴 책 『에보 모랄레스: 코카 재배에서 대통령궁까지. 원주민 좌파를 위한 기회』의 부제에는 좌파 제국주의가 확실하게 드러나 있다. 사실상 그 반대가 정확할 것이다. 즉 모랄레스의 당선을 유럽 중심적이고 메스티소적 좌파를 회복할 수 있는 기회로

---

7) Pablo Stefanoni and Hervé do Alto, *EVO Morales: de la coca al palacio. Una oportunidad para la. izquierda indígena*, La Paz, Bolivia: Editorial Malatesta, 2006.
8) Yuri Tórrez and Esteban Ticona, *El fenómeno Evo. Reflexiones sobre colonialidad del poder, política, movimientos sociales y etnicidad*, La Paz, Bolivia: Editorial Verbo Divino, 2006. 캐서린 월시가 서문을 쓴 이 책은 서로 다른 수준의 기억과 경험을 바탕으로 탈식민적 선택에 대해 사유하고 행동하는 지식인이 존재한다는 것을 보여 주는 예다. 예를 들어 자기 자신을 원주민이나 흑인으로 생각하는 사람의 유럽 중심주의에 대한 비판은 유럽이나 미국에서 이주한 사람의 비판과는 수준이 다르다. 비판의 수준과 강도에서 차이가 나는 것 외에도 기억에서 뚜렷한 차이를 갖는다. 16세기부터 제국주의 헤게모니 담론은 이데올로기적이고 정서적인 면에서 다양한 방식으로 식민지인들의 주체성 형성에 개입했다. 기억의 뿌리를 형성하는 이러한 주체성은 제국적 차이와 식민적 차이로 구분된다. Walter Mignolo, "Prefacio", *Historias Locales/Diseños Globales: Colonialidad, Conocimiento Subalternos y Pensamiento Fronterizo*, Madrid: Akal, 2003.

생각한 것이다. 이냐시오 라모네(Ignacio Ramonet)가 자신이 편집장으로 있는 『르몽드디플로마티크』에 에보 모랄레스의 대통령 당선을 축하하는 글을 실었는데, 여기서 그가 저지른 **실수**도 좌파 제국주의와 관련되어 있다. 라모네는 모랄레스의 당선을 원주민 운동이 '라틴아메리카 좌파'에 합류하는 '좌파로의 전환'이라고 생각했지만 사실상 그 반대였다. 다시 말해, 모랄레스의 집권은 혁명의 주도권이 오로지 맑스주의 좌파에게 있는 것이 아니라 다양한 좌파에게 있다는 사실을 인정함으로써 유럽 중심적 좌파가 스스로를 지역화하고 이를 통해 재기할 수 있는 기회인 것이다. 그럼에도 불구하고, 원주민의 기획이 유럽 좌파와 연대할 수는 있지만 하나가 되는 것은 어려운 일이다.[9] 유럽 좌파의 기획과 원주민의 탈식민적 기획은 서로 다른 기억, 우주관, 느낌, 감정, 증오, 애정에서 유래한다. 만일 그렇지 않다면, 신자유주의 모델이 유일하다는 주장에 대한 (라모네의) 맑스주의적 비판은 네오맑스 모델이 유일하다는 역설이 될 것이다. 자신들의 특권을 잃지 않기 위해 산타크루스의 대지주들이 단식 투쟁을 벌이는 것처럼, 라틴아메리카의 유럽 좌파들도 자신들의 특권을 잃어버리려고 하지 않으며 원주민 운동이 메스티소-유럽 중심적 맑스주의에 합류하기를 **원하지** 그 반대를 원하지 않는다. 즉 원주민 운동이 맑스주의를 넘어서서 탈식민적 기획을 선택하는 것을 원하지 않는 것이다.[10]

---

9) Álvaro García Linera, "Evo Morales no ni Lulista ni Chapista", *Entrevista*, http://news.bbc.co.uk/hi/spanish/latin_america/newsid_4548000/4548248.stm, 2006. 이 문제를 보도하는 (대부분이 백인 남성이며, 남아메리카에서 '라티노'로 표현되는) 기자들이 자신들과 똑같은 주체성을 가진 가르시아 리네라를 이해하는 것은 매우 쉬운 일이다. 반대로 에보 모랄레스와 소통하는 것은 매우 어렵다. 그들이 비록 정치적으로는 모랄레스 정권을 지지한다고 하더라도 그들과 모랄레스 사이에는 식민적 차이가 갈등의 요소로 자리 잡고 있기 때문이다.

'좌파' 개념은 두 가지 이유 때문에 현재 진행되고 있는 변화를 설명하기에 부족하다. 첫번째 이유는 (19세기 이전까지의 스페인과 포르투갈의 식민주의, 그리고 그 이후 처음에는 영국과 프랑스, 다음에는 미국으로 넘어간 영토 지배 없는 식민주의를 경험한 라틴아메리카에서) 현재 진행되고 있는 변화를 '좌파로의 전환'이라고 해석하는 것은 드러내는 것보다 더 많은 것을 감추기 때문이다. 사실 '좌파'라는 용어는 프랑스에서 탄생했다. 1789년 혁명의 과정에서 의사당의 좌측에는 '진보' 이데올로기를 옹호하는 의회파들이 앉았고, 우측에는 성직자와 귀족, 금융 엘리트와 대지주, 신흥 산업자본가들을 대표하는 사람들이 앉았다. 좌파와 연관된 사회주의(나중에는 공산주의) 개념은 19세기에 만들어졌는데, 처음에는 생시몽, 나중에는 맑스와 깊은 관련이 있다. 유럽의 사회주의/맑스주의 좌파를 라틴아메리카에 전파한 사람들은 유럽에서 아메리카로 건너온 이주민들로서, 그들은 정당을 결성했을 뿐만 아니라 자유주의, 공화주의와 함께 좌파 사상도 가져왔다. 좌파를 전파한 이주민들은 식민지의 유산과 현실에 관해 별로 아는 것이 없었으며 공감하지도 않았다. 그들에게 원주민과 흑인들은 안중에 없었고 원주민과 흑인은 그저 노동조합에 가입시킬 수 있는 농부일 뿐이었다. 시간이 지나면서 새로운 세대의 맑스주의 좌파들은 맑스 좌파의 유럽 중심적 한계를 인식했다. 아르헨티나의 아벨라르도 라모스(Abelardo Ramos)는 1970년대 초에 맑스 좌파를 비판했다.[11] 알

---

10) 이 문제에 대해서는 다음을 참조하라. Walter Mignolo, "Giro a la izquierda o giro decolonial? Evo Morales en Bolivia", http://www.redtercermundo.org.uy/revista_del_sur/texto_completo.php?id=2990, 2006.
11) Abelardo Ramos, *El Marxismo de Indias*, Buenos Aires: Editorial Universitaria Planeta, 1973.

바로 가르시아 리네라는 볼리비아 좌파에 대한 평가에서 원주민에게 등을 돌렸던 과거의 좌파와 원주민에게 관심을 갖고 소통하는 오늘날의 좌파의 차이점에 대해 언급한 바 있다.[12] 그러나 볼리비아에서 일어나고 있는 중요한 변화에도 불구하고 원주민의 기획은 또 다른 문제이다. 남아메리카에 공화국을 건설했던 공화주의자들과 자유주의들뿐만 아니라 맑스주의자조차도 은폐했던 것은 '좌파로의 전환'이 아니라 '탈식민적 선택'이다. 에마뉘엘 레비나스(Emmanuel Levinas)의 표현을 빌리자면, '탈식민적 선택'은 '좌파적 선택과는 다른 것'이다. 내가 이 책에서 보여 준 관점도 맑스주의 좌파의 관점이 아니라 탈식민적 분석과 관점이다. 페루 사회학자 아니발 키하노는 1990년대 초에 쓴 글「식민성과 근대성/합리성」에서 탈식민적 선택을 처음으로 언급했다.[13] 탈식민적 선택은 원주민, 흑인, 메스티소, 그리고 남아메리카에 정착한 이주민의 통합적 관점에서 (기독교, 자유주의, 맑스주의와 연관된) 유럽 중심주의를 비판하는 정치적 기획으로 미래에 대한 분석이며 비전이다. 또한 미국에 거주하는 라티노들에게도 새롭게 등장하는 문제의식이다. 요약하자면, 탈식민적 선택은 좌파로의 전환과는 다른 문제이다. 내가 이 책을 읽는 독자들에게 강조하는 것도 좌파로의 전환이 아니라 탈식민적 사유이다.[14]

---

12) Álvaro García Linera, "Indianismo y marxismo", *Barataria*, 1/2, 2005, pp.4~14.
13) Aníbal Quijano, "Colonialidad y modernidad/racionalidad" in ed. Heraclio Bonilla, *Los conquistados. 1492 y la población indígena de la Américas*, Quito: Tercer Mundo-Libri Mundi editores, 1992, pp.447~457.
14) Walter Mignolo, "Beyond Populism: Decolonizing the Economy", http://www.counterpunch.org/mignolo05082006.html, 2006

4.

'라틴'아메리카라는 개념이 등장한 것은 대량생산과 자유무역 사상이 황금기를 맞았던 바로 그 시기였다. 개인과 국가의 부(富)는 세계를 가득 채우는 상품의 생산에 비례한다고 생각했다. 상품을 제작하고 생산하는 것은 (파차마마, 가이아, 대지의 어머니인) **자연이 제공하는 과실을 채집하고 거두어들이는 것**과 같다고 생각되었다. 남아메리카와 카리브 지역의 식민지 부르주아는 자유무역이 모든 사람에게 골고루 혜택을 가져다주고 아메리카의 자연에서 생산된 물품과 영국에서 만들어진 상품을 교환하는 것이 양쪽 모두에게 이익이 되는 일이라고 믿었거나 믿는 척했다. 17세기에 등장한 이러한 사상을 세계적으로 유포한 사람들은 스페인 사람과 포르투갈 사람이 아니라 영국 사람이었다. 댈비 토머스(Dalby Thomas)는 1690년에 출판된 책 『서인도제도 식민지의 탄생과 성장에 관한 역사적 설명』(*An Historical Account of the Rise and Growth of the West-India Colonies*)에서 상호 교환이 영국인뿐만 아니라 그 당시 영국이 지배하고 있던 서인도제도에 거주하는 300만 명의 백인과 900만 명의 흑인들에게도 이익이 된다고 주장했다. 프랑스의 이데올로그들과 정치가들이 남아메리카의 크리올 엘리트들과 공모하여 만든 '라틴'아메리카라는 개념은 대략 1776~1850년 사이에 새롭게 모습을 바꾼 식민성 논리의 부산물이었다.

최근에 탈식민적 선택과 사유가 활성화되는 것은 식민성 논리가 새로운 양상으로 나타나고 있기 때문이다. 탈식민적 사유는 조용하지만 결코 멈추는 일 없이 계속되어 왔다. 오늘날 탈식민적 선택은 여러 가지 상황에서 드러나고 있고 여러 가지 언어로 표현된다. 엘리트 민족주의와 민중 민족주의라는 두 가지 양상으로 나타나는 남아메리카의 민족주의 중에서 민중 민족주의와 맑스주의 좌파가 탈식민적 선택에 포섭되기 시작했다. 탈식민적 선택은 내부적으로 기독교, 자유주의, 맑스주의로 분기되는 단일한 유럽 중심적 사유의 확장에 대립하는 **차이**이다.[15] 비록 '21세기 사회주의'라는 말이 덧붙어 있기는 하지만 우고 차베스가 자신이 추진하는 정책을 '볼리바르 혁명'이라고 부르는 것은 라틴아메리카의 탈식민적 해방의 계보를 잇는 주체가 더 이상 유럽인의 혈통과 미국의 정신을 물려받은 크리올이 아니라 비유럽적 기억을 공유하는 메스티소와 물라토 민중, 그리고 유럽 중심주의와 신자유주의를 비판하는 백인 지식인임을 의미한다.

그럼에도 불구하고, 베네수엘라에 가능성으로서 주어진 탈식민적 선택이 필연적으로 '21세기 사회주의'를 강령으로 제시하는 '볼리바르 혁명'의 노선을 따를 필요는 없다. '21세기 사회주의'가 (비록 과거의 실수를 교정하려고 노력한다 할지라도) 탈식민적 선택이 아니라 20세기 소비에트 사회주의의 반복이 될 가능성은 항상 존재한다. 만일 미래에 차베스의 선택이 잘못된 것으로 드러난다면(예를 들어 '단일 정당'을 만들겠다는 예고[16]), 탈식민적 선택은 계몽주의 정치와 경제가 저질렀던 전체주

---

15) 비슷한 과정이 라틴아메리카와는 다른 시기에 좌우를 가리지 않는 서구의 확장주의에 직면했던 다른 지역의 역사에서도 찾아볼 수 있다. 예를 들면 이란에서는 (파리에서 네오맑스주의와 신좌파를 통해 지적인 세례를 받고 돌아와 이란혁명을 주도한 이데올로그였던) 알리 샤리아티(Alí Shariati)는 보편적 다양성의 겉모습 뒤에 단일한 사유가 자리 잡고 있음을 금방 깨달았다. 그가 훌륭한 반론을 쓴 것은 그때였다(*Marxism and Other Western Fallacies: An Islamic Critique* [1974], Berkerly: Mizan Press, 1980). 남아메리카의 맑스주의 좌파가 기본적으로 유럽에서 수입된 것인 반면에, 이란, 인도, 중국의 맑스주의 좌파는 서구 사상과 교류한 비서구적 기억과 언어로 형성된 주체성을 포함한다. 다시 말해, 맑스주의 좌파의 보편성은 근대적·제국적·서구적 주체와는 관계가 없는 지정학적이고 몸 정치적인 지식과 주체성과 충돌했다.

적 선택으로 귀결될 것이다. (독일, 이탈리아, 스페인 같은) 유럽의 전체주의, 남아메리카, 그리고 소련은 근대국가 정치, 자본주의 경제, 그리고 그것의 해독제가 되려고 했던 사회주의/공산주의 국가의 논리적 귀결이다. '단일 정당'을 만들겠다는 생각은 의회민주주의의 핵심인 논쟁을 폐기하는 것이며 탈식민적 선택의 또 다른 가능성을 봉쇄하는 것이다. '볼리바르 혁명'이 취할 향후 방향성이 남아메리카연합의 미래에 어떤 영향을 미치게 될 것인지는 더 두고 지켜봐야 한다.

에콰도르의 라파엘 코레아 대통령이 어떤 노선을 선택하게 될지 알 수 없지만 적어도 루시오 구티에레스(Lucio Gutiérrez)가 했던 것처럼 신자유주의 노선을 선택하지는 않을 것이며 단일 정당을 만드는 쪽으로도 가지는 않을 것이다. 오랜 시간 동안 확고하게 뿌리를 내린 에콰도르원주민연맹(CONAIE)과 파차쿠티 운동이 보여 주는 여러 가지 정황으로 판단해 볼 때 코레아는 탈식민적 노선을 선택하게 될 것이다. 이러한 추측이 가능한 이유는 볼리비아에서와 마찬가지로 코레아 대통령이 탈식민화를 통해 국가를 재건하기 위해 제헌의회를 구성하려고 시도하고 있기 때문이다. 중요한 것은 헌법을 개혁하는 것 그 자체가 아니라 크리올-메스티소로 대표되는 단일국민(mononacional) 국가를 다국민(plurinacional) 국가로 바꾸는 것이다. 부연하자면, 국가가 크리올-메스티소에 의해 지배되는 상황에서 다문화주의가 표방하는 것처럼 크리올-메스티소가 아닌 국민들을 '인정해 주는' 것만으로는 부족하며, 국가를 구성하는 다양한 국민들에 의해 건설되고 경영되는 국가를 만드는 것이 중요하다.

---

16) Edgardo Lander, "Venezuela. Creación del partido único. Se aborta el debate sobre el socialismo del Siglo XXI?", 2006. 12. 25. 미출간 원고.

끝으로 덧붙일 사항은 지금까지 라티노에 관한 문제는 미국에서는 라틴아메리카의 문제로, 라틴아메리카에서는 미국의 문제로 취급되어 왔지만, 2006년 5~6월에 이민법에 반대하는 대규모 시위가 발생한 이후로 더 이상 무시할 수 없는 상황이 되었다는 것이다. 이 경우에도 핵심은 탈식민성이다. 1970년대부터 '내적 식민주의' 개념이 가장 중요한 논쟁이 된 치카노의 역사에서도, 1898년 이후 식민주의와 탈식민주의가 일상적 삶의 부분이 되어 버린 푸에르토리코 이민자들의 역사에서도 무엇보다 중요한 것은 탈식민성이기 때문이다.

5.
'라틴'아메리카라는 개념은 두번째 근대성(계몽주의와 산업혁명)의 시기에 등장했다. 그러나 첫번째 근대성(르네상스와 식민주의)의 시기에 유럽이 발명한 '아메리카'라는 개념이 존재하지 않았다면 라틴아메리카라는 개념도 등장하지 못했을 것이다. 오늘날 인류는 탈근대성의 시기에 있다고 생각하며, 세번째 근대성의 시기에 있다고 생각하지는 않는다. 그러나 탈근대성이 등장한 시기가 식민성 논리가 새롭게 재조직되는 시기와 일치한다는 점을 염두에 둔다면, 탈근대성은 후기자본주의의 단계에 속하는 것이며 후기자본주의의 신자유주의 단계에 해당하는 포스트식민성 역시 탈근대성을 벗어나지 못한다.

남아메리카와 미국의 라티노 사회에서 일어나고 있는 상황들은 이와는 다른 역사적 과정이다. 즉 포스트식민적(postcolonial) 현상이 아니라 탈식민적(decolonial) 현상이다. (세번째 근대성에 속하는) 탈근대적 사유나 포스트식민적 사유는 성경과 헤겔이 제시하는 보편사에서 벗어나지 못하며 보편사에서 부정되고 망각된 역사를 발견하려고 시도하지 않는다. 탈식민적 선택은 더 이상 그리스로부터 사유하지 않으며, 스스로를 보편사로 생각하는 유럽의 국지적 역사에 의해 세계의 다른 국지적 역사들이 억압당하기 시작한 시점에서부터 사유한다. '라틴아메리카'라는 개념은 유럽 중심적 보편사가 확장되는 과정에서 탄생했다. 오늘날 이러한 개념은 해체되기 시작했다. 왜냐하면 억압받고 침묵을 강요당한 사람들 — 기껏해야 식민성의 틀 안에 통합하는 **선택** 외에는 다른 **선택**이 없었던 사람들 — 이 발언하기 시작했기 때문이다. "아니오, 고맙지만 아니에요. 나의 선택은 탈식민적 선택이에요"라고.

월터 D. 미뇰로
듀크 대학교

옮긴이 해제

1.

혁명 사상에 치명상을 입힌 베를린 장벽 붕괴 이후 인류는 혁명으로 돌아가기에는 너무 멀리 왔음을 깨닫고 있지만, 그 후 20년이 채 되지 않은 시점에서 발생한 월 가(Wall Street)의 파산은 혁명 이후를 생각하기에도 너무 성급한 시점이라는 것을 일깨워 주었다. 최근 '포스트'(post)라는 접두어의 범람 — 포스트모더니즘, 포스트식민주의, 포스트구조주의, 포스트맑스주의, 포스트페미니즘, 포스트역사주의, 포스트옥시덴탈리즘 등 — 은 옛것은 사라지는데 새로운 것은 나타나지 않는 시대적 불안을 보여 주는 뚜렷한 징표라고 할 수 있다. 세계 도처에서 목격되는 사회적 불의와 생태계의 파괴, 그리고 자본주의 문명이 부딪히고 있는 수많은 문제들을 해결하기 위해서는 패러다임의 전환이라 부를 만한 장기적이고 광범위한 해결책을 모색해야 하며, 이를 위해서는 정치권력을 잡는 것만으로는 충분하지 않으며 권력을 변화시키고 사회를 변화시키는 것이 필요한 상황이 되었다.

맑스에게 혁명이 역사를 움직이는 원동력이었다면, 벤야민(Walter Benjamin)에게 혁명은 나락으로 떨어지는 역사를 멈추게 하는 제동장치였다. 벤야민은 맑스와 '더불어', 맑스를 '비판하는' 새로운 혁명을 생각했던 셈이다. 같은 맥락에서, 포르투갈 사회학자 보아벤투라 데 소자 산투스는 탈냉전 이후 '좌파의 전 지구적 위기'(global crisis of the left)가 '전 지구적 좌파의 위기'(crisis of the global left)는 아니라고 강조한다. 자본의 탈영토화가 지구 전체를 자신의 착취를 위한 영토로 재영토화하는 시대에 좌파가 위기에 처한 것은 분명하지만, 착취에 저항하는 투쟁 역시 전 지구화되고 있기 때문이다. 따라서 전통적 좌파가 전 지구적으로 위기에 처해 있는 상황에서, 산투스가 주목하는 것은 새로운 모습의 전 지구적 좌파의 등장이다. 벤야민이 혁명 개념을 목적론적(teleological) 역사관에서 해방시키려고 했다면, 산투스는 좌파 개념을 새롭게 인식함으로써 좌파에 대한 획일화된 사유로부터 벗어날 것을 권유한다.

이러한 문명사적 상황에서 최근 30여 년 동안 정치적 민주화와 신자유주의 세계화를 동시에 경험하고 있는 라틴아메리카에 근본적인 전환이 발생하고 있다. 군사독재 기간에 표면적으로 유지되었던 '묘지의 평화'가 신자유주의에 자리를 물려주고 퇴장한 이후 자본주의 진영에서 들려오는 승리의 나팔소리가 대륙 전체에 울려 퍼졌다. 그러나 국제통화기금의 모범생이었던 아르헨티나와 우루과이를 시작으로 연쇄적인 경제 위기를 겪게 되면서 역사의 종말을 외치던 목소리는 슬그머니 잦아들기 시작했고, 1990년대 중반 이후 대륙 전체가 제국주의와 신자유주의에 저항하는 투쟁의 발화지점으로 변했다. 그 결과, 전 지구적으로 '탈정치적'(post-political) 현상이 확산되는 상황과는 달리 라틴아메리카 사회운동은 공적 영역으로 떠올랐고, 이를 통해 '좌파 도미노', '좌파 휘몰이' 등으로 표현될 만큼 급격한 정치 지형의 변화가 발생했다.

변화의 소용돌이에 있는 라틴아메리카의 정치적 상황은 일반적으로 네 가지 방향성으로 대별된다. 첫번째 방향은 극우파와 전투적 좌파가 주장하는 '좌파로의 전환' 또는 신자유주의에 투항한 지식인들이 주장하는 '포퓰리즘의 귀환'이다. 여기서 사용되는 좌파라는 용어는 맑스주의와의 연관성보다는 워싱턴 컨센서스의 강령을 얼마나 충실하게 이행했는지 여부로 판단된다. 룰라 대통령의 브라질을 비롯한 많은 국가가 여기에 해당한다. 두번째 방향은 '우파로의 회귀'다. 멕시코의 전 대통령 비센테 폭스가 제안한 '푸에블라-파나마 계획'(Plan Puebla-Panamá)과 콜롬비아의 알바로 우리베 대통령이 표방하는 친미 노선이 대표적인 경우이며, 볼리비아의 반정부 세력인 '나시온 캄바'(Nación Camba)와 '볼리비아 급진민족사회주의동맹'(Unión Radical Nacional Socialista de Bolivia)이 여기에 합류할 태세를 갖추고 있다. 세번째는 베네수엘라의 우고 차베스가 추진하는 방향성이다. 차베스는 '볼리바르 혁명'(Revolución Bolivariana)의 목표가 식민화된 인종주의적 주체성을 탈식민화함으로써 유럽 중심적 정치이론과 정치경제학에서 벗어나 자생적인 정치적 프로젝트를 수행하는 것이라고 주장한다. 네번째 방향성은 볼리비아 대통령인 에보 모랄레스가 추진하는 안데스 원주민의 '정치적 정체성'(identity in politics) 회복이다. 차베스가 포퓰리즘과 국가권력의 물신화라는 혐의를 받는 것과는 달리, 모랄레스는 국가권력을 통한 개혁보다는 근대/식민 자본주의 세계체제의 식민성으로부터 벗어나는 것이 더 중요함을 역설한다.

이러한 정치적 지형도에서 주목해야 할 점은 복합적인 양상으로 진행되고 있는 라틴아메리카의 변화의 진앙지가 정치경제적 차원보다 훨씬 더 깊고 넓은 사회문화적 차원에 자리 잡고 있다는 것이며, 시간적으로도 신자유주의 모델이 본격적으로 적용되기 시작한 1980년 이후에만 한정되지 않는다는 사실이다. 월러스틴의 지적처럼, 이러한 변화들은 단순하고 느긋한 정치적 논쟁이 아니라 사느냐 죽느냐는 차원에서 벌어지는 전 지구적 투쟁과 연관되어 있다. 왜냐하면 그 투쟁은 앞으로 500년을 지속할 역사 체제의 기초를 다지는 것이기 때문이고, 특권이 유지되고 민주주의와 평등은 최소 수준인 또 다른 역사 체제를 세울 것인지, 아니면 인류 역사상 처음으로 이와 반대 방향으로 갈 것인지를 결정하는 투쟁이기 때문이다.

따라서 벤야민이 제시한 혁명 개념과 산투스가 주목하는 전 지구적 좌파 개념의 시각에서 라틴아메리카에서 발생하는 변화를 분석하고, 이러한 변화가 라틴아메리카 내부와 외부에 미칠 영향력을 전망하기 위해서는 사태를 바라보는 새로운 관점이 필요하다. 그리고 이를 위해서 19세기 중반 이후부터 현재까지 라틴아메리카를 규정하는 관점들을 간단하게 일별할 필요가 있다.

2.
19세기 초 스페인과 포르투갈로부터 독립한 이후 라틴아메리카 역사를 장식한 사건들 ─ 1848년 멕시코-미국 전쟁과 1898년 스페인-미국 전쟁, 1910년 멕시코 혁명, 1959년 쿠바 혁명, 1973년 피노체트의 군사 쿠데타와 아옌데의 죽음, 1979년 니카라과 혁명과 1990년 산디니스타 정권의 붕괴, 1994년 북미자유무역협정의 발효와 멕시코 남부 라칸돈 정글에서 일어난 사파티스타 반군의 봉기 ─ 은 대륙 내외적으로 라틴아메리카의 지정학적 위치를 결정하는 중요한 네 개의 분기점을 형성하는 계기가 되었고, 각각의 분기점을 축으로 네 가지 유형의 라틴아메리카주의(Latinamericanism)가 등장했다.

첫번째 유형은 '문화투쟁'(Kulturkampf)으로 등장한 라틴아메리카주의였다. 이 책에서 미뇰로가 보여 준 것처럼, 19세기 중반까지 하나였던 아메리카라는 개념은 식민지 모국인 스페인과 영국이 실행한 지배의 역사에 따라 두 개의 아메리카로 분리되었고, 그 결과 북쪽에는 앵글로아메리카가, 남쪽에는 라틴아메리카가 자리 잡게 되었다. '라틴'아메리카는, 한편으로는 물질적이고 실용적인 미국 문화와는 달리 정신성을 강조하는 가톨릭-라틴 유럽의 문명을 복원하고, 다른 한편으로는 초기 식민시기의 원주민과 흑인이 존재하지 않는다는 것을 표명하려는 의도에서 선택된 이름이었다.

두번째 유형의 라틴아메리카주의는 제2차 세계대전이 끝나고 냉전이 시작되면서 미국에서 시작된 지역연구(Area Studies) 프로그램으로 등장했다. 지역연구를 통한 라틴아메리카주의의 구심점은 '발전주의'와 '제3세계주의'였다. 발전주의 관점에서 라틴아메리카는 근대화를 이루지 못하고, 공적 영역이 취약하며, 기술적 혁신이 부족한 상태로 인식되거나, 미국과 비교할 때 인식론적이고 미학적인 차원에서 다분히 낭만적이고 이국적인 특징을 보여 주는 제3세계로 분류되었다.

세번째 유형은 1959년 쿠바 혁명과 1968년 콜롬비아의 메데인(Medellín)에서 열린 라틴아메리카 주교회의가 발단이 된 해방신학의 영향을 받은 비판적 라틴아메리카주의다. 지적이고 문화적이며 사회적인 운동이자 창조적 열정이었던 비판적 라틴아메리카주의는 스스로의 역사적 현실로부터 라틴아메리카를 바라보고 그 현실에 맞는 인식론적 토대를 마련하려고 노력했다. 또한 이 시기에는 종속이론의 영향을 받은 세계체제(world-system)의 관점이 라틴아메리카 연구에 수용되었다.

네번째 유형의 라틴아메리카주의는 최근 30년 동안의 근본적 전환을 통해 새롭게 형성되고 있는 '탈식민적'(decolonial) 라틴아메리카주의다. '세계화된 지역주의'(globalized localism)와 '세계화에 저항하는 지역주의'(localized globalism)가 복합적으로 얽혀 있는 상황에서 네번째 라틴아메리카주의는 비판적 라틴아메리카주의의 성과를 내면화하면서, 동시에 초국가적이고 이산적(diasporic)이며 탈문화적(postcultural)이고 포스트옥시덴탈적인 특징을 보이고 있다. 네번째 라틴아메리카주의는 역설적으로 독립 이후 라틴아메리카의 정체성을 표방했던 '라틴성'의 기반을 뿌리부터 흔들고 있다.

근대성/식민성 담론이 1990년대 말 이후 라틴아메리카의 사회정치적 변동에 관한 논쟁의 중심을 차지하고 있는 것은 이런 맥락이다. 학문 분야와 분석의 초점은 다르지만 아니발 키하노(페루, 사회학), 엔리케 두셀(멕시코, 철학), 보아벤투라 데 소자 산투스(포르투갈, 사회학), 산티아고 카스트로-고메스(콜롬비아, 철학), 글로리아 안살두아(미국, 작가이자 페미니즘 연구) 등 많은 학자와 활동가들이 근대성/식민성의 시각에서 변화하는 라틴아메리카의 현실을 조명하고 있다. 미뇰로는 이러한 연구를 주도하는 가장 탁월한 학자들 중의 한 사람이며, 근대성/식민성에서 출발해 캐서린 월시나 루이스 알베르토 마카스 같은 이론가이자 활동가들이 보여 주는 탈식민성 개념을 정교하게 이론화하는 작업을 수행하고 있다.

미뇰로는 2000년에 출판된 자신의 책 『지역의 역사/전 지구적 구상』 (*Local Histories/Global Designs*)에서 '경계 사유'(border thinking)라는 명제를 제시했다. 그가 제시하는 경계 사유란 역사적으로 근대/식민 세계체제(modern/colonial world-system)가 내부와 외부로 갈라 놓은 이분법적인 경계에서 발화되는 사유를 의미한다. 즉 경계 사유는 '권력의 식민적 차이'(colonial difference of power)에서 비롯되며 동시에 권력의 식민적 차이에 대한 저항이다. 또한 이 책에서 미뇰로는 멕시코에서부터 아르헨티나와 브라질에 이르는 중남미 대륙 전체를 동질적 개념으로 묶는

'라틴아메리카'라는 이름이 근대/식민 세계체제의 상상력이 만들어 낸 산물임을 밝히면서 라틴아메리카를 '다른 방식'으로 사유할 필요성을 제기했다. 다시 말해, 동질성의 시각보다는 이질성의 시각으로 라틴아메리카의 현실을 바라보아야 하며, 식민성의 역사가 억압하고 은폐해 온 지역의 역사와 지정학적 지식을 복원해 내야 한다고 강조한 것이다. 미뇰로는 이러한 문제 제기에 내포되어 있는 당위성과 필연성을 계몽주의 근대성이 내세웠던 이상(理想)이 중심과 주변에서 동시에 파산하고 있는 현실에서 찾는다.

『라틴아메리카, 만들어진 대륙』(The Idea of Latin America, 2005)은 블랙웰 출판사의 권위 있는 '선언 시리즈'(Blackwell Manifestos) 중의 한 권이다. 『지역의 역사/전 지구적 구상』의 후속편이라고도 할 수 있는 이 책에서 미뇰로는 탈식민적 사유를 위한 새로운 행로를 개척한다. 그는 상징적인 것과 정치적인 것을 절합시키는 방식을 통해 요동치고 있는 라틴아메리카의 사회문화적 변환을 읽는다. 이러한 시도를 통해 미뇰로는 탈식민적 기획에 내포된 가능성을 또 다른 패러다임으로 제시하는 동시에 탈식민적 기획이 직면한 딜레마를 해결하려고 한다. 이러한 맥락에서 이 책은 단순히 특수한 현실을 제한적 시각에서 분석한 학술적 연구 결과물에 그치는 것이 아니라 명료한 언어와 정제된 논리를 사용해 라틴아메리카의 사회정치적 변화에 전방위적으로 개입하려는 실천 의도를 드러낸다. 요약하자면, 라틴아메리카 현대사에 대한 풍부한 예증과 인용을 담고 있는 『라틴아메리카, 만들어진 대륙』은 근대성/식민성에 대해 미뇰로가 오랫동안 숙성시켜 온 사유가 압축되어 있는 철학적이고 정치적인 선언이다.

3.

세 개의 장으로 구성된 『라틴아메리카, 만들어진 대륙』에서 미뇰로는 근대성/식민성이라는 역사적 기반의 형성과 이에 저항하는 탈식민성의 지평 사이에서 라틴아메리카라는 개념이 만들어지는 과정을 개념적이고 역사적인 관점에서 추적한다. 대륙을 지칭하는 이름/개념의 변화, 지정학적 위치, 그리고 아메리카와 라틴아메리카라는 개념에 함축되어 있는 인식적 가치를 다루는 각각의 장에서 미뇰로는 한편으로는 지난 5세기의 역사적 과정을 지배해 온 개념적 틀을 밝히고, 다른 한편으로는 탈식민 이론의 형성을 위한 토대를 탐색한다. 미뇰로가 강조하듯이 탈식민적 사유는 조용하지만 결코 멈추는 일 없이 계속되어 왔기 때문이다. 달리 설명하자면, 미뇰로는 아니발 키하노가 그랬던 것처럼 역사를 역사적-구조적 이질성의 매듭으로 인식함으로써 새로움의 패러다임 대신에 공존의 패러다임을 강조한다. 공존의 패러다임에서는 다보편성(diversalidad)이 유일보편성(universalidad)을 대체함으로써 지정학적이고 몸 정치적인 경험들, 주체성들, 인식론들이 동시대성(coevalness)을 확보할 수 있기 때문이다.

1장에서는 오고르만이 제안한 '발명'이라는 개념을 통해 아메리카가 유럽의 의식에 진입하는 과정을 다루고 있다. 아메리카가 '발견'된 것이 아니라 '발명'되었다는 인식의 전환은 기존의 유럽 중심적 제국주의 서사가 누락시켰던 관점을 공론화하는 전환점이었다. 오고르만의 이론은 편파적인 '발견' 서사가 은폐했던 역사의 차원을 드러냈고, 식민성의 다양한 경험을 통해 현실을 새롭게 인식하는 방법을 보여 주었기 때문이다. 키하노와 월러스틴이 공동 연구에서 밝혔듯이 근대/식민 세계체제는 장기(longue durée) 16세기에 탄생했으며, 세계체제적 구성물인 아메리카도 이 시기에 탄생했다. 아메리카의 발명은 근대/식민 세계체제의 구성적(constitutive) 행위였던 셈이다. 부연하자면, 스페인이 아메리카를 침략하면서 시작된 서양의 근대성은 대서양에 대한 유럽의 지정학적 강탈이었다. 그것은 엄밀한 의미에서 더 이상 느리고 위험한 육로 대상(隊商)이 아니라 바다를 통해 세계체제를 구축하고 통제한 것이며, 300년에 걸쳐 점차적으로 정치경제적 균형이 그 이전까지 주변부에 위치했고 고립되어 있던 구(舊)유럽에게 유리하게 이동한 식민 체제의 발명이었다. 게다가 근대성은 동시에 자본의 원시적 축적에 토대를 둔 초기 상업자본주의의 시작이고 발전이었다. 다시 말해, 아메리카의 발견/정복과 더불어 근대성, 식민주의, 세계체제 그리고 자본주의는 동시적이고 상호 구성적으로 탄생했다. 즉 아메리카는 이미 존재하고 있던 자본주의 세계경제에 편입된 것이 아니었으며, 아메리카가 없었다면 자본주의 세계경제도 존재할 수 없었다. 따라서 '발명'이라는 인식틀에서 바라볼 때 아메리카 대륙은 대규모로 노동력이 착취되는 현장이었고, 인간의 생명이 상품으로 거래되는 역사적 기점이 되었으며, 독립 이후에는 라틴아메리카라는 발명된 국민적 정체성을 빌미로 내적 식민주의 구조가 공고화되었다.

　　정복과 식민화에 뿌리를 둔 식민성의 경험은 '대지의 저주받은 사람들'에게 '식민적 상처'라는 낙인을 찍었다. 미뇰로가 밝히고 있듯이 식민적 상처는 인종주의의 결과이며, 인종주의란 "인간을 분류하는 기준을 정하고, 그러한 기준을 적용할 수 있는 권리를 가진 사람이 권리를 갖지 못한 사람들을 분류하는 헤게모니 담론이다"(45쪽). 유럽인들은 원주민의 언어와 지식 체계를 자신들의 언어와 지식 체계에 편입시킬 필요가 없었지만 원주민들(그리고 훗날 신세계로 끌려온 아프리카인들)은 유럽의 언어와 지식 체계와 자신들의 언어와 지식 체계를 통합시키는 방법 외에는 달리 선택의 여지가 없었다. 따라서 역사적 터와 몸을 토대로 형성되는 지식의 지정학이 등장한 것은 아메리카의 원주민들이 외부로부터 강요된 헤게모니 담론에 자신들의 우주관·지식·기억을 적응시켜야만 했던 16세기였으며, 이러한 지식의 지정학이 오늘날 진행되고 있는 탈식민적 전환의 토대라고 할 수 있다. 근대/식민 세계체제에 삽입된 '식민적'이라는 수식어는 식민적 차이의 관점에서 지식 생산과 근대성/식민성을 비판하는 것이며, 경계 사유가 싹트는 지점이 바로 여기다.

경계 사유는 16세기 타완틴수유와 아나우악에서 신 중심적 지식(theo-politics of knowledge)을 탈중심화했고, 19세기 영국령 인도와 프랑스령, 영국령 아프리카에서 자아 중심적 지식(ego-politics of knowledge)을 탈중심화했다. 따라서 '아메리카'의 발명은 중세의 신학과 근대의 자아학(egology)이 억누를 수 없는 새로운 유형의 사유와 이해를 등장시킨 역설적 계기가 되었다고 말할 수 있다. 오늘날 경계 사유는 안데스 지역에서 상호문화성(inter-culturalidad)이라는 이름으로 활성화되고 있을 뿐만 아니라, 아프리카, 아시아, 남아메리카, 카리브 출신 이민자들의 거주지가 되고 있는 유럽을 포함해 전 세계로 확산되고 있다.

1장에서 『지역의 역사/전 지구적 구상』과 긴밀한 연관 관계를 유지하면서 아메리카가 만들어지는 과정을 논했다면, 2장에서는 최근의 라틴아메리카의 사회정치적 변동과 관련된 역사적 뿌리로서 라틴아메리카가 만들어지는 과정을 탐색한다. 미뇰로는 유럽 중심적 근대성의 역사를 식민성이 끊임없이 모습을 바꾸어 간 역사로 본다. 1장에서 식민주의를 토대로 한 첫번째 근대성의 시기를 다루었다면, 2장의 배경은 근대성의 수사학을 통해 식민주의를 은폐한 두번째 근대성(계몽주의와 산업혁명)의 시기이다. 그리고 '라틴아메리카'라는 개념의 등장은 근대성의 두번째 시기, 즉 유럽의 해방과 아메리카 대륙의 탈식민화가 이중으로 진행되는 과정에서 발생한 근대/식민 세계체제의 재배치의 결과임을 제시한다. "'라틴아메리카'라는 개념은 19세기에 스페인과 포르투갈과 연결된 탯줄을 끊어 버리고 새롭게 등장한 제국의 일원이 되기를 열망했던 크리올 엘리트들을 대리인으로 내세워 (인식적) 의미와 자본을 지배하려는 제국주의 국가 간의 경쟁 관계 속에서 만들어졌다"(159쪽). 즉 라틴아메리카는 영국의 영향력이 커지는 과정에서 제국적 차이를 극복하기 위해 남부 유럽 국가들을 통합하려고 시도했던 프랑스의 발명품이었다. 그러나 크리올 엘리트들의 의도와는 달리 라틴아메리카는 점점 더 식민성의 논리로 빠져들었다.

　라틴성이라는 만들어진 정체성은 전 지구적인 종족-인종 오각형의 다섯번째 변이 되었다. 기존의 인종 구분과는 달리 라틴성이라는 추상적이고 초국가적인 정체성은, 한편으로는 대륙의 주민들을 새로운 단일성의 개념으로 집단화했고, 다른 한편으로는 원주민과 아프리카 흑인을 인종 지도에서 지워 버렸다. 크리올 엘리트들은 라틴성을 통해 백인으로 인정받고픈 열망을 표현했지만 정작 유럽인들과 미국인들은 그렇게 생각하지 않았다. 라틴아메리카의 특이성으로 끊임없이 거론되는 인종적·문화적 '혼종성'(hybridity)은 사실상 그들이 되려고 하는 존재가 되어서는 안 된다는 크리올 엘리트들의 이중적 의식의 표현이며 '존재의 식민성'(coloniality of being)의 표식인 셈이다. 더 혹독한 것은 라틴성이 원주민과 아프리카계 주민을 투명인간으로 만들어 버렸다는 사실이다. 미뇰로는 1990년대 말 이후 원주민, 남아메리카·카리브 지역의 아프리카계 주민, 미국에 거주하는 라티노가 새로운 사회적 주체로 등장한 것을 만들어진 정체성인 라틴성에 균열이 발생하고 있다는 뚜렷한 징후로 언급한다.

라틴아메리카 '이후'를 다루는 3장은 역사적·철학적인 차원에서 정치적인 차원으로 이동한다. 미뇰로는 유럽의 보편주의적 인식론에서 지정학적이고 몸 정치적인 탈식민적 지식으로 이동을 보여주는 구체적인 예들을 제시한다. 실비아 윈터의 사상을 예시로 언급하는 아프로카리브 철학이나 아마우타이 와시 원주민 상호문화대학, 경계인/치카나/동성애자라는 3중의 정체성을 보여주는 글로리아 안살두아의 경우가 여기에 해당한다. 미뇰로가 이 책의 후기와 스페인어판 후기에서 집중적으로 거론하는 라틴아메리카 정치 지형의 변화가 '정치'에 대한 언급이라면, 인식의 식민성과 존재의 식민성은 '정치적인 것'에 대한 언급이다. 이 책에서 미뇰로가 강조하는 것처럼, 키하노의 새로운 문제 설정을 통해 등장한 식민성의 개념이 식민주의와 다른 것은 이 때문이다. 또한 제2차 세계대전 이후에 제국주의 지배로부터 독립한 아시아와 아프리카에서 시작된 포스트식민주의(postcolonialism)와 근대성/식민성 담론이 지향하는 탈식민주의(decolonialism)가 다른 것도 이 때문이다. 신식민주의(neocolonialism)가 정치적 식민주의를 벗어난 이후에도 여전히 식민의 상태에 있음을 뜻한다면 포스트식민주의는 신식민주의를 벗어나는 것을 의미한다. 따라서 의미상으로는 포스트식민주의와 탈식민주의는 동일한 지향성을 갖는다. 그러나 근대성을 사유하는 방식에서 포스트식민주의가 근대성 내재적 관점인 반면에, 탈식민주의는 근대성 외부의 관점을 포함하고 있다는 점에서 다르다. (라틴)아메리카가 경험한 식민주의가 근대/식민 자본주의 세계체제를 가능하게 한 식민성의 뿌리에 해당한다면, 포스트식민주의가 벗어나려는 식민주의는 19세기 중반 이후 시작된 제국주의의 침탈과 억압이기 때문이다. 부연하자면, 포스트식민주의가 식민주의를 근대성의 파생적 요소로 인식하는 반면에, 탈식민주의는 식민성과 근대성을 동전의 양면으로 인식한다. 식민성은 근대성에 파생된 것도 아니고 근대성에 앞선 것도 아니라는 것이다. 이런 인식의 차이 때문에 인종주의를 바라보는 인식도 확연히 달라진다.

책 전체에서 미뇰로가 누누이 강조했듯이 탈식민적 선택은 논쟁의 내용을 변화시키는 것이 아니라 논쟁의 틀 자체를 변화시키는 것이며, 자유주의적이고 보편주의적인 기획으로부터 벗어나(de-link) 지역의 필요성을 재설정하는(re-link) 작업을 통해 또-다른 패러다임을 건설하는 것이다. 따라서 탈식민적 선택은 식민성이 규정했던 정체성, 지식, 주체성을 재구성하는 것이다. 이런 재구성을 통해서 라틴아메리카라는 이름/개념은 점차 소멸되고 아브야-얄라, 그란 코마르카, 남미연합 등의 새로운 이름/개념이 등장하고 있다. 그리고 종국에는 인종적 경계(라티노/앵글로)와 지리적 경계(북쪽/남쪽)도 소멸될 것이다.

가야트리 스피박(Gayatri Spivak)이 말한 것처럼, 포스트식민적인 신식민화된 세계에 살고 있는 현 시점에서 라틴아메리카에서 일어나고 있는 변화들은 단지 라틴아메리카의 내재적 문제들이 아니라, 근대 세계를 형성한 식민적 권력 매트릭스에서 발생한 사건들의 결과물이라는 점을 염두에 두어야 한다. 이런 맥락에서, 오늘날 라틴아메리카에서 탈식민적 선택과 사유가 활성화되는 것은 식민성의 논리가 새로운 양상으로 나타나고 있기 때문이다. 즉 아메리카의 성립과 더불어 시작된 과정의 정점이며 새로운 전 지구적 권력 기반으로 등장한 유럽 중심적인 근대적/식민적 자본주의의 정점인 세계화에 맞서 지난 5세기 동안 생명력을 유지해 온 탈식민적 기획이 또 다시 분출하고 있는 것이다. 냉전이 종식되고 역사의 종말을 알리는 축포가 요란스레 울린 이후에 전 지구적으로 '탈정치적'(post-political) 현상이 확산되는 상황과는 달리 라틴아메리카 사회운동이 활성화된 것은 이런 이유 때문이다.

『라틴아메리카, 만들어진 대륙』은 근대성/식민성의 인식론적 패러다임이 막을 내리고 '대지의 저주받은 사람들'의 존재와 지식의 탈식민화가 시작되었음을 알리는 선언문이다. 새로운 시작을 알리기 위해 제국적/식민적 논리를 통해 처음에는 아메리카가, 그 다음에는 라틴아메리카가 만들어지는 과정을 섬세한 논증을 통해 보여 주고 있으며, 새로운 지정학과 연관된 의미론적 변화의 도래를 예견한다. 그러나 모든 외부를 내부로 환원하는 전 지구적 자본주의라는 사탄의 맷돌 앞에서 탈식민적 기획이 보여 주는 해방의 약속은 손에 넣을 수 없는 희망이라는 족쇄로 변할 위험이 상존한다. 그렇다고 하더라도 길은 이미 정해졌다. 탈식민적 선택은 좌우의 선택이 아니라 인간의 회복이며, 전 지구적 수준의 윤리적 해방 프로젝트이기 때문이다.

2010년 5월

김은중

찾아보기

ㄱ_

거대한 거처 → 라 그란 코마르카
『검은 얼굴, 하얀 가면』 81, 183, 245
계급 157~158
「계몽이란 무엇인가?」 112
계몽주의 24, 113~114, 118, 147
고든, 루이스(Lewis Gordon) 157
곤살레스, 거트루드(Gertrude González) 257
곤살레스, 헬레스 우에르타(Ángeles Huerta González) 145
공존의 패러다임 180, 182, 184, 189, 197, 210, 212, 218, 233
공화주의 126~127
「교황의 세계」 246
구티에레스, 루시오(Lucio Gutiérrez) 283
『국가 건설을 위한 토대와 출발점』 36, 141
국민적 정체성 29, 225
국제통화기금(IMF) 174
그루에소, 리비아(Libia Grueso) 260
근대성 31~32, 152
　~의 기원 41~42
　~의 수사학 49~51, 239
근대성/식민성 → 식민성/근대성
『글로벌 트렌드 2015』 169~170, 195
기독교 77, 80
　~ 신앙을 결여한 야만인 61~62
　~와 맑스주의 20~21
　~와 자본주의 74~75, 80
기든스, 앤서니(Anthony Giddens) 201
기업 대학 205~206

ㄴ, ㄷ, ㄹ_

남미공동시장(MERCOSUR) 258
남미국가공동체 266
남미연합 10, 241~244
내적 식민주의 101, 124, 129, 133~134, 156~157, 284
네그리튀드(Negritude) 186, 269
노아(Noah)와 세 아들 67, 71
노알카(noalca) 262
누에스트라 아메리카 97, 161
다이노토, 로베르토(Roberto Dainotto) 84
데리다, 자크(Jacques Derrida) 163, 254
델로리아, 비네, 2세(Vine Deloria, Jr.) 202, 212
동질적 혼혈성 230
두셀, 엔리케(Enrique Dussel) 95~96, 161
두알데, 에두아르도(Eduardo Duhalde) 241
드 브리, 테오도르(Theodor de Bry) 6
디아스, 포르피리오(Porfirio Diaz) 52
디오프, 알리우네(Alioune Diop) 186
라 그란 코마르카(la gran co-marca) 64, 244
라모네, 이냐시오(Ignacio Ramonet) 278
라모스, 아벨라르도(Abelardo Ramos) 279
라스 카사스, 바르톨로메 데(Bartolomé de las Casas) 21, 55, 58~63, 115, 255
「라칸돈 정글 선언」 52~54
라틴성 24~26, 114~117, 134~135, 138~139, 144~145, 159~163, 209, 217, 269
　아프로-~ 176~177, 257
　원주민-~ 176~177
러시아 7~8, 130, 145

레비나스, 에마뉘엘(Emmanuel Levinas) 280
레온, 에디손(Edizon Léon) 192
레이나가, 파우스토(Fausto Reinaga) 81, 107
「로마누스 폰티펙스」 75~77
로마인의 행동방식 139~140
로사다, 곤살로 산체스 데(Gonzalo Sánchez de Losada) 169, 276
록하트, 제임스(James Lockhart) 214
르네상스 24, 118, 140
리네라, 알바로 가르시아(Álvaro García Linera) 278~280
리치, 마테오(Matteo Ricci) 6~7, 88

ㅁ_
마르코스(Marcos) 55
마르티, 호세(José Martí) 97, 161
마리아테기, 호세 카를로스(José Carlos Mariátegui) 97, 161
마부바니, 키쇼(Kishore Mahbubani) 9, 11
마카스, 루이스 알베르토(Luis Alberto Macas) 162, 168
마킬라도라(maquiladora) 259
맥기니스, 에임스(Aims McGuinness) 146~147
맬러비, 세바스티안(Sebastian Mallaby) 45
메넴, 카를로스(Carlos Menem) 169, 276
메르카토르, 헤르하르뒤스(Gerardus Mercator) 69~70
명예혁명 109~110, 125
모랄레스, 에보(Evo Morales) 162, 263, 271~278
모리스코(Morisco) 60
몬테스, 아구스틴-라오(Agustín-Lao Montes) 257
몽테스키외, 샤를(Charles Montesquieu) 126

무딤베, 발렌틴(Valentin Mudimbe) 92, 186
무레나, 엑토르 A.(Hector A. Murena) 98
『문명의 충돌』 219~220
문화 내적 대화 260
미국 라티노 123, 165, 178, 223~224, 252~253, 264, 284
미슐레, 쥘(Jules Michelet) 138
미주자유무역협정(FTAA) 172~174, 217
민중 265

ㅂ_
바구, 세르히오(Sergio Bagu) 49
바로크 118~121
바스케스, 타바레(Vazquez, Tabare) 257
바스콘셀로스, 호세(José Vasconcelos) 226~228
바첼레트, 미첼(Michelle Bachelet) 263, 270~271
반세르, 우고(Hugo Banzer) 172
받아치기 자세(counterstance) 230~232, 237
발견/발명 39~40, 42, 79
베스푸치, 아메리고(Amerigo Vespucci) 37~39
벨라스코, 로페스 데(López de Velasco) 256
벨레스, 알바로 우리베(Alvaro Uribe Vélez) 178
『변경』 168, 225
『변증론 약사』 58~63
보그스, 앤서니(Anthony Bogues) 168~169
보르헤스, 호르헤 루이스(Jorge Luis Borges) 185
볼리바르, 시몬(Simón Bolívar) 117, 143, 243, 257
볼리바르 혁명 282~283
볼리비아 271~273
  국민혁명운동당(MNR) 276
  사회주의운동당(MAS) 276

북미자유무역협정(NAFTA) 172, 258~259
뷔퐁, 조르주 루이 르클레르 드(Georges-
Louis Leclerc de Buffon) 27
브라그, 레미(Rémi Brague) 46, 138~139
비기오, 이삭(Isaac Biggio) 243
비델라, 호르헤 라파엘(Jorge Rafael Videla)
172, 216
비판이론 32, 196
비판적 경계 사유 46, 113, 262
빌바오, 프란시스코(Francisco Bilbao)
128~133

ㅅ_
사라고사 조약 6
사르미엔토, 도밍고 파우스티노(Domingo
Faustino Sarmiento) 27, 30, 131, 133
사이드, 에드워드(Edward Said) 83, 89~91
사파티스타 민족해방군(EZLN) 52, 195~
196, 209~210, 238, 240
산 마르틴, 호세 데(José de San Martin) 243
산안드레스 협정 209~210
상호문화성 46, 199~201, 203, 215, 229
『새로운 연대기와 좋은 정부』 198, 210
새로움의 패러다임 180~189, 197, 212
셍고르, 레오폴도 세다르(Leopoldo Sedar
Senghor) 186
서반구 129, 143
세계경제포럼(WEF) 236~237
세계사회포럼(WSF) 165, 235~238, 244
『세계의 무대』 68~69, 88
세계지도/지 66~69, 85, 245~247
  O 안의 T ~ 66~67, 92~93, 181, 247
세비야의 이시도로(Isidore of Seville)
66~67
세아, 레오폴도(Leopoldo Zea) 133, 145
세제르, 에메(Aimé Césaire) 81, 106, 186
소자 산투스, 보아벤투라 데(Boaventura de
Sousa Santos) 244

슈미트, 칼(Carl Schmitt) 49
슈발리에, 미셸(Michel Chevalier) 142~145,
스미스, 애덤(Adam Smith) 125, 182
스트라본(Strabo) 92
스페인아메리카국가연방 117~118
시우바, 이냐시우 룰라 다(Ignácio Lula da
Silva) 164~165, 257~256, 263, 274
식민성 4, 7, 101
  권력의 ~ 79, 248
  ~과 식민주의 43~44, 129~130, 154
  ~의 관점 20, 22
  ~의 논리 49, 109
식민성/근대성 23, 41~43, 50, 54, 102
  ~ 프로젝트 22, 217, 234
식민적 권력 매트릭스 8~9, 49, 77, 89,
98~99, 129~130, 178~179, 183, 264
식민적 상처 45, 121, 140~142, 209, 233
식민적 차이 5, 48, 86, 182~185, 267~268
식민주의 150~153, 155
『식민주의에 대한 담론』 81, 106
『신국』 19, 71~73
쑨거(Sun Ge, 孫歌) 86~87, 89~91

ㅇ_
아르게다스, 호세 마리아(José María
Arguedas) 226
아르다오, 아르투로(Arturo Ardao)
117~118
아마루, 투팍(Túpac Amaru) 154~155, 196
아마우타이 와시(Amawtay Wasi) 162,
204~209
아메리카사회포럼 236~238
아메리카성 99~100
아민, 사미르(Samir Amin) 243
아부-루고드, 재닛(Janet Abu-Lughod)
78~79
아브야-알라(Abya-Yala) 37, 64, 207, 217,
244, 255

아시아 86~87
아얄라, 과만 포마 데(Guamán Poma de Ayala) 21, 197~199, 201~203, 210~213, 245~247, 255, 261~262
아옌데, 살바도르(Salvador Allende) 171
아우구스티누스(St. Augustine) 19, 70~73
아이유(ayllu) 212, 214
~ 민주주의 273
아이티 132, 155~156, 190~191
아코스타, 호세 데(José de Acosta) 27
아프로-카리브 철학 189, 190
아프리카 92
~의 종교(의식)들 123~124, 163
~ 흑인의 노예화 93
안살두아, 글로리아(Gloria Anzaldúa) 137, 168, 225~231, 234, 253, 255, 260, 262
알라이-암라티나(Alai-Amlatina) 170
알베르디, 후안 바우티스타(Juan Bautista Alberdi) 131, 141
알보, 사비에르(Xavier Albó) 162
알테페틀(altepetl) 212, 214
앙리, 파제(Padget Henry) 189
『어원학』 66~67
언어 132~133, 185, 221~222
에스코바르, 아르투로(Arturo Escobar) 23
에체베리아, 볼리바르(Bolívar Echeverría) 121
에콰도르원주민연맹(CONAIE) 199, 283
엘리트 민족주의 281~282
역사 53, 74~75, 91, 103, 185, 193
역사적-구조적 이질성 32, 102~103, 109
영도의 휘브리스(hybris of the zero-point) 84, 181
예히아, 엘레나(Elena Yehia) 265
오고르만, 에드문도(Edmundo O'Gorman) 39, 42, 81~82
오르텔리우스, 아브라함(Abraham Ortelius) 6~7, 69, 88, 255~256

오리엔탈리즘 84~85, 89~91, 93~94
옥시덴탈리즘 82~85, 88, 90~91, 93~94
올리베야, 마누엘 사파타(Manuel Zapata Olivella) 228
요사, 마리오 바르가스(Mario Vargas Llosa) 242, 270
울프, 에릭(Eric Wolf) 21~22
원주민 상호문화대학 → 아마우타이 와시
월러스틴, 이매뉴얼(Immanuel Wallerstein) 98, 149~150
월시, 캐서린(Catherine Walsh) 192, 204
윈터, 실비아(Sylvia Wynter) 179~182, 212, 218, 260~261
윌리엄스, 에릭(Eric Williams) 110
유럽연합 114, 138, 242, 267, 269~270
유럽 중심주의 142, 152~153, 280
이슬람 근본주의 238
이중 언어 교육 199~200
『인디아 아메리카와 서구』 81, 106~107
인디헤니스모(Indigenismo) 177
인종 56~57, 70~71
인종주의 45, 55~58, 75, 159, 268
인종차별주의 141~142, 157
「인터 카에테라」 76

ㅈ, ㅊ _
자본주의 24
자아학(egology) 46, 124
자연 27, 149
저주받은 사람들 40, 45, 254~255
적대적 야만 62
정신적 네핀틸리즘 230
제국적 차이 5, 111, 182, 184~185
제국주의/식민주의 45, 151, 153, 251
제퍼슨, 토머스(Thomas Jefferson) 27, 129
존재의 식민성 40, 122, 142
종속이론 53~54, 186
종족-인종 사각형 222

종족-인종 오각형 134~135, 227~228
좋은 정부 의회(juntas de buen gobierno) 210, 214
주변성 99
중상주의 77~78
지식의 지정학 20, 47~48, 94~95, 193
차베스, 우고(Hugo Chávez) 257, 263, 282
초국민적 정체성 237~238
치카노/라티노 26

ㅋ, ㅌ, ㅍ, ㅎ _
카라콜 210, 214, 240
카르테나스, 빅토르 우고(Victor Hugo Cárdenas) 162
카스트로-고메스, 산티아고(Santiago Castro-Gómez) 181
카스트로, 아메리코(Américo Castro) 185
카스트로, 피델(Fidel Castro) 175
카이세도, 호세 마리아 토레스(José Mariá Torres Caicedo) 116~117, 146, 156
카타리, 토마스(Tomás Katari) 154
칸트, 이마누엘(Immanuel Kant) 61, 112~113, 134~135, 137, 222
코레아, 라파엘(Rafael Correa) 263, 283
코르테스, 에르난(Hernán Cortés) 108
코위, 아리루마(Ariruma Kowii) 29~30
콜럼버스 5, 39, 69, 74, 109, 181
쿠냐, 에우클리데스 다(Euclides Da Cunha) 27
크리올 40
　라틴 ~ 128~129
　앵글로 ~ 129
　~ 엘리트 25, 116, 124~128, 137, 160
키르츠네르, 네스토르(Néstor Kirchner) 164, 241, 257
키스페, 펠리페(Felipe Quispe) 162, 226
키하노, 아니발(Aníbal Quijano) 41, 98, 280

킹, 존(John King) 272
탈식민적 비판이론 196
탈식민적 선택 32, 272, 278, 282~283
토레스-가르시아, 호아킨(Joaquin Torres-García) 245~247
토르데시야스 조약 76
토머스, 댈비(Dalby Thomas) 281
토인비, 아널드(Arnold Toynbee) 21
트루요, 미셸-롤프(Michel-Rolph Trouillot) 74, 155
파나마 분쟁 145~146
파농, 프란츠(Frantz Fanon) 20~21, 40, 81, 137, 153, 171, 183~185, 245, 255, 262, 268
파레데스, 아메리코(Americo Paredes) 234
파차쿠티(Pachakuti) 25, 48, 107~108, 197
페미니즘 260~261
포세, 아벨(Abel Posse) 241~242
폭스, 비센테(Vicente Fox) 172, 209, 258
푸에블라-파나마 계획 258
푸엔테스, 카를로스(Carlos Fuentes) 270
프랑스 혁명 109~110, 112
프레비시, 라울(Raúl Prebisch) 53
『프레장스아프리켄』 186, 189
플랜테이션 110
피노체트, 아우구스토(Augusto Piochet) 169
피사로, 프란시스코(Francisco Pizarro) 108
피셔, 시빌르(Sibylle Fisher) 74
「항복 권유문」 76~77
해방신학 186, 272
헌팅턴, 새뮤얼(Samuel Huntington) 87~88, 190, 218~224, 234, 252~253, 255
헤겔, 게오르크 W. F.(Georg W. F. Hegel) 21, 27~28, 82~83, 109, 148~149, 256
혼혈 222~223, 225
흑색선전(Black Legend) 111